캅카스전쟁과 체첸전쟁의 기원과 과정

캅카스전쟁과 체첸전쟁의 기원과 과정

― 러시아와 체첸의 끝나지 않은 전쟁

2025년 11월 3일 처음 펴냄

지은이	정세진
펴낸이	김영호
펴낸곳	도서출판 동연
등 록	제1-1383호(1992년 6월 12일)
주 소	서울시 마포구 월드컵로 163-3
전화/팩스	02-335-2630 / 02-335-2640
이메일	yh4321@gmail.com
인스타그램	instagram.com/dongyeon_press

Copyright ⓒ 정세진, 2025

이 책은 저작권법에 따라 보호받는 저작물이므로, 무단 전재와 복제를 금합니다.
잘못된 책은 바꾸어 드립니다. 책값은 뒤표지에 있습니다.

ISBN 978-89-6447-216-3 93340

이 저서는 2021년 대한민국 교육부와 한국연구재단의 지원을 받아 수행된 연구임
(NRF-2021S1A6A4047727)

러시아와 체첸의 끝나지 않은 전쟁

캅카스전쟁과 체첸전쟁의 기원과 과정

정세진 지음

동연

머리말

    이 저서는 2021년 한국연구재단의 '출판저술지원사업'에서 선정된 사업으로 2021~2024년, 3년간 연구한 내용이다. 필자는 오랫동안 러시아연방 내 체첸과 다게스탄 등에서 진행된 19세기 전반 캅카스전쟁과 1994~1996년, 1999~2001년 러시아연방 내 체첸자치공화국에서 벌어졌던 '체첸전쟁'에 대해 학문적 관심을 가지고 연구해 왔다.

    이 저서는 지난 20년 이상 연구한 결과물이다. 러시아 및 유라시아 지역 내에서 벌어진 이 전쟁은 러시아 역사에 있어 핵심적인 분쟁이었다. 2022년 일어난 러시아-우크라이나 전쟁이 세계적 관심 아래 계속되고 있지만, 그 이전에 러시아에서 벌어진 전쟁 중 캅카스전쟁과 체첸전쟁의 중요성도 매우 심대하다. 캅카스전쟁은 제정러시아가 제국주의 야망으로 러시아 남부로의 영토 확장을 시도하면서 벌어진 전쟁이었고, 러시아가 유럽 제국으로 편입되는 데 결정적인 역할을 하였다. 러시아는 1816~1864년 거의 반세기 동안 벌어진 이 전쟁을 승리로 이끌면서 이후 중앙아시아를 정복하고 제국의 기틀을 마련할 수 있었다. 이후 1991년 소련 해체까지 오랜 기간 러시아는 캅카스와 중앙아시아를 지배했고, 캅카스전쟁의 승리는 그 근거가 되었다.

    이 저서는 3부 10장으로 구성되어 있는데, 전체 내용 중 여섯 개의 장은 출판저술지원사업 선정 전후로 국내 저널에 게재한 바 있다. 이 저서에 포함된 국내 저널의 제목은 다음과 같다. 2장은 「한국이슬람학회논총」 26-1(2016)의 "북캅카스 민족의 대러시아 저항의 기원: 18세기 이맘 만수르의 삶을 중심으로", 5장은 「슬라브학보」 33-4(2018)의 "19세기 북캅카스의 평화와 공존에 관한 연구: 쿤타 하지의 삶과 이슬람 이념을 중심으로", 6장은 「슬라브학보」 38-2(2023)의 "1940년대 스탈린 시기 북캅카스 소수 민족 강제이주에 관한 고찰: 체첸-잉구쉬인을 중심으로", 7장은 「중소연구」 181(2024)의 "1차 체첸전쟁(1994~1996)의 원인, 과정과 그 성격: 역사적 함의, 민족 독립운동 그리고 이슬람 요소를 중심으로", 8장은 「한국시베리아연구」 27-3(2023)의 "2차 체첸전쟁(1999~2002)과 와하비즘 그리고 체첸 반군의 테러에 관한 소고", 10장은 「슬라브학보」 29-2(2014)의 "러시아 북캅카스 지역의 독립운동과 지하드 이념: 체첸전쟁에 대한 해석학"이다. 전체적인 내용 요약은 서론에 게재했다.

2000년대에 세계적으로 가장 보편화된 용어가 무엇일까? 2020년의 COVID-19가 최고의 용어로 선정될 수 있을 것이다. 지난 2001년 9.11 사건 이후 활화산처럼 등장한 '테러'는 널리 알려진 용어가 되었다. 몇 년 전까지 위용을 떨치던 'IS'(이슬람 국가)가 퇴조함에 따라 테러 행위는 예전보다 줄어들었지만, 지금도 중동 아랍, 아프리카, 아시아에서 여전히 그 세력을 떨치고 있다.

캅카스전쟁의 지하드 이념은 체첸전쟁을 통해 복고(復古)되었다. 지하드 개념은 러시아에 저항하는 무슬림의 인식과 의식 속에서 출현했는데, 전쟁의 당사자가 전쟁을 어떻게 수용하고 해석하느냐에 따라 전쟁의 형태는 테러 혹은 지하드로 양분되었다.

이 저서는 러시아, 북캅카스, 전쟁, 성전, 테러 등을 중심 주제로 설정하고 캅카스전쟁과 체첸전쟁의 기원과 과정을 분석하는 내용으로 구성되었다. 전쟁을 테러로 해석하는지, 지하드로 해석하는지 실제적이고 구체적인 사례를 보여준다는 점에서 캅카스전쟁과 체첸전쟁은 매우 중요한 연구 대상이 된다. 현 러시아연방의 안보·군사적 차원에서도 체첸전쟁은 전통적 안보라기보다는 비전통적 안보로 이해된다. 이 저서에는 대국 러시아에 의해 정복 당한 체첸 등 북캅카스 소수 민족의 정체성과 북캅카스 지도자의 종교적, 정치적 관점도 광범위한 내용에 포함되어 있다.

    필자는 한 민족의 운명에 대해 서술하고 싶었다. 체첸 및 다게스탄 민족 그룹은 제정러시아에 대항해 전쟁을 벌였으며, 체첸 민족은 캅카스전쟁 이외에도 체첸전쟁의 핵심 주체 세력이었다. 그리고 북캅카스 소수 민족에 대해 이야기하고 싶었다. 전쟁의 운명 속에서 이 소수 민족은 어떤 자세로, 어떠한 사상으로 투쟁을 벌였는지를 서술하고자 했다. 이 저서는 그런 개인적인 생각과 더불어 여러 자료 등을 통해 전쟁의 전체적 성격을 논증하고자 했다. 이 과정에서 이슬람 요소는 핵심 주제였다. 그러나 이슬람, 러시아정교 등 종교적 요소만이 핵심적인 사항으로 제시된 것은 아니다. 전체적으로 볼 때 이 저서는 특정 민족의 운명을 다룬 내용이라 하겠다.

    필자는 하나의 민족에 대해 이야기하고 싶었다. 그런데 이는 단순히 이야기가 아니다. 민족의 처절한 생존과 삶을 위한 투쟁이다. 그래서 글을 쓰는 것 자체가 쉽지 않았다. 마지막 페이지를 닫으면서도 마음에는 늘 안타까움이 도사리고 있다. 캅카스전쟁, 체첸전쟁의 와중에서 모든 당사자는 역사적 아픔과 상흔을 가지고 있을 것이다. 그 모든 것을 한 권의 저서에 담기에는 개인적 능력이 역부족이었다는 것을 인정하지 않을 수 없다. 그래도 자그마하게라도 하나의 특정 민족에 대한 이야기를 서술하고 싶었다는 것을 말씀드린다.

필자는 이제 이 저서까지 총 여덟 권의 단독 저서를 출간하게 되었다. 현재까지 출간된 저서는 다음과 같다.『중앙아시아 민족정체성과 이슬람』(한양대 출판부, 2012), 『러시아 이슬람: 역사·전쟁·이념』(민속원, 2014), 『중앙아시아 지역연구와 인문학: 역사적 문화요소를 중심으로』(경제·인문사회 연구회 인문정책연구총서, 2014-2015), 『쉽게 읽는 중앙아시아 이야기: 역사·문명·이슬람』(민속원, 2022), 『코카서스 국가 조지아: 역사·종교·국내정치·국제관계』(진인진, 2022), 『중앙아시아 국가 타지키스탄: 일반 개관·이슬람·국내정치·국제관계』(진인진, 2023), 『러시아 역사와 공간: 경계를 넘어 변경으로』(민속원, 2024) 등이다. 이전 필자의 모든 논문에서는 '캅카스' 표기가 아니라 '카프카스'로 표기해 왔는데, 이 저서에서는 국립국어원 '외래어 표기법'에 따라 '캅카스'로 통일하였음을 밝힌다.

국내의 러시아·유라시아 인문학 발전을 위해 책의 출판을 허락해 주신 도서출판 동연 김영호 대표님과 책의 제반 업무를 책임진 박현주 부장님께 깊은 감사의 말씀을 드린다.

그리고 늘 가까이에서 나를 성원해 주는 가족과 세연, 아연 두 명의 딸에게 진심으로 감사한 마음을 드린다.

2025년 10월
행당동 연구실에서
정세진

차 례

머리말 **005**

서론 **011**

1부 1차 캅카스전쟁과 지하드 기원 **025**

1장 제정러시아의 북캅카스 점령 역사와 지하드 기원 **027**
2장 체첸 이맘 만수르의 지하드 선포와 1차 캅카스전쟁 **054**

2부 2차 캅카스전쟁과 지하드 **081**

3장 러시아와 북캅카스 민족의 군사적 충돌과 2차 캅카스전쟁의 과정 **083**
4장 지하드인가, 테러리스트의 원조인가?
　　: 이맘 샤밀의 신정국가와 성전(聖戰)의 연관성 **109**
5장 19세기 북캅카스에서 지하드 투쟁만 있을까?
　　: 전쟁을 반대하는 '쿤타 하지'의 평화와 공존의 이념 **132**

3부 1차 체첸전쟁(1994~1996)의 과정과 지하드　165

　6장 러시아-체첸전쟁의 서막
　　　: 1940년대 체첸 강제이주의 과정과 인권 담론　167
　7장 1차 체첸전쟁은 캅카스전쟁의 데자뷔인가?
　　　: 전쟁의 기원과 과정　202

4부 2차 체첸전쟁(1999~2002)과 성전(聖戰)　241

　8장 2차 체첸전쟁과 신정국가 선포 그리고 지하드　243
　9장 2차 체첸전쟁과 러시아의 대응
　　　: 바사예프 사령관의 지하드 항쟁과 푸틴의 대테러 작전을 중심으로　266
　10장 지하드인가, 테러인가?
　　　: 체첸전쟁에 대한 해석학　293

결론　323

참고문헌　339
색인　357

서 론

『거룩한 전쟁인가? 테러인가? 러시아와 체첸의 끝나지 않은 전쟁: 캅카스전쟁과 체첸전쟁의 기원과 과정』은 러시아의 '북코카서스'(North Caucasus, 러시아어로 북캅카스[Северный Кавказ], 향후 '북캅카스'로 표기) 지역에서 역사적, 정치적으로 발생한 '캅카스전쟁'과 '체첸전쟁'을 분석하는 내용으로 구성되었다. '코카서스'는 러시아어로 '캅카스'(Кавказ)라고 부르는데, 이 저서에서는 코카서스 대신에 캅카스라는 단어를 채택한다. 왜냐하면 이 지역은 러시아연방에 속하기 때문에 러시아어를 사용하는 것이 더 적절하다고 판단했기 때문이다.

러시아는 1770년대부터 현재 '러시아연방'에 속하는 북캅카스를 점령하기 위해 군사 공격을 시도하였다. 북캅카스의 동쪽에는 체첸, 다게스탄 민족 등이 거주했고, 서쪽에는 체르케스, 카바르딘, 오세티야 민족 등이 있었다. 북서캅카스는 러시아에게 쉽게 정복되었지만, 북동캅카스 민족은 제정러시아에 치열하게 저항했다.

북캅카스 민족은 소위 '이슬람 지하드'(聖戰) 정신으로 단결하여 러시아에 맞섰다. 1784년 '1차 캅카스전쟁'(1784~1787)이 벌어졌다. 이후 19세기 전반에 매우 격렬한 전쟁이 거의 50년간 진행되었는데, 이를 '2차 캅카스전쟁'(Кавказская война, Caucasus War, 1816~1864)이라 부른다. 이를 단순히 캅카스전쟁이라고도 명명하는데, 일반적으로 캅카스전쟁이라고 부르는 경우는 이 전쟁을 의미한다. 캅카스전쟁은 러시아와 북캅카스 소수 민족 간에 벌어진 전쟁이다. 체첸 민족과 다게스탄 지역의 소수 민족 그룹이 참가했는데, 체첸이 가장 강력하게 러시아에 투쟁했다. 북캅카스 소수 민족은 이맘 샤밀(Imam Shamil, Имам Шамиль)의 주도하에 독자적인 '이슬람 신정국가'(Исламское Государство, Islamic Government, Imamate)를 선포하였다. 신정국가는 당시로서는 전 세계에서 매우 드문 국가 체제였다.

제정러시아는 캅카스전쟁 기간 동안 '성전'(聖戰, Jihad)을 외치던 소수 민족의 강력한 저항에 고전했다. 이들이 내세운 전쟁의 명분이 '지하드'였는데, 러시아 지도부는 이슬람 극단주의자들이 종교적 이상을 내세우면서 저항한다고 강력히 비난했다. 캅카스 민족은 이슬람 종단 중에서도 '수피즘'(Sufism) 종단에 속했다. 수피즘은 원래 신비주의 종파였지만, 전쟁이라는 시대적 환경에서 지하드 개념으로 발전하였다. 당시 소수 민족은 러시아에 효과적으로 저항하기 위해 지하드를 선포하고 주창했다. 지하드는 '거룩한 전쟁'이었다. 그러나 러시아는 캅카스전쟁을 거룩한 전쟁으로 여기지 않았다. 그들은 체첸 민족을 폭도로, 18세기 러시아 '동방정책'의 강력한 경쟁자인 오스만 투르크의 단순한 대리인(agent)으로 간주했다.

18세기 북캅카스에서 성전을 선포한 이는 체첸의 전설적 인물인 이맘 만수르(Имам Мансур, Imam Mansur)였다. 그는 1차 캅카스전쟁 시기 지하드를 선포하고 군사적 항쟁을 펼쳤다. 이후 19세기 전반 2차 캅카스전쟁이 벌어졌다. 러시아는 캅카스를 통해 흑해와 카스피해로 세력 팽창을 추진하였고, 이 과정에 산악 민족의 격렬한 저항을 받았다. 당시 3대 이맘이던 샤밀과 그를 추종하던 무슬림 제자 그룹인 '무리드'(Murid)는 거룩한 전쟁, 지하드를 선포하고 항거했다. 이 전쟁은 거의 50년 가까이 진행되다가, 1859년 샤밀의 체포 이후, 1864년 러시아의 최종 승리로 끝났다.

그런데 캅카스전쟁 종료 이후 130년이 지난 1994년, 러시아연방의 자치공화국인 체첸공화국에서 캅카스전쟁의 데자뷔라 할 수 있는 '체첸전쟁'(1차: 1994~1996, 2차: 1999~2002)이 발생했다. 소련 해체 직후 체첸은 분리 독립을 강력히 주장했다. 하지만 러시아는 이를 허락할 수 없었고, 러시아연방 대통령 옐친은 체첸을 침공했다. 1차 체첸전쟁은 체첸의 실질적인 승리로 평가되며, 다게스탄의 '하사 유르트'에서 평화 협상 타결로 종결되었다.

2차 체첸전쟁은 1999년 당시 블라디미르 푸틴 러시아 총리가 주도하였다. 그는 병약한 옐친을 대신해 러시아의 권력자로 부상했고, 1999년 12월 31일에 옐친 사임 이후 대통령 권한 대행을 맡았다. 그가 총리 시절인 1999년 10월 1일 러시아는 체첸을 재차 침공했다. 푸틴이 이 전쟁을 적극 수행했는데, 그는 일약 러시아의 영웅으로 등장했다. 푸틴은 체첸전쟁을 '전쟁'으로 규정하는 것에 단호히 반대했다. 러시아 입장에서 그들에게 저항하는 체첸인은 테러리스트였기 때문이다. 2차 체첸전쟁을 정치적 교두보로 삼고 2000년 대통령이 된 푸틴은 "러시아에는 전쟁이 없다. 다만 테러리스트들의 테러만 있을 뿐이다"라는 말을 하였고, 러시아에 저항하는 모든 군사적 행위를 테러라고 규정했다. 러시아 당국은 테러리스트들이 전쟁을 일으켰으며, 그 원조가 캅카스전쟁의 주체자인 무슬림 지도부라고 간주했다.

그러나 많은 체첸인은, 캅카스전쟁도 그러했지만, 체첸전쟁은 독립운동이며 자유 수호의 투쟁이라고 여긴다. 체첸전쟁은 러시아 정부에는 테러였지만, 체첸인에게는 거룩한 전쟁이었다. 체첸전쟁은 캅카스전쟁의 항쟁과 유사하다는 평가를 받았다. 1차 전쟁은 민족 독립운동이였고, 정치지도자들은 이슬람 지하드를 강조하면서 전쟁 수단으로 지하드 명분을 내세웠다.

2차 체첸전쟁 직전에 체첸 공동체 내의 다수 정치 집단은 급격히 이슬람 원리주의 이념에 기울기 시작했다. 이슬람 원리주의로 알려진 '와하비주의'(Wahabism)는 사우디아라비아에서 발흥한 이슬람 운동으로, 이슬람 신정국가로 돌아가자는 운동이다. 체첸 민족주의자들이 1차 전쟁을 이끌었다면, 2차 전쟁은 바사예프 사령관 등 급진적인 와하비주의자가 이끌었다.

지하드는 성전(聖戰)을 의미한다. 지하드는 넓은 의미의 지하드와 좁은 의미의 지하드로 해석된다. 정신적, 문화적 투쟁을 넓은 의미로 해석한다면, 좁은 의미의 지하드는 이교도를 향한 전쟁과 투쟁의 성격을 지닌다. 중동 아랍 국가를 중심으로 보편화된 지하드는 정치적인 용어이다. 지하드는 이슬람 성전 개념으로 수용된다. 이슬람 원리주의자들은 역사적, 전통적으로 비무슬림 국가에 대한 투쟁의 기치로 지하드를 내세웠다. 또한 이 단어는 현대 글로벌 사회에서 자주 통용되고 있다. 서방 엘리트들은 중동 아랍 테러리스트의 자살 폭탄 등의 행위를 테러와 동일하게 해석하는 경향이 있다. 북캅카스에서 지하드는 '가자바트'(Gazabat, Газават)와 유사하다. 가자비트는 군사 항쟁을 벌이는 거룩한 전쟁과 동일한 의미로 통용되었으며 외부의 적에 대항하는 사회적 운동이자 이슬람 정신이었다.

다음은 각 장의 주요 내용이다.

1부: 캅카스전쟁과 지하드 기원

1부에서는 18~19세기 북캅카스 지하드의 전반적인 특성을 기술한다.

1장은 "제정러시아의 북캅카스 정복 역사와 지하드 기원"을 주제로 설정하였다. 제정러시아는 영토 팽창을 추구하는 과정에서 러시아정교를 제국 이념에 투영했으며 타자(他者)인 무슬림 민족에게 러시아정교를 통해 종교적 우월성을 창출하고자 했다. 러시아는 16세기 이래 남부 평원에서 무슬림 민족을 정복하면서 이슬람 세력과 충돌하였으며 제국의 종교 정체성을 유지하기 위해 러시아정교에 더 의존하였다. 러시아의 북캅카스 팽창은 '비문명' 지역에서 기독교 문명을 전파하고 이 지역을 근대화·서구화한다는 미명하에 투철한 근대적 소명 의식이 뒷받침된 제국 확장의 일환이었다. 북캅카스 거주민들은 지하드를 선포하고 저항했다.

러시아는 18세기 이후 점진적으로 북캅카스를 정복하기 시작했으며 이 지역에 대한 완전한 통제권과 지배력을 가지기 위해 노력했다. 이 과정에서 체첸 등 북캅카스에서 이슬람 수피즘에서 변형된 지하드 정신이 등장했다. 수피즘 교의가 전해진 초기 북캅카스 종교 지도자는 수피즘의 진리 추구와 신비주의 관념에 더 많은 관심을 가졌다. 수피즘은 신을 향한 진리와 신비주의 행위를 통해 신에게로의 귀의를 추구하는 종단인데, 이 지역에서 지하드 이념으로 전환되었다. 1장은 그러한 점에 착안하여 서술되었다. 러시아의 강압적인 식민주의 정책과 이에 부합한 지역 영주의 착취는 군사 저항을 불러일으켰다. 수피즘은 이슬람 세계에서 사회적 불평등으로 고통을 겪고 있는 피지배 계급을 위한 영적, 정신적 위안을 제공했고, 수피즘 자체에 삶의 정당성을 위한 가치 추구와 불평등한 세계에 대한 항거의 개념이 존재하였다.

2장은 "체첸 이맘 만수르의 지하드 선포와 1차 캅카스전쟁"이라는 주제다. 만수르는 1770년대 캅카스에서 최초로 지하드를 선포한 이맘이었다. 그는 제정러시아 군대의 침공에 지하드를 선포하고 무슬림의 군사적 항쟁을 주도했다. 2000년 푸틴 러시아 대통령이 체첸전쟁의 참여자들을 테러리스트라고 명명한 것처럼, 제정러시아 정부는 만수르를 강도와 폭도로 규정하였다. 테러리스트의 원조 격이었다. 이슬람의 관점에서는 지하드 정신이었고, 제국의 입장에서는 테러 행위였다.

2부: 2차 캅카스전쟁과 지하드

2부에서는 본격적인 캅카스전쟁이라 할 수 있는 2차 캅카스전쟁 기간 체첸, 다게스탄 민족 그룹을 포함한 북캅카스 민족이 군사 침공을 감행하던 제정러시아에 맞서 지하드 정신으로 항쟁하는 내용이 서술되었다.

3장에서는 "러시아와 북캅카스 민족의 군사적 충돌과 2차 캅카스전쟁의 과정"에 대해 기술하였다. 러시아 제국주의론의 입장에서 캅카스전쟁은 러시아의 팽창 정책의 결과로 일어났다. 북캅카스 거주지로 확장을 시도하던 러시아와의 군사적 충돌은 소수 민족의 자유와 독립을 위한 생존권 투쟁이었다. 지하드는 이러한 상황에서 등장한 저항 의식이었다. 러시아가 이슬람권 민족을 복속하는 과정에서 나타난 이 전쟁은 반세기나 진행되었다.

캅카스전쟁은 서유럽 강대국을 꿈꾼 제국 러시아가 반드시 거쳐야

할 전쟁이었다. 산악 민족이 왜 전쟁을 벌였는지를 이해하기 위해서는 전쟁의 전체적인 원인과 과정이 분석되어야 할 것이다. 3장에서는 러시아와 북캅카스 민족의 군사적 충돌과 전쟁의 전체적인 과정이 서술되었다. 특히 북캅카스 민족 중에서 체첸이 가장 격렬하게 저항했는데, 체첸이 러시아 역사에서 차지하는 위치는 특별하다. 러시아적 상상력에서 체첸은 매우 높게 신화화된 민족이며 19세기 러시아 시인들과 소설가들은 작품 속에서 이를 형상화했다.

4장에서는 "지하드인가? 테러리스트의 원조인가? 이맘 샤밀의 신정국가와 성전(聖戰)의 연관성"에 대한 내용으로 구성되었다. 신정국가인 '이마마트'의 주 활동 무대는 다게스탄과 체첸이었다. 샤밀은 1834년에 신정국가를 선포하였고, 1859년 그가 포로로 잡히던 때까지 신정국가 체제는 유지되었다. 전쟁 상황에서 체첸과 다게스탄은 매우 중요한 역사적 지대(地帶)가 되었다. 샤밀은 체첸, 다게스탄 등 광범위한 지역을 포함하는 신정국가를 창설했다. 신정국가는 이슬람 지도자인 이맘이 통치하는 국가이며 신정국가의 이념으로 내세운 명분은 거룩한 전쟁이었다. 제국의 식민지 통치하에 이슬람은 강력하고 절대적인 문화 요소였다. 신정국가 체제에서 이맘은 정치, 행정, 사법, 군사 분야의 최고 지도자였다.

5장은 "19세기 북캅카스에서 지하드 투쟁만 있을까? 전쟁을 반대하는 '쿤타 하지'의 평화와 공존의 이념"이라는 주제로 서술되었다. 샤밀이 주창한 신정국가의 거룩한 전쟁에 반대 개념을 설파하고 평화와 공존을 주창한 이맘인 쿤타-하지 키쉬에프(Kunta-khadzhi Kishiev, Кунта-Хаджи кишиев, 1830~1867)의 삶과 그 사상이 서술되었다. 쿤타 하지는 수피즘 종단인 '카디리야'(Qadiriya, Кадирийя) 종단의 지도자였다. 그는 캅카스 거주민에게 대(對) 러시아 군사 저항에 나서지 말고 전쟁이 아닌 평화를 선택해 러시아와 공존의 길을 모색하자고 호소했다. 쿤타 하지는 러시아와의 군사적 대결은 아무런 의미가 없고, 무슬림은 신에 대한 진리를 탐구하고 신이 제시한 믿음의 길을 걸어가야 한다고 촉구하였다.

3부: 1차 체첸전쟁(1994~1996)의 과정과 지하드

3부에서는 소련 해체 이후 체첸에서 발생한 1차 체첸전쟁의 과정과 지하드에 근거한 민족 독립운동을 서술한다.

6장은 "러시아-체첸전쟁의 서막: 1940년대 체첸 강제이주의 과정과 인권 담론"이라는 주제로 구성되었다. 이 장에서는 1994년 체첸전쟁이 발생하기 이전 체첸인의 집단기억 속에서 매우 강력한 고통의 사건이었던 스탈린에 의한 1944년 강제이주에 관련된 내용이 서술되었다. 당시 스탈린은 체첸, 잉구쉬, 카라차이, 발카르 민족 등 북캅카스 민족과 칼믹, 크림 타타르, 볼가의 독일인이 조국인 소련을 배신하고 독일군대와 공모하고 결탁했다고 주장하면서 강제이주를 단행했다. 이 와중에 체첸 민족도 강제이주를 당했다. 6장에서는 강제이주의 이유, 과정 그리고 인권을 중심으로 그 내용이 서술되었다. 또한 강제이주 당시 인권과 관련된 내용도 기술되었다.

7장은 "1차 체첸전쟁은 캅카스전쟁의 데자뷔인가? 전쟁의 기원과 과정"에 관한 내용이 기술된다. 소련 해체 이후 체첸공화국은 러시아연방에 강하게 분리 독립을 요구했다. 이를 용인할 수 없었던 러시아연방 정부가 체첸을 공격하면서 체첸전쟁이 시작되었다. 체첸전쟁은 20세기 말과 21세기(1994~1996, 1999~2002)에 발발했다. 러시아가 체첸의 독립을 수용할 수 없었던 이유는 여러 가지가 있었다. 정치적 측면에서는 도미노 이론에 의해 다른 자치공화국의 독립 선포가 이어질 우려가 있었고, 경제적 측면에서는 이 지역을 통과하는 송유관의 경제적 가치가 매우 높았기 때문에 전쟁이 발생했다는 해석도 있다. 그러나 역사적 기원으로 전쟁이 발생했다는 시각도 상당하다. 러시아와 체첸의 역사적 악연은 매우 깊다. 7장에서는 1차 체첸전쟁의 원인과 전체적인 과정이 기술될 것이다.

4부: 2차 체첸전쟁과 성전(聖戰)

4부에서는 2차 체첸전쟁의 성격과 지하드를 서술하면서 체첸의 항쟁과 러시아의 안보적 측면에서의 테러 작전을 중심으로 내용이 전개된다.

8장에서는 "2차 체첸전쟁과 신정국가 선포 그리고 지하드"를 서술한다. 1차 체첸전쟁 이후 1996년에 다게스탄의 '하사유르트'에서 러시아와 체첸 간에 평화협정이 체결되었다. 그러나 이 협정은 3년 이상 지속되지 못했다. 체첸의 이슬람주의자들이 19세기 샤밀 시대처럼 1999년에 신정국가를 선포한 것이다. 2차 체첸전쟁은 푸틴 총리가 주도적으로 이끌었다. 체첸의 와하비주의자들이 모스크바 아파트에 대한 테러 공격을 감행하자, 1999년 푸틴이 체첸을 전격적으로 침공했다.

2차 전쟁에는 와하비주의를 비롯한 군사 이슬람이 광범위하게 나타났다. 2차 전쟁의 체첸 측 주체는 지하드를 주창한 급진적 이슬람 지도자들이었다. 군사력 열세를 보인 체첸은 지하드를 선포하면서 단일한 투쟁 세력을 결집하며 강력히 항쟁하였다. 이때 이슬람 군사주의자들에 의한 지하드가 선포되었는데, 이는 선조들이 러시아와 전쟁을 하면서 내세운 이념이었다.

9장은 "2차 체첸전쟁과 러시아의 대응: 바사예프 사령관의 지하드 항쟁과 푸틴 대통령의 대테러 작전을 중심으로"라는 내용이 서술되었다. 체첸전쟁의 성격은 동일하지 않다. 1차 전쟁은 민족 독립 전쟁으로 체첸 민족 전체의 자결·자립적 성격을 띤 전쟁이었다. 2차 전쟁의 주체자는 거룩한 전쟁을 선포한 와하비주의자였으며, 특히 와하비주의자인 바사예프는 게릴라 전투와 테러를 활용하면서 매우 강력히 대응했다.

러시아의 2차 체첸 침공은 예외적이고 잔인한 상황으로 전개되었다. 1차 전쟁 때 러시아 사회와 여론은 체첸 침공을 비난했지만, 2차 전쟁 때는 모스크바 폭탄 테러 등의 이유로 푸틴의 체첸 침공을 수용했다. 러시아는 이 전쟁을 반테러리스트 작전으로 규정하면서 강력한 반테러 작전을 실시했다. 9장에서는 체첸 당사자의 전쟁 참여 형태, 전쟁의 성격이 규명될 것이다.

10장은 "지하드인가? 테러인가? 체첸전쟁에 대한 해석학"이라는 주제다. 체첸인이 주장한 분리 독립은 종교적 열정과 연결되었다. 캅카스전쟁의 지하드가 체첸전쟁을 통해 복고되었다. 지하드는 러시아에 저항하는 무슬림의 인식과 의식 속에서 출현했다. 전쟁의 당사자가 전쟁을 어떻게 수용하고 해석하느냐에 따라 전쟁의 형태는 테러 혹은 지하드로 양분된다. 1차 전쟁에서 독립 투쟁이라는 성격이 이슬람 요소보다 더 강력했지만, 그렇다고 독립 요소만 강하게 등장한 것은 아니었다.

정치지도자들은 이슬람을 강조했고, 지하드는 종교적 열정을 불러일으켰다. 체첸인은 18~19세기 대(對)러시아 전쟁을 집단기억으로 활용했고, 지하드 이념은 정치적 질서와 연관되었다. 10장에서는 1차 체첸전쟁의 독립운동, 2차 전쟁의 이슬람 원리주의자의 군사적 투쟁을 병렬적으로 서술하면서 체첸전쟁의 본질에 다가가는 해석학에 초점을 맞추었다.

/ 1부 /

1차 캅카스전쟁과 지하드 기원

1장
제정러시아의 북캅카스 점령 역사와 지하드 기원

1. 서론

러시아는 국경 너머의 소위 전방 개척 지대를 정복해 왔다. 러시아 변경 역사에서 매우 특징적인 사실은 러시아는 다른 대륙을 넘어 정복을 시도했다기보다 국경 지대를 중심으로 인근 영토를 확장하기 위해 군사적 진군을 했다는 점이다. 서방 역사가들은 이 변경을 식민 대상지로 정의하는 경향이 강했다. 국경을 넘어선 땅이 식민지가 아니더라도 '프론티어'(Frontier), 즉 변경은 일종의 국경 지대였다. 러시아 제국사를 분석한다면, 러시아는 메트로폴리탄에서 변경으로 국경을 넓혔다.

변경사는 식민지화가 창출되는 역사의 한 페이지다. 제국은 정치 지배 이외에 제국의 생산적 측면들, 즉 경제적 분야의 정복을 동일하게 추진한다. 제국에 의해 변경이 정복된 이후 기존 원주민들은 제국의 사회 내에서 식민지 사회 정체성을 창출하였다. 그런 사회 내에서 피지배 민족은 저항-이주-소멸의 과정을 거쳤다. 미국 개척사에서 백인 정착민들은 서부의 황량한 지대로 나아갔다. 백인의 정복 과정은 엄청난 비판을 받았는데, 그 행위가 이기주의적인 형태로 비추어졌기 때문이다. 제정러시아의 경우가 이와 유사하다. 정복의 개념에는 피정복 민족들이 등장할 수밖에 없다. 러시아 변경사는 대부분 전쟁을 통한 정복으로 요약되며, 이는 행정상의 정복과도 관련이 있다.

러시아 변경사의 핵심 공간은 시베리아였다. 그 변경사의 시작은 키예프 루시(러시아어로 Киевская Русь, 우크라이나 정부는 키예프를 '키이우'로 사용하도록 국제사회에 요청했고 현재 이 용어를 대부분 사용하지만, 용어 자체는 학술적 용어라 그대로 쓰기로 함)로부터 시작되었으며, 시베리아에서 그 절정을 이루었다. 러시아는 시베리아를 이반 뇌제(이반 4세, 1533~1584 재위) 시기인 16세기부터 경략해 1860년 중국과 베이징조약을 체결하면서 시베리아 국경을 완성하였다. 러시아는 캄차카반도, 태평양 그리고 알래스카까지 진출했다.

러시아의 동쪽인 시베리아만큼이나 중요한 지역은 러시아 남부였다. 이곳은 무슬림 거주 공간이었다. 러시아는 모스크바국의 이반 뇌제의 통치 기간인 1552년 카잔 칸국, 1556년 아스트라한 칸국을 점령했다. 러시아는 이 지역으로 러시아인, 슬라브인, 카자키인을 이주시키는 정책을 추진했다. 러시아 역사는 '변경사'(frontier history)이다. 러시아 확장의 역사가 변경사였다.

1장에서는 변경사의 핵심인 북캅카스에 대한 18~19세기 러시아 점령의 역사적 함의와 이에 항전한 북캅카스 소수 민족의 종교적, 정신적, 군사적 이념이던 지하드를 분석하는 내용으로 구성되었다. 변경으로 나아간 제국의 침략에 맞서 소수 민족은 이슬람 이념과 지하드로 투쟁하면서 러시아의 영토 확장에 강력히 맞섰다. 특히 러시아에 저항한 무슬림 지도자인 19세기 이맘 샤밀은 무슬림 항쟁의 역사적 인물이었다.

이 글의 핵심 논증은 정복과 항쟁에 있다. 변경으로 확장을 추진한 러시아는 강력한 항쟁, 즉 샤밀을 중심으로 한 무슬림 통치 계급의 강력한 군사적 항거 때문에 오랜 시기 동안 북캅카스를 완전히 병합하지 못했다.

2. 북캅카스 공간의 역사적 함의

북캅카스의 지역적 경계

서쪽의 흑해와 동쪽의 카스피해로 둘러싸인 북캅카스에는 체첸 외 여섯 개의 공화국인 아디게아(Adygea), 카라차예보-체르케시아(Karachaevo-Cherkessia), 카바르디노-발카리아(Kabardino-Balkaria), 북오세티아(North Ossetia), 잉구세티아(Ingushetia), 다게스탄(Daghestan)이 흑해와 카스피해 사이의 남동쪽과 북서쪽 사이에 있다. 전체 112,000평방킬로미터에 걸쳐 있는데, 이는 그리스보다 약간 작은 면적이다.[1]

체첸 수도 그로즈니 외곽 지역(사진 제공: 김선래 한국외대 교수)

북캅카스는 러시아연방에 속하지만, 다양한 민족 모자이크로 구성되어 있다. 세계에서 가장 민족적으로 다양한 지역 중의 하나다. 그다지 크지 않은 면적을 가지고 있지만, 수십 개의 민족이 거주하고 있다. 가장 인구가 많은 민족은 체첸으로 1994년 체첸전쟁 이전에는 1백만 명 정도였고, 작은 그룹은 다게스탄 '아굴' 종족 등으로 수천 명 정도였다. 터키계 언어 그룹에 속하는 민족은 다게스탄의 쿠믹, 노가이 등이 있다. 북캅카스의 중앙 지역은 오세틴인이 많이 거주하고 있는데, 언어는 인도 유럽어 계통인 이란어계이며 대부분 캅카스 인종계로 분류된다. 러시아인은 북서캅카스의 자치공화국과 북오세티아공화국에 많이 거주하고 있으며 상대적으로 잉구쉬(Inguish), 체첸, 다게스탄 지역에 거주하는 인구는 많지 않다.

북오세티아를 제외하고는 이슬람이 북캅카스 모든 민족의 지배적인 종교 정체성이다. 북오세티아에는 기독교 신봉자가 많다. 역사적으로 북캅카스는 몇 개의 작은 공국으로 나누어져 있었는데, 이 지역의 군사적 호전성을 의미하는 용어로 '군사 민주주의'(military democracy)가 있다. 북캅카스에는 자원이 한정적이고 대캅카스 평원 지역에도 목초지와 농지가 부족한 편이다.[2]

러시아가 남부로 세력을 구축한 시기는 16세기로, 이반 뇌제가 카잔, 아스트라한 칸국을 정복하면서부터였다. 캅카스전쟁 이전 제정러시아는 점진적으로 남부 지역을 통치하기 시작했다. 북캅카스 점령 이전부터 남부로 세력권을 넓혀 나갔다. 남부의 군사 방어선이 제국의 확

---

1 John B. Dunlop and Rajan Menon, "Chaos in the North Caucasus and Russia's future," *Survival* 48-2 (2006), 103.

2 Emil Souleimanov, "The Caucasus Emirate: Genealogy of an Islamist Insurgency," *Middle east Policy* 18-4 (2011), 156.

장에 주요한 역할을 했다. 러시아가 북캅카스에 대해 본격적으로 군사적 경략에 나선 때는 18세기였다. 표트르 대제(1682~1725 재위)가 다게스탄에 군사 원정대를 보낸 시기를 본격적인 정복의 초기로 간주한다. 원정대는 1722년 카스피해 서부 해안지대를 따라 다게스탄 지역으로 나아갔으며 아제르바이잔의 바쿠, 다게스탄의 요충지인 데르벤트(Derbent)를 점령했다.3

러시아가 급속도로 영토 팽창에 성공했던 때는 18세기 후반 예카테리나 여제(예카테리나 2세, 1762~1796 재위)의 통치 시기였다. 러시아 남부는 부유하고 비옥하며 러시아 귀족이 탐낼 정도로 좋은 땅이었다. 러시아는 18세기 후반부터 지속적으로 북캅카스에 군사 요새를 건설했고 군사 방어선을 공고히 했다.4 한때 러시아는 유화적 방식으로 무슬림을 대한 적이 있었다. 특히 예카테리나 여제는 1783년 '크림 칸국'을 공식적으로 복속하면서 과거 오스만 투르크가 지배하던 이 지역에 대한 통치권을 가졌다. 여제는 무슬림에 대한 효과적 통치를 위해 무슬림과의 동화 정책에 나섰다. 러시아의 이슬람 공간에서 여제의 통치는 무슬림에게 근본적인 변화를 주었다. 이 정책은 무슬림을 러시아의 세력권에 합류시키는 기반 조성이 되었다. 이 이슬람 정책은 크게 두 가지로 분류된다.

---

3 Robert Seely, *Russo-Chechen Conflict 1800-2000. A Deadly Embrace* (London, Portland: Frank Cass, 2001), 23.
4 Северный Кавказ в составе Российской империи (А. И. Миллер: Отв. Ред.) (Москва: Новое литературное обозрение, 2007), 46-48.

예카테리나 여제 시기 이후 러시아 이슬람

첫째, 1773~1785년 시기로 여제는 크림 칸국 무슬림에 대해 소극적이지만 관용 정책을 구사했다. 1773년 여제는 종교적 톨레랑스의 의미가 있는 「종교 공존에 관한 법령」을 발표했는데, 여기에는 러시아정교회가 이슬람 등 기타 종교에 개입하지 않는 내용이 포함되었다. 이 법을 통해 여제는 본격적인 이슬람 유화 정책을 구사했다. 이 법률은 지방의 행정 권력자가 모스크, 마드라스(이슬람 교육기관), 이슬람 기관에 대한 정책을 독자적으로 내릴 수 있도록 하였다. 이로써 무슬림은 종교 기관을 공식 설립할 수 있었다. 러시아는 과거에 무슬림으로부터 얻었던 와크프(waqf, 무슬림 소유 거주지)를 무슬림 지역 공동체로 반환시켰고, 무슬림 인구가 3백 명 이상 거주하는 조건만 충족되면 모스크 건립을 승인하였다.

둘째, 1785~1796년 시기로 무슬림 리더가 러시아의 통치 구조에 실제 참여할 수 있도록 급진적 정책을 구사하던 때였다. 러시아는 무슬림 지도자가 변경 지대인 볼가 지역 등에 일정한 영향력을 구사하도록 이슬람 정책을 추진했다. 여제는 심지어 종교적 자유를 선포하였다. 이때 러시아정교 정책도 무슬림 성직 계급을 후원하는 방향으로 이루어졌다.[5] 캅카스로 이주해 온 이들의 직업은 민족적 특색, 기원 등과 강하게 연결되었다. 러시아인과 우크라이나인은 군사에 관련된 업무를 맡았고, 조지아 및 아르메니아인은 주로 무역과 공예업에 종사했다. 개종한 카바르딘, 쿠믹, 노가이인은 군대에 입대하는 경우가 많았으며, 오

---

[5] 정세진, "제정 러시아의 정교 이데올로기와 무슬림과의 관계," 「동유럽연구」 30 (2012): 313-314.

세틴인은 주로 땅을 경작하기 위해 정착했다. 이전의 목초지와 방목지가 농지로 전용되었고, 생계용 작물은 환금 작물, 비단 농장, 포도원으로 대체되었다. 지역 상인들이 다게스탄의 키즐야르(Kizliar)와 아스트라한(Astrakhan)으로 가는 여정은 조지아와 아제르바이잔의 전통적인 무역 중심지로의 여행보다 훨씬 빈번해졌다.[6]

체첸에 대한 러시아인의 이미지는 부정적이었다. 북캅카스 민족 중에서 체첸 인구가 가장 많다는 이유로 그런 이미지로 보였던 것이 아니다. 러시아 통치에 가장 공격적이고 타협하지 않고 적의를 불태우는 소수 민족이 체첸이었기 때문이다. 러시아는 러시아정교 전파 등 문화 침투 전략을 채택했다. 러시아가 식민지 지역을 확장하면서 캅카스 소수 민족은 군사적으로 저항했다. 북캅카스에서는 기독교 전통이 매우 일찍 시작되었지만, 거의 종교적 관습을 지키지 않았으며 기독교인도 많지 않았다.[7]

러시아가 북캅카스를 정복하고자 한 핵심 이유는 영토였다. 캅카스 지역 중 '남캅카스'(South Caucasus) 국가는 아제르바이잔, 아르메니아, 조지아 등이다. 러시아는 캅카스를 두고 1800년대 이웃 제국들인 오스만 투르크, 페르시아 등과 치열한 국가 경쟁을 벌였다. 캅카스 공간은 제국 사이의 광범위한 국경 지대였다는 역사적 함의가 있었지만, 제국의 핵심 공간으로부터 먼 곳에 속했고 산악으로 둘러싸여 있어 정복하기가 쉽지 않았다.[8] 캅카스는 전략적, 상업적으로 결코 무시할 수 없는 공간

---

[6] Michael Khodarkovsky, "Of Christianity, Enlightenment, and Colonialism: Russia in the North Caucasus, 1550-1800," *The Journal of Modern History* Vol. 71, No. 2 (1999), 427.

[7] Austin Jersild, "Faith, Custom, and Ritual in the Borderlands: Orthodoxy, Islam, and the 'Small Peoples' of the Middle Volga and the North Caucasus," *Russian Review* Vol. 59, No. 4 (2000), 520.

[8] Dominic Lieven, *Empire. The Russian Empire and Its Rivals* (New Haven and London: Yale

적 함의를 지닌다. 캅카스전쟁도 이러한 측면에서 발생했다. 러시아는 샤밀이 캅카스전쟁에서 포로가 된 1859년부터 북캅카스에서 확실한 정치적 지배력을 가지게 되었으며, 1864년에 최종적인 승리를 거두었다.

제정러시아 통치자들은 북캅카스를 러시아제국의 확장을 위해 그리고 흑해로의 출구를 위해 반드시 점령해야 할 땅으로 간주했다. 러시아는 캅카스전쟁에 승리하면서 완전한 정복에 성공할 수 있었다. 러시아의 개입은 19세기 이후 절정에 달했다. 변경사 측면에서 러시아는 무슬림의 완강한 저항을 받았다. 주지하듯 러시아의 동쪽으로의 영토 확장의 역사는 매우 원활했다. 그 동쪽을 광범위한 시베리아 지대라고 한다면, 시베리아 확장의 가장 큰 걸림돌은 자연 장벽이었지, 어떤 인위적이고 군사적인 저항이 아니었다.

그러나 북캅카스는 전혀 달랐다. 1864년 러시아가 북캅카스를 공식 합병하기 이전에도 산악 민족의 투쟁이 강력했지만, 그 이후에도 러시아에 반감을 가진 무슬림이 많았고 군사 봉기 등 저항 사건이 뒤따랐다. 체첸인은 1877~1878년, 1920~1921년에 러시아와 소련에 저항해 봉기하였다. 특히 북캅카스의 핵심 민족이던 체첸의 민족 정체성은 저항의 역사와 결부되어 있으며, 존 콜라루소가 언급하듯 "독립을 열망하는 강력한 사랑과도 같은 것이며, 자유를 향한 끝없는 헌신"[9]이었다.

모든 종교와 마찬가지로 이슬람도 소련 시기 국가의 공식 정책에 의해 공격 받았다. 소비에트 당국의 무신론 정책 때문이었다. 소비에트 권력의 70년 동안 체첸 무슬림은 명맥을 이어갔지만, 기타 구성 공화국

University Press, 2000), 213.
9 John Colarusso, "Chechnya: the War without Winners," *Current History* 94-594 (1995): 329-330.

의 무슬림이 그랬듯 공개적으로 이슬람을 신봉한다는 것은 불가능한 일이었다. 가정 내에서 종교를 배운 아이들은 조부모와 부모에게서 이슬람을 배우면서 개인적으로 그리고 비밀리에 종교 생활을 이어 나갔다.10 소련 시기에 기도, 할례, 축일 기념 등과 같은 의식 관행은 여전히 은밀하게 행해졌지만, 신앙을 가지는 것은 위험을 무릅쓰는 일이었다. 이 기간 많은 모스크가 파괴되었으며, 매우 용감한 노인들만이 모스크에서 기도하고 자신의 신념을 외적으로 표명하거나 진술할 수 있었다.

3. 제정러시아의 북캅카스 방어선과 북캅카스 자유 공동체 사회

러시아의 남부 지역 점령과 군사 방어선

러시아는 카잔과 아스트라한 칸국을 1552, 1556년에 각각 점령했다. 당시 이 지역은 무슬림 거주 공간이었는데, 러시아가 역사상 처음으로 무슬림 민족을 정복한 것이다. 러시아는 18세기부터 북캅카스에 군사 요새를 건설하면서 본격적인 경략에 나섰다. 위예스진스키는 러시아 영토의 확장은 미국의 경우와 유사하다는 관점을 제시했다. 그는 카잔을 세인트루이스(St. Louis)와 비교하였으며, 모스크바국이 당시 경쟁 공국이었던 노브고로드를 정복한 사건은 미국이 영국으로부터 오하이오를 획득한 사건과 유사하다고 보았다. 그리고 17세기 러시아의 우크라이나 병합을 미국이 루이지애나를 획득한 사건에 비유했다.11 일부

---

10 Anne Speckhard and Khapta Akhmedova, "The New Chechen Jihad: Militant Wahhabism as a Radical Movement and a Source of Suicide Terrorism in Post-War Chechen Society," *Democracy and Security* Vol. 2 (2006), 105.

역사가들은 시베리아 변경사를 매우 중요하게 여겼으므로, 러시아 변경의 식민지화가 시베리아 경략 이전부터 남부에서 시작되었다는 사실을 간과하는 경우가 있었다는 지적도 있다.[12]

러시아 변경사는 많은 부분 시베리아에 초점을 맞추어 왔다. 그 이후 우크라이나의 스텝 변경 지역이었다. 이 지역에서 러시아인의 정착 과정은 매우 중요했다. 17세기 러시아와 우크라이나의 역사적 관계사는 논란의 여지가 있는 영역이다. 바로 1654년 '페레슬라브 조약'(Treaty of Pereyaslav, Переяславская рада)을 둘러싼 러시아와 우크라이나의 관계사에 관한 담론이다. 러시아 학자들은 이 조약 체결로 우크라이나의 주권이 러시아로 넘어갔다고 강조해 왔다. 조약 체결 300주년이던 1954년에 '신통합 이론'이 등장했다. 이는 러시아와 우크라이나가 매우 가까운 민족이었다는 점을 강조하기 위한 내용으로, 그 기원은 1830년대 제정 러시아의 세르게이 우바로프(Sergei Uvarov) 교육부 장관에 의해 강조된 공식 '민족성' 정책에서 주창되던 이념이었다. 2014년 러시아가 크림반도를 군사력으로 점령하고 크림반도가 매우 강력한 국제적 이슈로 떠오르면서, 러시아와 우크라이나의 현대사도 여전히 논란이 되고 있다. 변경사의 핵심 공간은 비 러시아 지역이었다. 러시아 역사가들은 변경의 개념을 진보의 동력으로 해석하는 관점을 따르지 않는다. 도리어 이들은 시베리아 변경 지대, 우크라이나, 크림, 볼가 등을 러시아의 고유한 영토, 즉 원래의 지역으로 간주하는 민족주의적 태도를 가지고 있다.[13]

---

11 Joseph L. Wieczynski, *The Russian Frontier* (Charlottesville: University Press of Virginia, 1976); George V. Lantzeff and Richard A. Pierce, *Eastward to Empire: Exploration and Conquest on the Russian Open Frontier to 1750* (Montreal: McGill-Queen's University Press, 1973).

12 Donald W. Treadgold, "Russian Expansion in the Light of Turner's Study of the American Frontier," *Agricultural History* Vol. 26, No. 4 (1952): 147-152.

이반 뇌제는 카잔과 아스트라한 칸국을 정복한 이후 정착민과 병력을 보냈다. 이 칸국들을 지배한 사건은 역사적 의미를 지닌다. 러시아는 남부로 팽창하면서 이슬람 문제를 외부적 위협으로부터 국내 이슈로 전환했다. 이 지역 거주민은 대부분 무슬림이었으며, 러시아는 이 내부 문제를 극복하기 위한 영토 팽창 정책에 진력을 다했다. 이 사건에 대해 비판적인 해석을 한다면, '야만적인 점령'(savage exploitation)이었다고 할 수 있다.14 이는 무슬림이 러시아의 신민이 된 사건이었다.

모스크바국은 16세기 중반 이후 점진적으로 북캅카스에 등장하기 시작했다. 러시아의 첫 번째 진지는 이미 16세기 카자키인에 의해 북다게스탄에 등장했다. 250년 동안 북캅카스는 느리지만 불가피하게 변화의 길을 걸었다. 이전에는 유목민과 반유목민 등 그렇게 많지 않은 인구가 거주하는 광대한 대초원과 평야에 제국을 보호하는 단일 방어선이 형성되고, 국경선을 따라 수많은 요새, 정착지, 마을이 만들어지면서, 북캅카스는 러시아제국의 남부 방어선 역할을 했다. 최초의 대규모 전쟁은 표트르 대제 시기에 있었다. 그 이후 러시아는 페르시아, 오스만 투르크와 빈번히 전쟁을 벌였다.

제정러시아를 군사적으로 지원하던 이들은 카자키인데, 테렉(Terek) 카자키로 명명되었으며 군사 요새를 건설했다. 이 러시아 요새와 마을에는 제국의 내부 지역에서 온 정착민이 살기 시작했다. 캅카스 출신의 비 러시아인 이민자들이 이곳으로 몰려들었는데, 그들 중 일부는 자발

---

13 Kimitaka Matsuzato and Magomed-Rasul Ibragimov, "Islamic Politics at the Sub-Regional Level in Dagestan: Tariqa Brotherhoods, Ethnicities, Localism and the Spiritual Board," *Europe-Asia Studies* Vol. 57, No. 5 (2005), 758.
14 Janet M., Hartley, *A Social History of the Russian Empire 1650-1825* (London, New York: Longman, 1999), 74.

체첸 수도 그로즈니 시내 국가 건물(사진 제공: 김선래)

적으로 왔고, 일부는 제국의 외딴 전초 기지로 추방 형태로 거주하였다. 이 변방의 거주자들 대부분은 카자키와 정규군이었으며 소수의 상인, 장인 그리고 농민이 있었다.15

방어선이란 '전선'(line)으로 이루어진 작은 단위로 간단히 명명되는 용어다. 18세기 중반부터 북캅카스는 러시아 남부의 전략 지대로 부상했다. 이곳에는 카자키 마을 '전망대'(observation tower)가 있었고, 그들의 은닉 전초 기지도 존재했다. 밤이 되면 군인들은 전초 기지에서 모습을 감추지만, 주위에서 군인들을 위협하는 사람들 혹은 집단이 접근해 오면 이들은 가장 가까운 탑이나 카자키 마을로 신호를 보냈다. 종이 울리고 총탄이 발사되면서, 연기 신호로 불을 붙이고 카자키 군대가 전투를 지원하러 달려오는 일들이 종종 일어났다.

그런데 러시아가 북캅카스에 군인들을 파병하고 관리하던 시기는

---

15 Michael Khodarkovsky, op. cit., 426-427.

18세기 후반 예카테리나 여제의 총신이며 연인이던 그리고리 포템킨(Grigorii Potemkin)이 소위 '카자키 라인'을 북캅카스 전역으로 확장했던 기간과 겹친다. 이 방어선은 예카테리나 여제 시기에 만들어졌다. 포템킨에 의해 적극 추진된 방어선은 체첸의 테렉강과 쿠반강의 국경 지대에 있었다. 그는 남부 러시아의 총독으로 봉직하면서 국가의 강력한 힘을 보여주기 위해 카자키 공동체를 활용하였다. 소위 '포템킨의 카자키 라인'은 1763년 모즈독(Mozdok) 요새 건설로 확장되었다. 이런 요새는 러시아 군대를 산악 지대 깊숙하게 이끌었고 또한 전쟁의 전선 역할을 담당했다. 즉, 테렉강 북쪽 좌안에 카스피해에서 아조프해에 걸친 캅카스 군사 경계선이 형성되었고, 이곳을 따라 카자키인의 정착이 이루어졌다.16 방어선은 북캅카스의 남쪽으로 넓혀졌고, 1769년에 '키즐야르-모즈독'(Kizliar-Mozdok) 방어선이 구축되었다.

러시아는 페르시아와 오스만 투르크 등 강대국과 국경 근처에서 치열하게 군사적 경쟁을 벌였다. 러시아는 1768~1774년 오스만 투르크와 1차 전쟁을 벌여 승리했고, 이후 남부로의 영토 확장을 선포하고 북캅카스와 조지아의 보호국으로 나서면서 크림반도를 획득했다. 그리고 흑해 동쪽에 건재하던 오스만 투르크의 군사력을 몰아내면서 남캅카스를 식민지화하였다.17 러시아는 군사 요새를 건설하면서 요새 이름을 지었다. 예를 들면 십자가의 부활을 의미하는 보즈비젠스카야(Vozdvizhenskaia, Воздвиженская) 등이다. 러시아는 블라디캅카스, 키즐야르에 요새를 건설했는데, 이 요새들을 '캅카스 전선'이라고 불렀다.

---

16 유의정, "체첸-러시아 분쟁에 관한 연구," 「슬라브학보」 15-1 (2005), 329.

17 Gary Hamburg, "A commentary on the two texts in their historical text," Thomas Sanders, Ernest Tucker, and Gary Hamburg eds., *Russian-Muslim Confrontation in the Caucasus* (London, New York: RoutledgeCurzon, 2005), 173.

러시아는 이와 동시에 러시아정교회를 세웠다. 이런 정책이 추진되면서 외견상으로 이슬람은 탈 중앙집권화 현상을 보였다.18 이 방어선에서 호전적인 체첸인과 카자키 사이에 산발적인 전투가 발생했다. 러시아의 군사적 침략에 맞서 체첸, 다게스탄 민족 그룹 등 소위 소수 산악 민족이 러시아에 저항하기 시작한 것이다. 어느 논자는 소수 민족의 저항을 "러시아가 '낙원의 기병도'(Sabres of Paradise)를 만났다"라고 표현했다.19 지금의 체첸과 다게스탄 지역은 당시 방어선의 핵심이었다.

18세기 후반까지 러시아는 북캅카스 소수 민족에 군사적 우위를 가졌다. 1800년대에도 군사 방어선이 이어지면서 새로 획득한 영토를 확보하는 데 유리했다. 요새의 주민들과 전선 뒤의 정착민들은 소수 민족의 지속적인 공격으로부터 안전을 유지했다. 또한 러시아는 원주민의 습격에도 대비할 수 있었다. 야포를 사용하는 새로운 군사 전술 덕분에 성공적인 공격 작전을 가동했으며, 러시아의 거주민이 증대되어 군사적으로 유리한 국면을 맞이했다. 이를 바탕으로 러시아는 경제 교류에 적극 나서면서 이 지역을 지배할 수 있었다.20

캅카스전쟁과 북캅카스의 자유 공동체 사회

러시아 본토에서 캅카스로의 이주민들이 늘어났다. 또한 러시아 식민 정책의 핵심인 또 다른 형태의 이주가 있었는데, 원주민들이 러시아

---

18 Austin Jersild, "Faith, Custom, and Ritual in the Borderlands: Orthodoxy, Islam, and the 'Small Peoples' of the Middle Volga and the North Caucasus," *Russian Review* Vol. 59, No. 4 (2000), 519.
19 Lesley Blanch, *The Sabres of Paradise* (London: VIking Press, 1960).
20 Michael Khodarkovsky, op. cit., 417.

요새와 마을로 이주하는 경우다. 16세기 중반부터 카바르딘인은 이곳으로 이주했다. 그런데 다른 비기독교인 거주민들도 러시아로 이주를 결행하는 경우가 있었다. 그들은 군 복무를 대가로 러시아 정부로부터 경제적 이득을 얻었다. 토지 소유권을 받았고 군인 계급과 현금 연금을 수령했다. 그들은 기독교로 개종하고, 러시아식 이름을 받고, 러시아 귀족 가문과 결혼하였다. 북캅카스 이슬람을 연구한 일부 학자들은 러시아 무슬림이 16세기에서 19세기까지 점진적으로 러시아로 포함되었는데, 그 방식은 러시아의 군사적 점령도 있었지만, 무슬림이 자발적으로 러시아제국에 합류하였다는 견해를 가지고 있다.[21]

이런 상황하에 '1차 캅카스전쟁'(1787~1791)이 벌어졌다. 러시아에 항거한 '이맘 만수르'(Mansur, Мансур)가 등장했는데, 그는 체첸·다게스탄·쿠믹·카바르딘인을 이끌고 체첸 숲에서 러시아군과 전쟁을 벌여 승리를 거두기도 했다. 그러나 그는 소수 민족을 하나로 결합하는 데 실패했고, 일련의 전투에서 패배하면서 체포되었다. 1차 캅카스전쟁은 러시아의 승리로 끝났다.[22]

러시아는 18세기 후반 다게스탄을 점령하였다. 러시아와 페르시아 간에 전쟁(1806~1812)이 벌어졌고, 러시아가 승리했다. 양국은 1813년 10월 "굴리스탄 조약"(Treaty of Gulistan)을 체결했다. 굴리스탄은 아제르바이잔에 소재하는 지역으로, 러시아는 조지아, 아제르바이잔 그리고

---

21 Elise Giuliano, "Islamic Identity and Political Mobilization in Russia: Chechnya and Dagestan Compared," *Nationalism and Ethnic Politics* No. 11 (2005), 199; Galina Yemelianova, "Ethnic Nationalism, Islam and Russian Politics in the North Caucasus," C. Williams and T. Sfikas eds., *Ethnicity and Nationalism in Russia, the CIS and the Baltic States* (London: Ashgate, 1999), 120-148.

22 Anatoli Lieven, *Chechnya. Tombstone of Russian Power* (New Haven, London: Yale University Press, 1999), 305-306.

다게스탄에 대한 지배권을 인정받았다. 양국은 다시 전쟁을 벌였고, 1828년 "투르크만차이 조약"(Treaty of Turkmanchai)에 의해 다게스탄은 러시아에 공식 복속되었다.23 역사적으로 이슬람은 다게스탄 지역에서 핵심 역할을 하였다.24

    19세기 전반 북캅카스의 사회구조 중에 매우 핵심적인 삶의 방식은 이 지역에 소위 '자유 공동체'(free society, вольное общество) 사회가 형성되었다는 점이다. 이는 이웃 공동체의 연합 구조로 이루어졌으며, 특히 다게스탄에서 이러한 부족 사회 형태가 강력히 형성되었다. 다게스탄에서 가장 비옥한 지역은 북쪽이었는데, 경작지가 있었으며 정원, 포도 산업 등이 발전했다. 다게스탄과 체첸 산악 지역에는 경작을 위한 환경이 좋지 않아, 농업의 주요 영역은 가축 목양이었다. 겨울에는 가축들을 평지에서 키우고 강가에 방목했으며, 봄에는 산의 목양지에서 키웠다. 전체적으로 농업은 산악민의 필요를 완전히 충족하지 못했다.25

    자연적 환경과 농업 상황이 북캅카스 민족의 사회 경제적 관계의 다양성을 규정했다. 평원과 산악 지역에서는 재산상의 불평등이 존재했다. 그전부터 이곳에서는 다른 지역과 다르게 강력한 지주의 복잡한 사회적 그룹이 있었으며 지역 귀족이 분화되어 있었다.26 그런데 군사 구조 및 귀족 계급의 등장과 더불어 종교 계급, 즉 이슬람 통치 그룹이 등장했다. 이들은 재산 분배의 권한을 지니면서, 결혼을 주관하고, 샤리

---

23 *История Дагестана. Том. 1* (Махачкала: AN, 1967).

24 Galina M. Yemelianova, "Islam and Nation Building in Tatarstan and Dagestan of the Russian Federation," *Nationalities Papers* Vol. 27, No. 4 (1999), 608.

25 *История России XIX - начала XX вв. Учебник для вузов* (Москва: Зерцало, 1995), 196.

26 Н. А. Федорова (Отв. ред.), *История России XIX - начала XX вв.* (Москва: издательство Зерцало, 1995), 144.

아 법률로 통치하는 사법 재판 등의 광범위한 사법적 기능을 보유하는 거대한 권위를 가졌다. 무슬림 고위층은 공동체를 통치하는 칸, 대귀족과 권력 행사를 놓고 충돌했다. 칸과 대귀족은 기존의 관습법이 유지되기를 원했고 일반 생활과 공동체 조직 측면에서 '아다트'(Adat, 관습법)를 보존하고자 했다.[27] 이런 기반 위에 칸국이 형성되었는데, 아바르, 카지쿠무크, 데르벤트 칸국 등이 그것이다. 칸국에서는 정치적, 법적, 세금 분야에서 권력의 조직화가 이루어졌다.[28]

자유 공동체 내부의 인적 구성은 씨족 혹은 동일한 지역 거주민의 연합체였다. 예를 들면 체첸에서는 '타이프'(Teip, таип)라고 명명하는데, 이는 씨족 혹은 부족 연합체의 의미로 해석되었다. 타이프는 체첸인의 일반 생활 조직의 유일한 형태는 아니었다. 개별 타이프가 연합하여 더 큰 조직으로 구성되는 형태가 있었다.[29] 그런데 봉건적 구조를 보이던 자유 공동체에 변화가 나타났다. 공동체 내에서 재산 소유의 해체가 발생했으며, 자유 공동체 중에서도 더 부유해진 공동체가 형성되기 시작했다. 이들은 지속적으로 부를 축적해 나갔으며, 내부 혹은 외부 공격으로부터 재산권을 수호하는 의지를 보였다.

이 공동체에서는 안정되고 개선된 부가 축적되었다. 중산층 계급과 더불어 귀족 계급도 등장했다. 귀족 계급은 지도자 그룹이 되었으며 군사 계급에서 주도적 위치를 차지했다. 군사 계급은 다른 씨족이나 종족을 공격하는 '공격시스템'이 작동하는 가운데 탄생했는데, 공격시스템(набеговая система)이란 더 강력한 공동체가 약한 이웃 공동체를 공격하는 시스템을 의미한다. 이렇듯 군사 구조 측면에서 새로운 현상이 발생

---

27 Ibid.
28 *История России XIX – начала XX вв. Учебник для вузов*, 196.
29 М. М. Блиев and В. В. Дегоев, *авKказская война* (Москва: Росет, 1994), 76.

알렉세이 예르몰로프(출처: Ермолов, Алексей Петрович ─ Википедия, wikipedia.org)

했다.

이슬람 전파를 위해 강제로 군사력을 사용하는 경향이 무슬림 내 공동체에서 형성되기 시작했고 공동체 간 갈등의 골은 깊어졌다. 러시아가 북캅카스 점령 정책을 적극 추진하면서 산악 민족의 사회적 긴장감은 더 깊어질 수밖에 없었다. 러시아의 출현으로 북캅카스의 흩어진 민족들은 정치적인 분열 대신 단일 국가 결성에 대한 분위기가 형성되었다. 단일 국가가 강력히 형성되어야만 강대국에 효과적으로 맞설 수 있기 때문이다. 이는 러시아라는 강력한 국가의 위협으로 더 고조되었다. 이러한 상황에서 자유 공동체 내에서도 정치적 분열보다는 외부 위험에 대처하고 지역 수호를 위해 더 효과적인 대처가 가능한 단일 국가 혹은 단일 연대가 필요하고 소수 민족끼리 연합해야 한다는 분위기가 강화되었다.[30]

4. 예르몰로프 사령관의 북캅카스 총독 부임 이후 러시아와 북캅카스 민족 간 군사적 충돌

남캅카스는 1801~1829년 사이 러시아에 복속되었는데, 북캅카스 산악 지대는 1864년 캅카스전쟁 종결 시점에야 완전히 병합되었다.31 오스만 투르크와 페르시아는 북캅카스 민족에게 정치적, 군사적 영향력을 지속적으로 가지고 있었다. 러시아는 이 강대국과의 경쟁에서 정치적 우위를 가질 필요가 있었고, 이는 러시아가 매우 강력한 군사 정책을 가동하는 계기가 되었다. 러시아가 북캅카스에 대한 정치적, 군사적 지배권을 확실히 가지게 된 계기는 "굴리스탄 조약"이었다.32

러시아는 두 가지 방향에서 확장 정책을 구사하였다. 첫째로 북캅카스의 개별 민족들과 평화조약 및 신조약 체결이고, 둘째로 러시아에 가장 적대적인 산악 거주민에 대한 군사적 방식의 대응이다. 정부는 이를 위해 강력한 사령관을 보냈다. 알렉세이 예르몰로프(Aleksey Yermolov, Алексей Ермодов) 장군은 1816년에 북캅카스 총독으로 임명되었다. 그의 등장은 러시아 정책의 근본적인 변화를 의미하였다. 러시아는 그의 부임과 더불어 군사적 대응을 강화했다. 이전까지는 간접 통치를 하였지만, 총독 부임과 동시에 직접 통치가 감행되었다. 예르몰로프는 1812년 나폴레옹 전쟁의 영웅으로 결정적인 군사 행동에 나섰다. 체첸에 반대하여 순자강에 군사 기지 건설과 더불어 다게스탄 공략을 위해 캅카스 전선을 평지와 해변 지역으로 이전해야 한다고 주장했다. 즉, 산악

---

30 История России *XIX* - начала *XX* вв. Учебник для вузов, 197; История России *XIX* - начала *XX* вв. Н. А. Федорова (Ответ. ред.), 144.
31 박태성, "러시아의 북캅카스 병합과정과 의미," 「슬라브연구」 21-1 (2005), 126.
32 정세진, "19세기 카프카즈 전쟁과 이슬람 요소," 「슬라브연구」 21-1 (2005), 167.

지역에 고립된 거주민들을 소개하고 소수 민족의 공격시스템을 종식해야 한다는 입장을 지녔다.

예르몰로프가 부임하기 이전에 러시아는 이미 북캅카스에서 가장 호전적인 민족이라고 일컬어지는 체첸에 대한 직접 공격에 나섰다. 체첸인은 가장 숙련되고 대담한 약탈자라는 명성을 얻고 있었는데, 특히 그들은 공격시스템으로 산악 지대에서 평지로 공격을 감행하면서 가축, 인질, 여성과 노예 등을 획득했다. 1805년 조지아인의 요청으로 러시아는 체첸인에 대한 진압에 나섰다. 1806년 체첸 공동체의 지도자들이 러시아의 쿠도비치(Khudovich) 사령관과 서명한 첫 번째 협정에 그 기록이 나온다. 바로 체첸인이 러시아제국의 신민이 되는 조건을 명시한 조항이다.

이 조항에는 다음과 같은 내용이 있었다: "종국적으로 체첸인이 공격시스템을 자제하지 않으면 그들은 완전히 근절될 것이다." 체첸인은 공격시스템과 같은 호전적인 행동을 하지 않을 것이라는 다짐을 러시아 정부에 천명한 적도 있었다. 러시아가 체첸으로 군사적 압박을 지속했기 때문에 당시 체첸인이 선택할 지점은 많지 않았다. 러시아는 체첸인이 공격적 관습을 버리거나 아니면 죽음을 선택해야 한다는 입장을 가졌다.[33] 러시아와 체첸은 매우 강력한 군사적 충돌을 벌였다.

2차 캅카스전쟁은 예르몰로프가 부임한 1816년에 본격적으로 시작되었다. 캅카스전쟁은 북캅카스 민중 입장에서는 외면적 형태로 러시아에 저항한 투쟁이었다. 그런데 단순히 러시아에만 반대한 전쟁이 아니라 지방 귀족, 통치자들, 영주 계급 등 일반 평민을 압박했던 지도층

---

[33] John Russel, "Terrorists, bandits, spooks and thieves: Russian demonisation of the Chechens before and since 9/11," *Third World Quarterly* Vol. 26, No. 1 (2005), 103.

에 대항하는 성격을 지녔다. 즉, 반봉건 투쟁이면서 민족 독립과 자유를 위한 저항이었다. 러시아 관리들은 일반 평민들의 저항을 분쇄하기 위해 지방 통치자들을 지지했고, 니콜라이 1세(1825~1855 재위)를 정점으로 러시아 통치자들, 관리자들은 산악 민족의 저항을 겪고 나서 이들을 진압해야 한다는 목적을 분명히 설정했다. 알렉산더 1세(1801~1825 재위) 통치 초반에는 소수 민족을 점진적으로 통치한다는 정책을 가졌지만, 예르몰로프 총독 부임 이후 상황이 바뀌었다. 러시아인은 캅카스가 러시아 땅이라는 인식을 갖게 되었다.

러시아에 가장 강력히 맞선 민족은 체첸이었다. 1834년 샤밀이 세운 이슬람 신정국가의 초기 핵심 지역은 다게스탄에 속했지만, 가장 강력히 저항한 민족 그룹은 체첸이었다. 러시아가 체첸에 대해 군사적 공세를 가지게 된 시기는 조지아, 아르메니아 등 남캅카스 지역을 복속하면서부터였고, 이에 따라 북캅카스 상황이 근본적으로 변화되었다. 러시아 정부 판단으로는 북캅카스에서 안정적인 지배력을 가지지 못한다면, 남캅카스에서 러시아의 대외 목적을 실현하지 못하는 상황이 올 수도 있었다. 북캅카스를 점령해야만 캅카스를 완전히 복속시킬 수 있었다. 북캅카스가 직접 점령당하지 않고서는 정치, 행정, 군사 영역에서 러시아는 수동적 자세를 취할 수밖에 없었다.

체첸, 다게스탄의 산악 지역 민족들, 북서캅카스의 체르케스인은 러시아, 카자키, 조지아인에 대한 공격시스템을 통해 지속적으로 약탈 공격을 감행하였다. 이에 따라 인명 살상이 일어났고 일정한 지역이 초토화되었다. 그러한 차원에서 나폴레옹 전쟁 종료 이후 정부의 전략 프로그램에 근본적인 변화가 일어났다. 다게스탄과 체첸 자유 공동체의 일부는 러시아의 지배 권력을 인정하지 않았다. 러시아는 이전의 평화적인 접근 전략으로는 한계를 느끼고 군사 정치적인 징벌 방식을 선택하였다. 정부는 단기간에 이러한 문제들을 해결하기로 결정했고 봉건적 영주 체제인 자유 공동체 사회를 점령하는 정책으로 선회했다.[34] 이후 캅카스전쟁에 승리하면서 러시아는 이 지역에 대한 완전한 복속에 성공했다. 캅카스전쟁은 2~4장에서 기술할 것이다.

5. 20세기 러시아와 북캅카스의 관계

1917년 5월 러시아에서 첫 번째로 전 무슬림 의회가 개최되었다. 당시 북캅카스 대표로는 아흐마드 살리호프(Ahmad Salihov)가 선출됐다. 그리고 이 의회에서 이슬람 제도 내 여성의 권리, 노동권이 포함된 결의안이 통과됐다. 그러나 체첸의 그로즈니와 그 주변에서 체첸과 잉구쉬인이 연루된 다수의 소규모 충돌이 발생했다. 캅카스전쟁의 영웅이던 샤밀을 복원하려는 부활 움직임이 있었는데, 이 운동의 핵심 인물은 셰이흐인 우준 하지(Uzun Hadji)였다. 그는 극단적인 종교 활동을 펼쳤다는 이유로 시베리아로 추방되었고, 1917년 10월 볼셰비키 혁명 이후 조직된 '산악민족연합'에 반대하여 개인적 목표를 추구했다. 1917년 가을 체첸 무장 세력은 카자키, 러시아 마을, 그로즈니의 유전 지대에 더 많은 공격을 가했다.[35] 11월 중순 체첸-카자키-러시아의 충돌이 증가했으며, 이는 전투로 이어졌다. 전투가 격화되면서 그로즈니 유전에는 화재가 발생했다. 이러한 전쟁 상황은 18개월 동안 지속되었고, 약 5만 명에 달하는 주민이 대피했다. 내부 충돌로 지역 질서는 붕괴되었다.

그로즈니 볼셰비키가 적군 세력을 지지했으며, 1917년 말 볼셰비키

---

34 Н. А. Федорова, op. cit., 145.

35 Bülent Gökay, "Russia and Chechnia: A Long History of Conflict, Resistance and Oppression," *Alternatives* Vol. 3, No. 2, 3 (2004), 8.

가 체첸 영토를 장악했다. 1918년 3월 소비에트공화국이 설립되었는데, 공화국 명칭은 '테렉소비에트공화국'(Terek Soviet Republic)이었으며, 체첸과 잉구쉬 대표들은 배제되었다. 테렉공화국은 1919년 초까지만 존재했는데, 내전 당시 적군과 전쟁을 벌이던 백군이 1919년에 이 지역을 점령했기 때문이다. 그런데 1920년에 소비에트 통치가 복원되었다.36

볼셰비키가 지배권을 회복하면서 봉기가 일어났고, 적군 세력은 엄청난 피해를 입었다. 소위 반군 세력은 적은 인구에도 불구하고 많은 지지를 받았다. 19세기 러시아에 저항하던 샤밀의 투쟁처럼, 이들은 이교도를 추방하고 신정국가 수립을 주장했다. 반군은 소위 정치운동, 민족 해방 투쟁이라기보다는 '거룩한 전쟁'(holy war), 즉 성전(聖戰)에 나섰다. 이들이 볼셰비키에 맞서 투쟁한 지역은 샤밀의 점거 지역과 거의 같았다. '낙쉬반디야' 수피 종단의 이름을 내걸고 투쟁한 80년 전의 선조들처럼 이들은 저항했다.37

1920년 이들의 저항은 어떻게 진행되었을까? 1920년 10월 30일 반군은 아라칸 계곡에서 붉은 군대를 포위하고 적군을 전멸시켰다. 이 전투는 이전 두 번의 전투를 연상케 하는 북캅카스 민족의 큰 승리였다. 1785년 5월 순자(Sunzha)강에서 만수르가 이끌던 군대가 승리한 사건 그리고 1845년 베데노(Vedeno)에서 보론초프(Vorontsov) 사령관이 이끌던 러시아 군대가 참패한 사건이었다. 우준 하지는 반란 중에 사망했다. 1921년 5월 적군이 최종적인 승리를 거두었고, 봉기했던 대부분 무슬림 지도자는 사망했다. 일부 반군은 체첸 상류의 산악 지대로 후퇴하고 1925년까지 저항을 계속하였으나, 대부분 포로로 잡히고 처형되었다.

---

36 A. I. Denikin, *The White Army* (London: Jonathan Cape, 1939), 156.
37 Bülent Gökay, op. cit., 9.

소련은 1920~1921년 반란을 조사했다. 체첸인은 이 반란을 무슬림은 어떠한 외국의 침략자에도 맞서 투쟁할 수 있다는 증거로 삼았으며, 전투 장소는 순례지였다.38 혁명 이후 볼셰비키는 종교 탄압을 시작했다. 당국은 모스크를 폐쇄하고 이슬람 법원을 불법화하며 이슬람 영향력을 약화하려고 했다. 무슬림에 대한 본격적인 공격은 1928년에 시작되었다. 이슬람 지도자들은 체포되었고 재산은 국유화되었다.

2차 세계대전이 진행되던 1944년 스탈린은 체첸이 독일과 협력했다고 주장하면서 체첸과 잉구쉬 전체 인구를 중앙아시아, 시베리아로 추방했다. 체첸 영토는 러시아와 조지아, 소비에트공화국의 관할권으로 분할되었다. 강제이주 사건이었다. 체첸은 파괴되었지만 종교의 역할은 강화되었고, 형제애를 중심으로 이슬람은 다시 번성하기 시작하며 많은 지지자를 얻었다. 그들은 각 개인이 가족과 단체에 대한 충성과 수피즘 형제애에 대한 충성과 정체성을 보존하며 더욱 견고해졌다.

강제이주 당한 체첸인은 1950년대에 귀환하였다. 체첸인은 이후 좀 더 종교적이고 호전적 태도를 보였으며, 체첸 민족주의도 이슬람과 결부되었다. 수피즘을 비롯하여 이슬람 유산은 북캅카스인, 특히 체첸인의 문화적, 지적 배경이 되었다. 70년 동안 소련이 무신론 정책을 이끌었지만, 체첸 수피즘은 더 역동적인 형태를 띠었다. 이런 관계로 1970년대부터 수천 명의 러시아인은 체첸과 다게스탄 지역으로부터 이주하였는데, 이는 체첸 무슬림이 러시아인 혹은 타민족에 대한 혐오증을 가지고 있었기 때문이었다.

체첸에 관련된 용어 중에 '아브레크'(abrek, абрек)라는 단어가 있다. 이는 '가족과 부족으로부터 쫓겨난 사람'을 의미했는데, 산악 고지대에

---

38 Ibid., 11.

서 아브레크는 '홈리스'(homeless)로 살아가는 방랑자이며 '생존을 위해 도적질하는 사람의 의미'로 사용되었다.39 1820년대 러시아 시인 레르몬토프는 북캅카스에서 러시아 군인으로 근무하면서 체첸인을 이 단어로 표현했다. 달을 향해 대항하는 늑대와 같은 실루엣을 가지고 언덕 위에서 손에 소총을 들고 러시아의 공격에 맞서 고독한 무장 군인 및 무법자를 상징하는 의미로 이 단어가 활용되었다. 20세기 초반 아브레크는 강도의 의미였다. 이는 농업 집단화를 반대하던 체첸인의 격렬한 저항을 경험한 스탈린이 나치 침략자에 동조한 죄목으로 체첸인을 중앙아시아로 강제이주하던 당시에도 사용되었다. 스탈린은 체첸인을 완전히 부정적인 의미로 설명하던 '국가의 적'으로 매도하는 경우 이 단어를 표기했다.40

20세기 말 체첸전쟁 시기에 체첸 민족은 러시아연방에 대항했는데, 특히 2차 체첸전쟁 시기에 지하드를 선포하고 신정국가 창설을 선포했다. 이는 19세기 체첸, 다게스탄 지역을 중심으로 형성된 '이슬람 신정국가'(Islamic Government, Исламское государство, 이마마트) 시기 이미 선포된 지하드의 현재 버전이었다. 19세기에도, 20세기 말에도 지하드가 선포되었다. 1834~1859년까지도 실제적으로 이슬람 신정국가가 북캅카스에 존재했다. 그런데 20세기 말 체첸전쟁 시기 다게스탄에서 샤밀 바사예프 체첸 군사령관에 의해 이슬람 신정국가가 선포된 것이다. 하지만 그 국가는 다시 실현되지 못했다. 구체적으로 새로운 이슬람 국

---

39 Vladimir Bobrovnikov, "Bandits and the State: Designing a 'Traditional' Culture of Violence in the Russian Caucasus," Jane Burbank, Mark Von Hagen, and Anatolyi Remnev eds., *Russian Empire: Space, People, Power, 1700-1930* (Bloo- mington: Indiana University Press, 2007), 245.

40 John B. Dunlop, *Russia Confronts Chechnya: Roots of a Separatist Conflict* (Cambridge: Cambridge University Press, 1998), 103.

가가 출범한 것은 아니지만, 선포 자체만으로도 이는 역사적으로 전승된 북캅카스의 저항적 요소였다.

6. 결론

1장은 전체적으로 제정러시아의 북캅카스 정복과 지하드와 관련된 내용을 중심으로 서술했다. 제국으로서 변방의 식민지 개척 그리고 이에 저항하는 북캅카스 소수 민족의 저항을 고찰하였다. 당시 북캅카스에서 선포된 지하드와 관련하여 이슬람 신정국가의 역사적 의미를 어떻게 해석해야 할까?

이슬람 신정국가는 매우 특이했다. 전 세계적으로 그런 형태의 이슬람 국가가 드물었다. 그리고 이 지역은 이슬람 세계의 중심에서도 떨어져 있었다. 그러나 이 신정국가는 오스만 투르크와도 긴밀한 관련이 있었고, 이 지역에서 이슬람 문화가 이슬람 세계의 중요한 예가 되었다는 점에서 이슬람 운동으로서의 의의가 있다고 하겠다. 이맘 샤밀과 그 제자들은 러시아에 저항한 무리디즘 운동을 이끌었다. 이는 세계적인 종교 정치 운동의 일환으로 해석된다. 사우디아라비아처럼 이슬람을 국교로 삼은 이슬람 국가와 체첸의 신정국가에는 변별성이 있다. 실제 무리디즘 운동은 잘 알려지지 않았고, 신정국가라고 부르기에는 아직 분명하지 않은 국가 개념이 있었다. 근대 사회 시민으로 이맘의 국가인 이마마트를 해석하기도 무리가 따른다. 현대 사회의 중동 아랍 이슬람 원리주의와도 그 성격을 달리한다. 그러나 신정국가를 선포했다는 자체가 반제국주의 운동사에 있어 큰 의의가 있다.

특이하게도 샤밀은 신정국가 초기에 러시아 정부와 협상을 벌일 의도를 보이기도 했지만, 산악 민족의 반러시아적 기류와 샤밀 개인의 뛰어난 능력 그리고 그 권위 때문에 협상이 제대로 이루어지지 못했다. 샤밀은 산악 민족의 반식민주의 기류를 적절히 활용하였고 성직자들의 지원에 힘입어 무리드의 도움을 받아 투쟁할 수 있었는데, 그 근간은 지하드였으며, 이를 통해 적절한 투쟁을 이끌었다. 그는 또한 산악 거주민의 사회적인 대치, 즉 봉건적인 지배 및 피지배 등의 사회적 균열을 적절히 활용했다. 그리고 이러한 환경을 활용하여 평민을 지지 세력으로 만들었다.

아직 러시아가 이 지역을 지배하고 있다는 사실도 역사성을 담보하는 일이다. 북캅카스 사회의 전통적인 이슬람 가치, 제도 및 생활 방식도 지금까지 지속되어 왔다. 러시아는 북캅카스에 대한 군사적 공격을 대대적으로 벌이면서 완전한 정복에 성공했고, 그 과정에서 출현한 이슬람 신정국가와 지하드 이념은 1999년 2차 체첸전쟁 직전 선포된 이슬람 신정국가로 인해 역사성을 지니게 되었다. 이는 거대 제국에 맞선 소수 민족의 투쟁사였다는 점에서 평가될 수 있다.

2장
체첸 이맘 만수르의 지하드 선포와 1차 캅카스전쟁

1. 서론

북캅카스는 제정러시아가 흑해 지역으로 나아가기 위한 요충지였다. 그래서 러시아는 이 지역을 정복하기 위해 18세기 중엽부터 강력한 군사력을 동원했다. 북캅카스 민족은 러시아에 저항으로 맞섰다. 물론 러시아의 군사적 공격을 용인하고 친러시아 정책을 추진한 공동체도 당연히 있었다. 특히 영주들은 일반적으로 친러시아 정책을 펼치는 경향이 많았다. 18세기 중엽 러시아를 상대로 저항의 기치를 내건 인물은 이맘 만수르(Imam Mansur, Имам Мансур)였다. 18세기 후반 예카테리나 여제(예카테리나 2세) 재위 시기 러시아는 북캅카스에 군사 요새를 건설하면서 오스만 투르크, 페르시아와 제국 경쟁을 벌였다. 오스만 투르크는 북캅카스 중에서도 북서캅카스에 대한 지배권을 가지고 있었고, 페르시아는 다게스탄과 아제르바이잔 등에 세력을 확장하고 있었다. 러시아는 오스만 투르크, 페르시아 등과 16세기 이래로 충돌하기 시작했으며, 18세기에 경쟁 체제로 접어들었다.

만수르는 체첸을 중심으로 군사적 항쟁을 펼쳤는데, 역사가들은 이를 제1차 캅카스전쟁이라고 명명한다. 그러나 일반적으로 캅카스전쟁은 1816년에서 1864년까지 러시아와 북캅카스 민족 간에 벌어진 전쟁을 의미한다. 만수르의 저항을 1차 캅카스전쟁, 1816년 이후 벌어진 전쟁을 2차 캅카스전쟁이라고 부르기도 하는데, 이 저서에서는 그런 분류를 따른다. 1차 캅카스전쟁은 2차 캅카스전쟁의 전초전 성격을 지녔다. 만수르가 저항의 기치를 내걸었지만, 1785년 러시아는 만수르가 거주하는 체첸의 알디 마을을 습격하고 이 지역을 초토화하는 사건을 벌였다. 만수르는 이 사태를 기점으로 본격적으로 대러시아 저항에 돌입했다. 그는 러시아의 침략에 불만을 품은 산악 민족의 무슬림을 규합하고 러시아의 위협에 단결할 것을 호소하면서 지하드를 선포하였다.

18세기 60~80년대 예카테리나 여제의 통치로 인해 '모즈독'과 '돈' 강 지역으로 카자키가 이동해 마을을 형성하고 있었다. 특히 모즈독 근처에 카자키 마을이 형성되었다. 러시아 용병인 카자키와 체첸인 사이 군사 전선이 형성되었다. 러시아는 새로운 군사 요새를 설치하면서 체첸인의 불만을 야기했다. 이러한 배경하에 만수르가 등장하였다. 그는 이슬람 정신을 가지고 강력한 군사적 저항을 펼쳤다. 그의 저항을 지지해 준 민족을 특정 민족으로 정형화하기는 어렵지만 그가 태어나고 거주한 체첸 민족 그리고 다게스탄 민족 그룹, 카바르다, 쿠믹, 잉구쉬, 노가이 민족 등 다양한 민족 그룹이 전쟁에 참여했다. 그는 본질적으로 종교 정체성, 즉 이슬람 신앙과 정신을 투쟁의 전면에 내세웠고, 줄기차게 종교적 심성을 중심으로 단일한 이슬람 가치를 내세웠다. 그것이 이슬람 지하드, 즉 성전을 주창하게 된 계기가 되었다.

2장에서는 만수르의 삶과 배경을 통해 18세기부터 시작된 북캅카스 민족의 대러시아 저항의 기원을 규명하고 만수르의 이슬람 정신과 북캅카스 민족의 저항의 본질을 모색할 것이다.

2. 이맘 만수르의 삶과 활동

만수르는 1732년 체첸 그로즈니 지역의 북쪽 순자강 유역의 마을인 알디에서 태어났다. 그는 빈한한 가정에 태어났으며, 어린 시절 목동으로 일했다. 그의 원래 이름은 우쉬르마였다. 어릴 때 종교적 심성이 강하였고, 고향에서 이슬람 교육을 받았는데 어떤 교육이었는지는 확실하지 않다. 러시아 일부 역사가들은 만수르가 중앙아시아 부하라에서 교육을 받았다고 주장한다. 만수르는 아랍어를 알고 있었다.[1] 그에 대해서는 여러 기록이 있지만, 일대기가 통일되어 있지 않고 정확하지 않다. 그는 천재라고 불리기도 하고, 어떤 문헌에서는 글자를 모르는 순수 농민 출신이라는 말도 있으며, 모험가라는 평가도 있다. 외모가 출중하였으며, 훌륭한 연설가이자 신심이 깊은 금욕주의자였다. 그는 어떤 형태로든 이슬람 교육을 받았다. 다게스탄에서는 엄격한 이슬람 교육을 이수하였는데, 이슬람 선생인 물라(Mulla)로부터 코란을 배웠으며, 자신의 존재가 드러난 이후 '만수르'로 개명했다. 그는 선지자 무하마드에 의해 선택된 자라는 의식을 가지고 있었다.

이슬람 교육을 마치고 체첸으로 돌아갈 때 그는 다게스탄의 수피즘 낙쉬반디야 종파와 밀접한 관련을 맺고 있었다. 이후 셰이흐 만수르라는 정식 명칭으로 이맘으로 선출되었고 낙쉬반디야 대표가 되었다. 만수르는 무슬림 개혁을 주창하고 샤리아 율법을 지켰다. 군사 봉기 이전

---

[1] Gune-Yadcy Zubeyde, "A Chechen national hero of the Caucasus in the 18th century: Sheikh Mansur," *Central Asian Survey* Vol. 22, No. 1 (2003), 106.

이맘 만수르(출처: https://chechnyatoday.com/news/351114)

자신의 죄에 대해 매우 강하게 참회의 기도를 하고 재산을 가난한 사람에게 나누어 주었다. 40일 동안 깊은 웅덩이에 들어가 단식을 하기도 했고 잉구쉬, 카라불라크, 카바르다, 쿠믹 민족에게 이슬람을 포교하였다. 그는 "모든 러시아 거주민은 우리의 법률을 준수하지 않고 있으며, 러시아의 모든 군인은 타락한 행위를 하고 있다"고 비난했다.[2] 그리고 체첸인에게 러시아에 저항하여 일치단결하자는 메시지를 자주 전했다.

만수르가 러시아 문헌에서 처음 출현한 부분은 1785년 아스트라한 주지사인 주꼬프가 러시아의 포템킨 장군에 보낸 서한에서다: "체첸에는 타타르 셰이흐, 즉 거짓 선지자가 있습니다. 그는 알디 출신이고 아내와 아이들, 친족 등이 있으며, 한때 양치기였고 지금까지는 우쉬르마라고 불리는 자이며 현재 이맘의 위치에 있습니다."[3] 당시 아조프, 아스

---

[2] Донесение П. С. Потемкину, доставленное I/III-1795г. через старшину дер. Куллар Кайтуку Бакова. ГАФКЭ. гос. архив. Ф. 23. Д. 13. Ч. 10. Л. 138-138 об.

[3] Рапорт генерал-поручику П. С. Потемкину от астраханского Жукова от 26 Ш-1785г.//

트라한의 새로운 총독으로 임명된 포템킨 장군은 북캅카스에서 러시아 군대 요새를 건설하고 국경경비대를 강화했다. 그는 아조프-모즈독 군사 요새를 건설하였으며, 이 군사선을 따라 열 개 정도의 새로운 요새가 세워졌다. 이곳에는 볼가 카자키 500가정과 돈 카자키 700가정이 새롭게 이주해 왔다. 당시 체첸인은 다게스탄계의 쿠믹, 카바르다 영주들을 반대하는 입장이었는데, 그들이 친러시아 정책을 펼쳤기 때문이었다. 1783년 여름, 가을에 러시아 군대는 체첸으로 군사 원정대를 보내면서, 체첸 내의 발레리크, 고이트이, 로쉰추, 게히, 아타기 지역에 강력한 군사 작전을 펼쳤다.4

1783년 러시아가 크림반도를 복속하면서 러시아는 캅카스 지배권을 점진적으로 확대해 나갈 수 있었다. 러시아는 체첸과 잉구쉬인의 거주 지역과 다게스탄까지 정복했지만, 1785~1791년 사이 북캅카스 민족의 저항에 직면했다.5 만수르는 스스로 대러시아 이슬람의 수호자라고 선포했다. 그는 자신이 알라로부터 보내심을 받았으며 이교도인 러시아와의 투쟁에 나섰다고 공표하였다. 그는 공공연하게 이슬람 전파 이전의 모든 의식을 제거하였으며 관습법을 샤리아 법률로 대체하였다. 만수르는 많은 추종자를 가졌으며 주로 다게스탄과 체첸인이 그를 추종하였다. 만수르는 샤머니즘 신앙을 소유한 이들에게 이슬람을 전파하는 데 힘을 쏟았다. 러시아가 만수르와 그 추종자를 완전히 제압하기까지는 6년이 걸렸다. 그는 다음과 같은 연설로 대러시아 투쟁의 기

ААН. СССР. Ф. 100. Оп. 1. Д. 195 Л. 59 об.

4 Александр Ляховский, *Зачарованные Свободой. Тайны Кавказских войн* (Москва: Детективпресс, 2006), 40.

5 Fredholm, Michael, "The prospects for genocide in Chechnya and extremist retaliation against the West," *Central Asian Survey* Vol. 19, No. 3/4 (2000), 316.

치를 내걸었다.6

오 이슬람 신자들이여. 당신들의 삶이 무지로 가득 차 있다는 것을 인지하시오. 술을 마시고 담배를 피우는 죄악을 범하고 있다는 것을 인정하시오. 지금 당신들은 당신의 실수를 정화할 때를 맞이하였고, 출구를 찾아야 할 시기가 왔소. 죽음이 당신에게 가까이 도래하기 전에 죄를 회개하시오. 회개한 자들은 구원을 받으오. 알라를 두려워하고, 진정으로 알라 앞에 모든 두려움을 내려놓으시오. 살해자들을 용서하시오. 알라께서는 분노를 극복하고 용서하는 이가 진정한 신자라고 말하고 있소. 우상 앞에 경배하지 마시오. 당신이 그렇게 한다면, 당신은 이교도요. 가난한 자에게 자비를 베풀고, 적들과 싸우시오.

이슬람에 기초하는 민족 단일성의 발전에도 불구하고 오스만 투르크와 페르시아가 북캅카스에 대한 지배권을 강화하던 때도 체첸인은 이슬람 이념에 강력히 동조하지 않았다. 그런데 러시아가 침략자로 등장하면서 체첸인의 기조가 변했다. 만수르의 경고는 흩어져 있는 북캅카스 민족을 단결하여 대러시아 저항을 위한 정신적 무장으로 작용했다. 만수르는 캅카스 민족이 자유를 위하여 투쟁하지 않으면 민족의 자유와 독립은 상실될 것이라는 점을 경고하였다. 그리고 투쟁의 승리는 오로지 단결밖에 없다는 점을 강조했다. 그는 다양한 민족을 결합하는 유일한 수단이 종교, 즉 이슬람 정신이라고 판단했다. 그는 다게스탄, 체첸 민족을 투쟁의 전선으로 이끌었으며, 저항 운동과 리더십을 종교적이고 신비적인 금욕주의를 통해 발견했다. 만수르는 자신의 임무는

---

6 Bülent Gökay, op. cit., 4-5.

신으로부터 받았다는 점을 천명했다. 그는 여러 방식으로 저항 운동을 일으켰으며, 수피즘 종단의 지도자로 단순하면서도 강력한 세 가지 원칙을 내세웠다.

첫째, 이슬람의 금욕적인 모습으로 돌아가는 것, 둘째, 샤리아 법률의 적용, 셋째, 이교도들에 대한 지하드 선포가 그것이다. 그의 리더십 아래 많은 무슬림이 개종하면서 처음으로 다양한 산악 민족이 수피 이슬람 이름으로 단일한 결속을 이룰 수 있었다.7 초창기에 수피즘 은둔 생활을 하던 만수르는 러시아가 점차로 이 지역에서 세력을 확장하자 군사 투쟁을 선포했다. 이러한 만수르의 선지자적 이상에 감복 받아 많은 추종자가 생겼다.

체첸 공동체는 매우 어려운 정치적 상황에 있었고 만수르의 설교는 강력한 성공을 거두었다. 체첸에서 이맘을 중심으로 단결하는 영적, 정신적 원칙 등이 있었는데, 만수르는 무슬림 제자들과 함께 투쟁의 이데올로기를 이슬람으로 정했다. 만수르는 장기적 목적을 가지고 러시아를 대했으며, 권력 획득도 그러한 투쟁의 일환이었다. 그는 사회적 정의에 자신의 삶을 헌신할 준비가 되어있던 종교 지도자였다. 그는 대국에 저항하기 위해 단결을 강조하면서도 권력에의 강한 헌신을 보여주었다. 예를 들면 이맘의 권력을 인정하지 않는 일부 체첸 자유 공동체에 군사 원정을 실시했으며 이슬람을 믿도록 강요했다. 여전히 샤머니즘을 믿는 사람들도 많았으며 이슬람 자체에 관심을 가지지 않는 이들도 많았다. 체첸 공동체에는 강한 긴장감이 존재했다. 일부 체첸의 타이프에서는 거주지를 버리고 러시아로 도망치는 사례가 생기기 시작했다(타

---

7 Katrien Hertog, "A Self-fulfilling Prophecy: The Seeds of Islamic Radicalisation in Chechnya," *Religion, State & Society* Vol. 33, No. 3 (2005), 246.

이프는 체첸의 부족 공동체 용어다). 러시아에서도 그들을 형제처럼 수용하는 분위기가 있었다. 빌레트, 바란드, 아흐쉬빠트 지역이 체첸 공동체로부터 이탈하였고, 러시아로 넘어간 체첸 공동체는 카자키의 공간에서 공동거주했다.8

만수르가 점차로 캅카스 민족의 세력을 얻게 되면서 러시아는 이를 위기로 생각하고 상황을 끝내고자 했다. 캅카스 거주민이 만수르를 중심으로 단결하면서, 러시아는 이 운동을 분쇄하기 위해 군사력을 동원했다. 만수르는 러시아 국경 지대를 "무슬림의 영토"라고 공표하였고 러시아가 설정한 캅카스 방어선에 대한 대처 방법을 강구했다. 1785년 알디에서 조직적인 반식민주의 운동이 전개되었다. 초기 단계에서는 다양한 사회 계급이 참여했으며 체첸 마을뿐만 아니라 서부 다게스탄, 카바르다의 영적, 세속 지도자들이 이 운동에 참여했다. 특히 체첸 산악 지역에서 만수르는 강력한 지지를 받았다. 그러나 일부 러시아 측 자료에서는 만수르의 초기 독립운동을 대다수 민중은 지지하지 않았다고 기록한다.9 체첸의 학자들과 물라들은 만수르가 행하던 기적을 믿지 않았고 그를 마술가로 치부한 적도 있었다.10 그러나 이들은 일반 민중들로부터 만수르를 이맘으로 인정하라는 압력을 받았다.

일부 이슬람 지도자는 만수르를 직접 만나 이슬람 담론에 관한 의견을 교환했다. 기록에 의하면 물라들은 알디의 만수르를 만나서 하루 종일 시간을 보내기도 했다. 그럼에도 불구하고 이슬람 물라들은 만수르

---

8 Александр Ляховский, op. cit., 40.

9 Г. Л. Бондаревский, Документальная история образования многонационального государства Российского. Книга первая. Россия и Северноый Кавказ в XVI-XIX веках (Москва, Merissa. 1998), 42-43.

10 Н. И. Покровский, Кавказские войны и имамат Шамиля (Москва, 2009), 212.

가 알디에서 떠나도록 압력을 행사했다. 만수르는 대러시아 저항 운동을 펼치기 위해 카바르다에서 활동을 개시하였다. 민중들은 지역 영주들을 신뢰하지 않으면서 오히려 만수르의 활동을 돕기 시작했다. 그들은 만수르가 영주의 전제적 압박으로부터 해방하는 중재자 역할을 해주기를 원했다.11 이는 카바르다 민중이 만수르의 설교를 수용했다는 것을 의미한다. 그러나 만수르는 일반 민중만을 대상으로 설교하고 그의 뜻이 관철되기를 바란 것은 아니었다. 이슬람 설교를 통해 영주들도 러시아에 저항해서 봉기하기를 원했다. 만수르는 카바르다 영주인 '돌'의 도움을 받았는데, 이 영주를 통해 다른 영주와 귀족을 초대하였으며 많은 이들이 만수르에 동조하였다. 그리고 소(小)카바르다의 많은 귀족이 만수르의 편에 섰다.

3. 18세기 후반 이맘 만수르의 군사 저항
: 대러시아 저항 활동

러시아는 만수르의 세력이 만만찮고 북캅카스에 대한 지배권을 강화하기 위해 만수르를 제압해야 한다는 결정을 내렸다. 1785년 6월 26일 사령관인 피에르(Пьер)를 중심으로 약 7,000명의 러시아 군대가 만수르가 거주하던 알디로 갔고 마을을 완전히 파괴하였다. 만수르와 대부분의 거주민은 러시아 군대가 도착하기 전에 일단 마을을 떠나, 러시아 군대가 돌아가는 길에 기습하기로 결정했다. 러시아 군대가 알디로 오는 도중 피에르는 만수르가 보낸 사절을 만났다. 사절단은 오스만 투르크 정부로부터 전쟁을 개시하는 허가가 나오지 않았다는 점을 들면

---

11 Н. Дубровин, *История войны и владычества русских на Кавказе*, Т. 2 (1905), 107.

서 만수르 군대는 러시아와 전쟁을 치를 수 없다고 말했다. 또한 알라가 전쟁하도록 인도해야만 전쟁하는 것이며, 그럴 때만 전쟁할 준비가 된다는 입장을 전했다.12

만수르는 약 12,000명 정도의 군인을 동원하여 러시아 군대를 공격했다. 공식 문헌에 따르면 러시아 군인 7,000명 중 414명이 전사하였고 이 중 장교는 8명이었으며, 162명이 포로가 되었는데 후에 이들은 몸값을 지불하고 석방되었다. 도망친 러시아 군인 중에는 부상 당한 이들도 많았다. 만수르 군대는 러시아가 소유하던 2문의 포를 획득하였지만,13 체첸인도 300명 이상이 전사했다. 러시아 군대가 퇴각했을 때, 이들 중에는 나폴레옹 전쟁 때 혁혁한 공을 세운 바그라치온 공작이 있었다.14 전쟁 패배로 러시아 군대는 수비적인 모습을 취할 수밖에 없었다. 만수르는 여세를 몰아 러시아 군사 방어선의 핵심 전선인 캅카스 군사 요충지 키즐야르를 획득하고자 군사 원정대를 조직했다. 1785년은 1787~1791년 사이에 벌어질 러시아-오스만 투르크 전쟁의 전야와 같았다.

1785년 7~8월에 만수르는 키즐야르를 포위했다. 군대의 핵심 세력은 체첸인 이외에 다게스탄 민족 그룹에 속하는 쿠믹인과 쿠믹 귀족들도 있었다. 이 전투는 매우 중요한 전투로, 군사 요새인 키즐야르를 누가 지배할 것인가는 매우 중요한 군사적 과제였다. 먼저 만수르 군대는 테렉강 우현의 카르긴 요새를 공략했다. 이곳은 키즐야르에서 5베르스타(1베르스타=1.0668km) 정도 떨어진 곳이었다. 그러나 만수르 군대의 공격은 실패로 끝났고 결국 퇴각했다. 단결 수단으로서의 이슬람 정신은

---

12 Gune-Yadcy Zubeyde, op. cit., 106-107.
13 Н. И. Покровский, op. cit., 213.
14 *Шали Казиев*, *Имам Шамиль* (Москва: Молодая Гвардия, 2001), 10-11.

아직 확고하지 못했다. 만수르는 주요 요새였던 키즐야르 이외에 러시아의 3대 요새인 그리고르폴리스 요새를 공격하였으나 이마저도 실패로 끝났다. 이후 많은 카바르다 거주민이 러시아에 봉기하여 일어났으며, 그들이 뻔뻔스럽게도 국경 지역에서 강도 짓을 하고 있다고 보고했다.15 그리고르폴리스에서 퇴각하면서 만수르는 다시 키즐야르를 공격했다. 요새는 만수르 군대에 의해 포위되었지만, 러시아 수비대는 이를 지켜냈다. 만수르는 포위를 풀고 다시 테렉강 유역으로 후퇴했다. 이후 세력을 확장하면서 현재의 체첸 지역인 이치케리아를 완전히 확보하였다.

오스만 투르크의 지원을 기대하면서 만수르는 오세티야와 캅카스 계곡을 지나 조지아 군사 도로를 점령하면서 러시아가 강력하게 세워놓은 아조프-모즈독 군사 방어선을 점령하고자 시도했다. 만수르는 인근 러시아 군사 요새를 일부 점령하였다. 러시아가 조지아 인근에 건립한 군사 요새는 캅카스 라인으로 후퇴하였고 일부 작은 요새도 포기하게 되었다. 러시아 군대는 모즈독, 키즐야르, 에카테리노다르 등 세 핵심 군사 요새에 군인들을 집중했다. 쿠반의 러시아 군대도 전술적 후퇴를 할 수밖에 없는 상황이었다. 러시아 군대의 패배로 만수르의 위상은 매우 높아졌고 만수르가 신에 의해 보내진 구원자로 간주하는 평민들은 늘어났다. 이에 따라 많은 사람들이 만수르 군대로 자원하였고 대부분의 다게스탄과 체첸인은 만수르의 리더십을 수용하였다. 만수르와 함께 러시아 군대와 싸웠던 카바르다인은 오스만 투르크의 지배권 안에 있었던 아나파 지역을 만수르에게 양도했다.

---

15 Рапорт генерал-поручику П. С. Потемкину от астраханского Жукова от 2/IX-1785 г. // ААН. СССР. Ф. 100. Оп. 1. Д. 66, 66. об.

러시아 방어 요새에 대한 공격으로 만수르의 명성은 매우 높아져 갔다. 그는 노랑, 빨강, 녹색을 저항의 상징으로 선택하고 동일한 색깔의 옷을 입기 시작했다. 그러나 러시아와 밀접하게 연결되어 있던 북캅카스의 지배 계급인 영주들의 입장도 다양했다. 일부 쿠믹 민족의 영주들은 러시아에 저항하는 것이 무의미하다고 판단하고 저항 운동에서 이탈하기 시작했다.16 이에 쿠믹 민중들은 반발하면서 영주들을 비난했고, 이맘에게 헌신하지 않고 복종하지 않는 이들을 비난했다. 민중들은 원래 영주들과 입장을 달리하는 경우가 많았다. 그들은 영주의 압박과 구속으로부터 해방되기를 원했다. 1785년 10월 말 이맘은 카바르다에 대한 군사 공격을 위해 쿠믹과 체첸인을 중심으로 원정대를 조직했다. 그러나 11월 2일 타타르투프 근처에서 러시아의 나겔리 사령관이 조직한 특별 수비대에 의해 만수르 군대는 패배했다.

1786년 만수르는 쿠반강 인근의 아쿠반에서 동쪽으로 카바르다와 모즈독까지 이르는 지역을 공격했다. 러시아군은 알렉산드로프스카야와 노바리스토브 지역에서 철수하였다. 쿠반 지역에서 만수르 군대는 볼다로프스카야를 점거했고 네 군데의 카자키 거주지를 유린하였다. 러시아 군대는 마야강을 따라 퇴각하고 그 지역을 떠났지만 재차 반격하였고, 만수르는 다시 아나파로 철수하였다. 만수르는 오스만 투르크의 영향력이 강한 아나파 근처에서 오스만 투르크의 일부 지원을 받으면서 카자키 거주지를 공격하였다. 이때 북서캅카스 지역에 거주하는 체르케스인이 만수르를 지원했다. 이들은 예이강을 따라 형성되어 있던 카자키 거주지와 볼디레프 요새를 완전히 파괴하였다. 만수르가 군사적 성공을 거두자 오스만 투르크 측은 북서캅카스의 소수 민족이 전

---

16 Кизлярский комендантский архив. Св., 284.

투에 참여한 것으로 판단하고 이러한 상황을 매우 기뻐하였다. 당시 사료를 보면 오스만 투르크 사령관은 전투에 참가한 캅카스인으로부터 날짜 미정의 편지를 받았는데, 다음과 같은 내용이 포함되어 있다.

나의 주인이시여. 만약에 당신이 만수르에 대해 묻기를 원한다면, 그 소식은 좋은 것이라고 말하고 싶습니다. 우리가 하는 모든 것은 밤낮으로 이교도들과 전투를 벌이는 것입니다. 비록 우리의 숫자가 많지 않지만 전능하신 신께서 우리에게 힘과 승리를 선사하였습니다. 그러나 우리가 이 전쟁을 지속할 충분한 능력을 지니고 있다고 생각하지 마십시오. 사실, 우리의 성공은 당신의 도움과 기도에 달려 있습니다. 이 나라는 오스만 술탄에 속해있습니다. 만약에 당신이 명령을 내린다면, 우리는 다가오는 봄날에 전쟁을 치를 준비가 되어 있습니다. 크림에는 이제 소수의 모스크바국의 군인들만 있습니다.

그렇다면 만수르의 봉기와 오스만 투르크의 관계는 어떻게 되는가? 오스만 투르크는 대국 러시아와의 경쟁을 위해 북캅카스 소수 민족의 충성을 이끌어 내기 위한 정책을 추진했다. 그리고 체첸, 다게스탄, 카바르다 민족이 결속하여 대러시아 전쟁에 참여하자는 요청을 강하게 보냈다. 당시 저명 인물이던 만수르는 오스만 투르크의 북캅카스 정책 결정에 변수 요인이 되었다. 19세기 러시아가 북캅카스와 남캅카스에 대한 지배력을 완전히 가지기 이전까지 페르시아는 다게스탄에 대한 지배권을 가지고 있었으며, 다게스탄 이외 북캅카스는 오스만 투르크의 영향력이 강하게 남아 있었다. 오스만 투르크에 맞서 전쟁을 주도하던 러시아의 포템킨 장군은 "만수르는 거짓 선지자이며, 더 좋게 이야기하자면, 오스만 투르크가 보낸 무기"라고 언급했다.[17] 오스만 투르크는 이슬람 설교자 열 명을 보내 이슬람이 적극 전파되도록 하였고, 만수르는 러시아와 오스만 투르크의 전쟁 상황을 활용하였다. 그러나 오스만 투르크에서도 만수르를 비난하는 일이 일어났는데, 바로 만수르가 거짓 선지자라는 것이었다. 만수르는 쿠반 스텝에서 러시아에 대항하는 군인을 모집했는데, 이러한 활동 자체가 오스만 투르크를 도와주는 일이었다.

    만수르는 오스만 투르크의 지원에도 불구하고 전투에서 결정적인 승기를 잡지 못했다. 그는 훌륭한 연설가 혹은 설교자였지만, 훌륭한 사령관은 되지 못했다. 이후 그는 여러 번의 전투에서 패배하면서 수천 명의 추종자와 함께 쿠반 지역으로 물러났다. 만수르의 실제적인 저항 운동은 시간이 지나면서 힘을 잃었다. 1787년 러시아 사령관인 테켈리니는 만수르 군대에 대한 군사 작전을 강하게 펼쳤다. 오스만 투르크는 1787년 러시아-오스만 투르크 전쟁이 일어났을 때 북캅카스 민족을 활용하기 위해 노력했다. 오스만 투르크는 그들의 전쟁 참여를 독려하기 위해 칙령을 보내고 비싼 선물을 제공했다. 만수르는 오스만 투르크에 편지를 보내 자신의 열정과 기쁨 그리고 오스만 황제를 지원하겠다는 의사를 전했고, 잠도 자지 않고 전쟁에 참여하고 있다는 전언을 보냈다. 실제로 그는 북서캅카스에서 반러시아 활동을 꾸준히 벌이고 있었다. 그러나 체르케스인과 노가이인으로 이루어진 그의 군대는 결정적인 패배를 맛보았다. 1788년 9월 20일 우룹과 라바강 사이에서 벌어진 전투와 10월 우룹강 유역의 전투에서 만수르 군대는 패배했다. 만수르는 신임 테켈리니 사령관이 이끌던 러시아 군대에 궤멸당하다시피 한 상태로 오스만 투르크가 점령하던 아나파로 다시 피신하였다.[18]

---

17 Г. Л. Бондаревский, 42.

러시아 군대는 아나파를 직접 공격하기로 결정했다. 아나파는 가장 중요한 오스만 투르크의 요새 중 하나였다. 아나파를 탈취한다면 오스만 투르크와 캅카스 민족 간의 연결 고리는 상실될 수 있을 정도로 이곳은 전략적 요충지였다. 그렇게 된다면 오스만 투르크의 영향력도 사라질 것이라고 러시아는 판단했다. 첫 번째 러시아 군대의 공격은 격퇴되었다. 1789년 1월의 두 번째 공격은 새로 부임한 비비코프 사령관이 지휘했는데, 아나파에서 강력한 저항이 있었으며 체르케스인이 퇴각하던 러시아 군대를 배후에서 공격해 승리를 거두었다. 러시아 군대는 일단 퇴각하였지만, 이 와중에 많은 군인이 희생되었다. 오스만 투르크는 이를 이용하여 육해 양면 공격을 가했다. 그러나 1789년 8월에 행해진 해군 공격은 오스만 투르크의 패배로 끝났다. 육지에서 후세인 파샤 장군은 카바르다에 대한 공격을 명령했다. 이와 동시에 카바르다와 다게스탄 거주민들에게 편지와 선물이 전해졌는데, 목적은 오스만 투르크 군대에 참여를 바라는 내용이었다. 1790년 러시아-오스만 투르크의 전쟁으로 인해 만수르가 재차 등장했다. 그는 체첸, 다게스탄 등 북동캅카스와 카스피해 지역에서의 투쟁을 쇄신할 목적으로 체첸으로 들어갔다. 그는 카자키인에게 이슬람 교의를 가르쳤고, 아스트라한을 공격할 때 그들을 참여시키고자 했으나 현실화되지 못했다.

후세인 파샤는 1788년 11월 26일 오스만 투르크 정부에 의해 아나파 총독으로 임명된 인물인데, 그가 아나파에 도착한 1789년 1월 비비코프 사령관이 이끄는 러시아 군대의 공격을 받았다. 1790년 8월 9일 파샤는 만수르 군대와 연합해서 키즐야르를 공격하여 점령하고자 했으

---

18 *Северный Кавказ в составе Российской империи* (Москва: Новое Литературное Обозрение, 2007), 97.

나, 토크타미쉬 지역에서 패배했고 러시아 군대에 붙잡혔다. 만수르는 이때 순자강 유역의 쿠믹과 체첸인을 대규모로 규합했지만, 전쟁 패배로 결정적인 손실을 입었다. 만수르 군대는 흩어졌으며, 만수르는 다시 쿠반으로 물러났다. 러시아 군대는 이 승리 이후 자신감을 가지고 재차 아나파를 공격했다. 만수르는 오스만 투르크의 병영에 머물기도 했지만, 1791년 6월 22일 오스만 투르크 요새인 수드주크-칼레 지역, 즉 캅카스의 서남쪽 지역에 위치하던 아나파 근처에서 구도비치 사령관이 지휘하는 러시아 군대에 의해 체포되었다. 아나파는 러시아에 의해 점령되었다. 오스만 투르크는 공식적으로 러시아에 만수르의 인도를 요구했지만, 러시아는 만수르가 체첸인이라는 이유로 그를 인도할 수 없다는 입장을 천명했다. 오스만 투르크는 만수르를 인도받지 못함으로써 북캅카스 거주민의 충성을 이끌어 내기 어려워졌으며, 이 지역에서 오스만 투르크의 영향력도 급속도로 약화되었다. 만수르는 페테르스부르그로 이송되었고 짜르스꼬예 셀로(царское село)의 예카테리나 여제 앞으로 불려 갔다.

만수르는 러시아에 저항하여 군사력을 사용한 부분에 대해 유죄를 받고 그해 10월 15일 "러시아에 반대하는 봉기를 일으키고 제국에 심각한 손실을 끼친 혐의"로 무기징역을 선고받았다. 1794년 4월 13일 만수르는 쉴리셀부르그스크 요새에서 급성 폐결핵으로 사망했고 종교적 예식 없이 프레오브라줸스키 산에 매장되었다. 대부분의 체첸인에게 그는 민족의 영웅으로 추앙되었고 체첸 역사에 있어 그만큼 전 민중적인 존경을 받은 사람을 찾기 어려울 정도로 오랫동안 기억되었다. 만수르의 봉기를 완전 진압했음에도 불구하고 러시아는 북캅카스에서 완전한 지배권을 가지지는 못했다. 체첸에서는 만수르 정신의 후계자로 압둘-카드이르(1822), 아프코와 무하마드 마이르툽스키, 이맘 유흐(1825)

등이 등장했다.19

　19세기 캅카스전쟁 시기 대러시아 투쟁을 매우 격렬하게 벌이던 전설적 인물인 샤밀은 1859년에 러시아와의 전투에서 패배하면서 체포되었는데, 제정러시아 정부는 그를 유배시키지 않고 샤밀이 자유스럽게 생활을 영위하도록 예우를 갖추어 주었다. 알렉산더 2세는 샤밀을 전쟁 영웅으로 대했고 그가 안정적인 생활을 할 수 있도록 재정 지원도 하였다.20 그러나 만수르는 감옥에 감금되고 사망함으로써 샤밀과는 대조적인 말년을 보냈다.

4. 만수르의 종교 정신과 저항적 인식: 지하드와 그 의미

만수르 투쟁의 역사성과 이슬람 지하드 함의

　만수르의 체포와 패배로 이 지역의 낙쉬반디야 수피즘을 추종하는 사람들의 영향력이 멈춘 것은 아니었다. 1785년 반러시아 운동을 펼친 이후로 체포될 때까지 그는 이슬람 정신을 가지고 모든 활동을 펼쳤다. 그는 강력한 군사력으로 무장한 러시아 군대에 대항하기 위해 지하드를 기본적으로 내세웠다. 그의 사후 19세기 북캅카스에 이슬람 신정국가가 창설되던 때 내세웠던 이념이 지하드였으므로 그가 지하드를 주창한 사건은 선구적 행동으로 평가된다. 그는 러시아에 매우 강력한 타격을 가했고, 그의 영향력은 북캅카스 사회에 확산되었다. 당시 아다트 관습법으로 이슬람 공동체가 통치되던 시기였는데, 만수르에 의해 이

---

19 Александр Ляховский, op. cit., 44.
20 Gune-Yadcy Zubeyde, op. cit., 111.

슬람이 민족의 이데올로기로 작용했기에 그가 무슬림 공동체에 미친 측면은 매우 컸다. 그 중심인물이 만수르였기 때문에 낙쉬반디야 수피 종단이 소멸되지 않은 것이다. 이 종단은 2차 캅카스전쟁 시기 무리디 즘이라는 이름으로 지속되었다. 무리드는 무슬림 전사였으며 산악 지역에서 고립된 상태로 러시아에 저항한 무슬림을 의미한다.[21]

만수르의 활동이 역사적으로 중요한 의미는 어디에 있을까? 먼저 활동의 역사성이라는 관점에서 매우 중요한 사건이었다. 만수르는 19세기 캅카스전쟁 시기 저항 운동의 핵심 인물인 이맘 샤밀의 선구자로 해석되는 경우가 많다. 그런 관점에서 본다면 저항의 본질은 그의 역사성 때문이다. 18세기부터 러시아는 지속적으로 이 지역에 대한 완전한 통제권을 가지기 위해 노력했다. 19세기 러시아가 흑해로 나아가기 위한 요충지로 북캅카스에 대한 지배권을 추진하는 가운데 북캅카스인은 지속적으로 저항의 기치를 내걸었다. 특히 수피즘은 원래 진정한 내면의 정화를 강조하는 경건한 모습을 지향하고 신에 대한 절대적인 순종과 신에게로의 합일을 핵심 사상으로 가지고 있지만, 만수르는 낙쉬반디야 종단을 중심으로 수피즘을 투쟁의 이념으로 내세웠다.

이슬람은 정신적, 영적 가치의 근거를 뛰어넘어 정치화되었다. 이슬람은 자유와 독립을 쟁취하는 모토로 작용하였다. 신을 향한 절대적 진리를 추구한 수피인 만수르의 저항 정신은 러시아의 침략이라는 시대적 배경으로 태동되었다. 그는 비록 순종, 복종의 수피 정신을 지닌 인물이었지만 수피즘의 본질에는 대 사회적 메시지가 있었기 때문에 투쟁적 전통이 이 지역에서 존재했다. 만수르의 활동 이후 점진적으로 공공과 개인 생활에서 샤리아의 적용이 나타났다. 무슬림 공동체는 러시

---

21 Berkok, *Tarihte Kafkasya* Vol. 1 (1958), 449-452.

아의 지배에 항거하는 지하드를 지향하였다.

　러시아의 식민주의 압박 정책으로 수피 종단의 비호하에 거대한 형태의 민족 저항이 조직적으로 이루어졌다. 수피 종단을 이끈 종교 지도자는 동시에 저항 운동의 군사 지도자 그리고 국가의 정치 지도자였다. 이것이 18세기 이후 19세기까지 북캅카스 사회에 나타난 역사성이었다. 만수르는 그러한 전통을 전승해 준 인물로 정치적, 영적, 군사적 리더였다. 샤밀은 만수르를 계승한 인물로 19세기 중반, 25년 동안 이 지역을 통치하고 그러한 역할을 맡으면서 종교적 저항의 중심 아이콘이 되었다. 19세기 체첸, 잉구세티아, 다게스탄 등에 건설된 신정국가의 토대는 만수르가 제공했다고 할 수 있다.22

　18세기 북캅카스 무슬림은 처음으로 그들의 역사에서 종교적 정체성을 기반으로 단결된 모습을 보여주었다. 이슬람이라는 초월적 이상이 부족주의를 종속시켰다.23 만수르는 출생지인 체첸뿐만 아니라 북캅카스의 다양한 지역에의 이슬람 정신의 전파 의지가 매우 강력했다. 그는 기본적으로 러시아와 매우 가까운 관계를 유지하고자 했던 잉구쉬와 오세틴 민족의 거주지를 공격하기도 했다. 러시아에 효과적으로 저항하기 위해 이 민족들을 하나의 이슬람 이데올로기로 단결할 필요성이 있었기 때문이다. 또한 러시아 지배층과 친러시아 봉건 귀족들이 식민주의 정책을 가동하면서 러시아에 저항하는 반식민주의 운동을 이끌었으며, 당시 만연하게 퍼져 있던 아다트를 폐기하고 이슬람 법률인 샤리아를 적용하고자 하였다. 개별 민족은 각자의 관습법을 가지고 있었다.24

---

22 정세진, "체첸전쟁의 역사적 기원 ― 러시아와 체첸의 역사적 갈등 관계를 중심으로," 「슬라브학보」 20-2 (2005), 364.
23 Katrien Hertog, op. cit., 247.
24 А. Д. Яндаров, "О Времени, условиях и причинах распространения ислама в Чечено

만수르 투쟁의 종교적 이념

체첸의 역사학자인 아흐마도프는 만수르가 제창한 세 가지의 원칙을 다음과 같이 제시했다. 첫째, 순수하고 금욕적인 이슬람으로 돌아가자. 둘째, 거룩한 성전, 지하드를 받아들이자. 그는 이교도와 짜리즘을 반대하는 투쟁이라고 강조하였다.25 무엇보다도 만수르는 설교 및 연설 중 이교도와의 전쟁을 가장 강력하게 주창했다.26 많은 이들은 만수르를 지하드를 선포한 이맘으로 혹은 정치적 수반의 능력을 갖춘 인물로 묘사한다. 셋째, 아다트 관습법을 반대하는 투쟁 및 샤리아 법률을 강력하게 도입하자. 특히 샤리아에서 금지하는 것을 엄격히 지킨다. 금주, 금연 등을 철저하게 준수하는 것을 신조로 하였다. 체첸의 많은 이들이 만수르에게 금주·금연 행위를 하도록 허락을 구했지만, 만수르는 불허했다. 특히 그는 피의 복수 등 관습법을 금지했다. 만수르 친족 중의 한 사람이 죽임을 당했을 때, 피의 복수 관습으로는 살인자의 친족 중의 한 사람이 그 대가로 살해를 당해야 하지만, 그는 죽은 자의 어머니를 설득하여 보복하지 않도록 했다.27 아다트 수용은 신에게 역행하는 일이고, 그러한 결정은 종교적인 율법을 훼손시키는 일이며, 세속적인 법과 동등하게 되는 것이라는 입장을 강하게 천명했다. 아다트에 따라 어떤 사건들을 심의하고 결정하는 일은 예전의 관습을 인정하는 것이므로 그런 사람들은 불신자라고 비난했다.28

  -Ингушетии," *Истории ислама в Чечено-Ингушетии* (Грозный, НИИГН ЧР, 1992), 11.
25 Ш. Б.Ахмадов, *Имам Мансур* (Грозный: Книга, 1991), 196.
26 Н. И. Покровский, op. cit., 212.
27 Рапорт генерал-поручику П. С. Потемкину от астраханского Жукова от 26 Ш-1785г.// ААН. СССР. Ф. 100. Оп. 1. Д. 195 Л. 59 об.

만수르는 1785년부터 시작한 설교를 통해 사람들에게 회개를 촉구하고, 따뜻한 마음, 상호 원조 등을 호소했으며, 강도질과 싸움, 살인을 금하기를 촉구했다. 적의 있는 이들이 서로를 용서하도록 호소했고, 복수를 화해로 이끌도록 행동하였다. 그는 다게스탄 체첸, 잉구세티아 지역에서 종족 간, 공동체 간 불화를 금하기 위해 개별 민족들과 공동체를 단일 세력으로 단결하는 것을 목표로 정하였다.29 그의 설교에서는 민족 간의 적의를 표명한 적은 없으며, 민족 간 분열을 조장하는 내용도 없었다. 처음에는 체첸의 성직자들이 적의를 가지고 만수르를 대한 적도 있었다.

만수르의 이러한 원칙은 19세기 샤밀에게로 이어졌는데, 샤밀은 샤리아 법률을 적용하였다. 만수르의 저항 시기 많은 이슬람 모스크가 건립되었고, 이맘, 까지(Кази), 물라 등 이슬람 성직자의 수가 급증했으며, 성전에 부속된 각종 학교가 건립되었다. 이들의 적극적인 종교-정치적 행위는 러시아 식민주의 정책의 정립을 어렵게 만들었고, 이는 이후로도 줄기차게 산악 거주민의 자유 투쟁을 일으켰다. 분열되어 있던 산악 민족의 이슬람 정신이 하나로 단결되는 데는 만수르의 역할이 컸다.30

만수르와 같은 영웅이 출현한 것은 샤밀이 등장하기 직전 북캅카스의 종교 지도자였던 가지 무하마드(Гази Мухаммад)에서였는데, 이 기간은 40년 정도 된다. 비록 강력한 이슬람 종교 지도자가 없었지만, 북캅카스 소수 민족은 러시아에 줄기차게 저항할 수 있었다. 러시아 역사가인 부트코프는 북캅카스 산악 민족에 대한 러시아 정부의 정교도화 정

---

28 Махмуд Магомедович Керимов, *Ислам в системе национальной культуры вайнахов*, дис. кан. наук (Грозный, 1999), 77.
29 А. Д. Яндаров, op. cit., 11.
30 Ibid., 12.

책은 일부분만 성공을 거둘 수밖에 없었다는 관점을 제기하는데, 만수르가 산악 민족들을 이슬람으로 결속시켰다는 것이 그 이유다.[31]

러시아는 체첸인이 이슬람화하는 데 역할을 한 국가였다. 대부분 시기 무슬림은 러시아인보다 내부적 갈등을 겪는 경우가 더 많았기에, 일부 영주는 다른 경쟁자인 무슬림 지도자에 대항하기 위해 러시아인의 지원을 요청하는 경우가 많았다. 만수르가 봉기하던 당시는 이슬람 정체성으로만 캅카스 민족을 하나로 연대하는 것이 충분하지 않았다는 사실이 부각되던 때였다. 만수르가 봉기할 때, 한 무슬림 성직자는 러시아 군대에 자신의 이름을 비밀로 하는 것을 조건으로 만수르를 암살할 경우 2,000루블의 포상금을 지불할 것을 제안하였다. 당시 러시아 행정당국은 그 제안이 충분히 신뢰할 만하다고 판단하였고 500루블 정도를 지불하기로 결정했다.

만수르의 투쟁과 러시아의 북캅카스 군사 요새

러시아가 북캅카스에 설치한 군대 요새는 매우 중요한 함의를 제공한다. 새 러시아 군대 요새가 등장함으로써 체첸인은 원래의 거주지를 서서히 빼앗기고 있었다. 체첸인의 전략적 공간인 테렉강의 좌안과 카바르다인이 거주하던 지역 사이에 땅이 있었는데, 카자키인이 이 땅을 쟁취했다. 1770~1780년대 체첸인은 테렉강의 좌안을 여러 번 공격하여 러시아의 신 요새를 분쇄하고자 시도했다. 이 같은 배경이 러시아인과 북캅카스인의 갈등을 고조시킨 원인이 되었고, 양측은 군사적 갈등에 빠졌다. 이는 러시아의 영토 점령과 밀접한 관계가 있으며, 러시아의

---

31 П. Бутков, *Материалы для новой истории Кавказа*, Ч. 1 (СПБ, 1869), 273.

역사 문헌에도 이러한 군사 요충지가 자주 거론되는 것으로 보아, 러시아가 접경 지역에서 군사 요새를 통해 제국의 확장을 지속적으로 성취해 나갔다는 것으로 해석할 수 있다.

러시아의 군사 요새는 정기적으로 건설되고 폐기되고 복원하는 과정을 되풀이했다. 예를 들면 러시아의 첫 번째 요새는 1567년 순자강 입구에 세워졌으나 여러 차례 공격을 받고 네 차례나 이전되었고, 1653년 러시아 개리슨이 테렉강 유역으로 이전되었을 때 완전히 철거되었다. 이어 건립된 요새는 1722년에 철거되는데, 그 이유는 스뱌토이 크레스트(святой крест, 거룩한 십자가) 요새가 새로 건설되었기 때문이다. 이 요새도 1735년에 세워진 키즐라르 군사 요새의 건설을 위해 철거되었다. 블라디캅카스 요새는 만수르의 군사 봉기로 1784년 건립되었다가 2년 만에 철거되었고 이후 1803년에 재건설되었다.

군사 요새와 유사한 도시 건설도 이루어졌다. 1777년 산악 지대에 가까운 테렉강의 중간 지역에 건설한 에카테리노그라드는 다른 경우다. 이 도시는 카자키 거주민이 있는 마을에서 캅카스의 수도라고 명명되는 포템킨 마을로 1785년에 이전되었다. 여기에는 매우 화려한 궁전과 거대하고 전통적인 스타일의 승리 개선문이 웅장한 천장 돌림띠와 네 개의 기둥으로 되어 있고, 그곳에 "그루지아로 가는 길"이라는 명문이 새겨져 있다. 2년 후에 이 요새는 북서쪽인 게로그리에프크로 이전되었고, 1802년 아스트라한으로 다시 이전되었다. 에카테리노그라드는 개선문이 있는 카자키 마을로 쓸쓸한 모습으로 남아 있었다. 에카테리노그라드가 이전된 이유는 그 위치가 러시아 본토와 매우 동떨어진 장소에 있었기 때문이다. 만수르의 저항이 지속되면서 이 요새에서는 지속적으로 군사적 불안정성이 높았다.[32] 북캅카스의 수도로 간주된 군사 요새는 스타브로폴이었다. 이 요새는 다른 지역으로의 접근성이 좋다는 이점이 있었고 스텝 지역에 안전하게 위치한 도시였다.

만수르의 저항과 결부되어 러시아 역사에서 중요한 것은 러시아인의 거주에 관한 부분이다. 북캅카스에서 러시아인의 이주는 세 단계로 나눌 수 있다.

첫째, 1560년대에서 1722년으로 자유로운 카자키 마을이 북쪽의 테렉을 따라 출현한 시기인데, 첫 번째 러시아 요새가 건설된 시기다. 1721년 테레크 카자키인은 러시아의 '쁘리까즈'(Приказ) 조직에서 벗어나 '꼴레기야'(Колегия) 부서라는 변경된 직함에 포함되었으며 정부의 직접 통제하에 들어갔다.

둘째, 1722~1775년 사이로 정부는 많은 카자키인을 재이주시키고 다른 국가 봉사자들도 이주시켰다. 다양한 새로운 요새들이 테렉을 따라 세워졌고, 만수르가 탈환하기를 원했던 키즐랴르 요새는 매우 유명한 군사 기지였다.

셋째, 1776~1850년으로 군사분계선이 산악 지역으로 확장되어 완성되었다. 카자키인은 이 군사선을 따라 정착했는데, '자포르지예' 카자키인은 흑해 카자키인으로 재조직되었고 쿠반 지역에서 봉토를 부여받았다. 많은 농민이 자발적 이주를 하였으며, 러시아인의 이주로 아르메니아, 조지아인의 이주를 포함하여 지역 원주민들과 인구 구성이 재편되는 결과가 뒤따랐다. 오세틴인도 산악에서 평지로 이주하였으며 스텝으로부터 노가이 민족의 이주가 쿠반강, 우랄, 크림, 카스피해 스텝으로 이동하였다.[33]

마지막으로 1850~1860년대에 70만 명에 달하는 캅카스인의 거대

---

[32] M. Barrett, "Lines of Uncertainty: The Frontiers of the North Caucasus," *Slavic Review* Vol. 54, No. 3 (1995), 590.

[33] Ibid., 591.

한 이주가 이루어졌다. 이는 러시아와 캅카스 민족 간의 치열한 전쟁 결과 때문이었다. 19세기 캅카스전쟁이 러시아의 승리로 끝나면서 많은 북캅카스인이 오스만 투르크로 이전하였다. 이는 18세기 말 러시아 제국의 확장 정책에 따른 반작용으로 캅카스 민족의 저항이 매우 강력했다는 것을 의미한다. 자유와 독립을 위한 북캅카스 민족의 길고도 험난한 투쟁은 만수르부터 직접적으로 시작되었다.

모든 무슬림이 만수르의 봉기에 적극적으로 참여한 것은 아니었다. 일부는 봉기 참여를 거부했다. 아바르인은 러시아에 충성을 맹세했으며, 카바르다인은 중립을 지켰다. 오스만 투르크가 북캅카스에서 종국적으로 그 지배권을 상실한 이유는 캅카스에 대한 두 가지의 정책 때문이었다. 러시아와 전쟁이 벌어졌을 때 오스만 투르크는 북캅카스 민족을 지원하기 위해 접근했다. 그러나 평화 시기 오스만 투르크는 그들의 투쟁을 무시했고 그 지역에서의 현실적 체제를 유지하는 정책을 더 선호했다. 그 결과 오스만 투르크는 북캅카스 민족의 신뢰를 상실했다. 그럼에도 북캅카스 민족은 오스만 투르크를 지원했고 오스만 투르크의 편에서 러시아에 대항해 싸웠다.

5. 결론

18세기 강대한 제국인 러시아가 침투해 오자, 산악 민족은 고향과 땅을 빼앗길 상황에 처했다. 이러한 때 이들을 하나로 결합하는 종교적 요소가 발동되었고, 이는 러시아에 맞서는 투쟁의 수단이 되었다. 지하드로 대표되는 투쟁은 18세기 북캅카스에서 출현하였으며 대항적 수단으로 발전되었다. 북캅카스, 특히 체첸에서는 타이프라는 부족 공동체적 전통이 매우 강력했지만, 18세기 후반 러시아의 공격을 대하면서 종교적 저항의 인식이 축적되어 갔다. 그 중심인물이 이맘 만수르였다.

북캅카스 민족성은 종교적으로 승화되면서 역사적으로 융합되었다. 민족 정체성은 종교적 요소로 발전했다. 북캅카스 이슬람은 7세기 이후 전파되었다. 7세기 중엽 다게스탄에 먼저 전파된 이슬람은 체첸 지역으로 훨씬 늦게 포교되었지만, 러시아라는 군사 강국이 등장하면서 17세기 이후 체첸 민족은 이슬람을 수용하기 시작했다. 이슬람의 적극 수용으로 민족 공동체 의식의 투쟁 정신이 강화되었고, 만수르가 그 핵심적 역할을 담당했다. 그러므로 체첸을 포함한 북캅카스 지역을 연구할 때는 역사성이라는 부분이 매우 중요한 요소가 된다.

민족성과 종교의 실제적인 공생 관계는 18세기에 나타났다. 이슬람은 러시아와의 직접적인 군사 충돌 시기 더욱더 강력해졌다. 200년 이상 지속된 체첸 저항은 이러한 생생한 예다. 만수르가 주도한 반러시아, 반기독교 봉기는 캅카스에서 증대되던 수피즘의 직접적 결과였다. 만수르는 저항했지만, 결국 그의 저항은 성공을 거두지 못했다. 1791년에 그는 체포되었고, 이후 캅카스전쟁은 1864년에 완전히 종료된다. 연수를 따져본다면 그가 체포된 이후 제정러시아가 북캅카스를 완전히 정복하게 될 때까지는 74년이 소요되었다. 만수르의 저항은 거주민에게 매우 강력한 인상을 남겼다. 반러시아 봉기로는 첫 번째 성전(聖戰)으로 기록될 만하다. 러시아제국의 영토 팽창으로 지역 거주민은 이맘과 같은 이슬람 지도자에 의존하는 경향을 보였으며, 저항 전선의 선봉장은 이슬람이라는 종교 요소였다.

만수르가 출현함으로써 북캅카스의 역사에 새로운 전기가 마련되고 새로운 역사가 시작되었다. 그의 사상과 행동의 영향력은 오랫동안 지속되었으며 무리디즘 운동의 발판이 되었다. 이 운동의 핵심은 캅카스를 병합하고자 했던 러시아에 대항한 이념으로서의 기능을 가졌다. 그러므로 이 운동은 캅카스 독립을 위한 자유의 표현이라는 '레테르'로 표현될 수 있다. 캅카스의 역사적 인물은 이맘 만수르의 길을 따라갔다. 제정러시아가 18세기 중반 이후 군사적 침투를 본격화하면서 이슬람은 가장 강력한 정신적 이데올로기가 되었다. 이슬람은 체첸 민족 정체성의 분리될 수 없는 부분으로 작용했으며 러시아의 공격이 첨예화되는 시점에 더욱더 극단적인 모습으로 발전해 나간 측면이 있다. 이슬람은 종교적 기능이라기보다는 북캅카스 사회에서 저항의 아이콘, 저항의 수단으로 활용되었다. 북캅카스 소수 민족이 인접한 지역에 강대국 러시아가 현실적으로 존재하고 있었으나, 동시에 저항도 있었고 군사적 투쟁도 있었다. 그것을 주도한 것이 이맘 만수르였다.

2부

2차 캅카스전쟁과 지하드

3장
러시아와 북캅카스 민족의 군사적 충돌과 2차 캅카스전쟁 과정

1. 서론

　러시아와 북캅카스 민족은 군사적 충돌을 벌였다. 그것이 바로 캅카스전쟁이었다. 러시아는 북캅카스 점령을 위한 군사 공격을 준비했다. 당시 북캅카스를 둘러싼 국제 환경이 러시아 측으로서는 이 지역을 점령해야 하는 주요 이유가 되었기 때문이다. 북캅카스는 오스만 투르크, 페르시아 그리고 러시아제국의 변경 지역으로 3국 정립이 오랜 기간 지속된 공간이었다. 페르시아는 이 지역으로 간혹 원정대를 파견했다. 오스만 투르크는 조지아 서부와 북캅카스에 대한 정치 지배력을 오랫동안 유지하고 있었으며 산발적으로 군사 원정대를 보냈다. 러시아 정부는 18세기 후반 북캅카스를 체계적으로 식민화하면서 여러 요새에 군대를 파견하고 주둔시켰다. 러시아는 관료, 상인, 성직자들을 새로 건설된 마을로 보내 새 이민자들이 정착하고 경작할 수 있도록 독려했다.
　하지만 오스만 투르크가 오랜 시기 이 지역을 이슬람화하였기 때문에 거주민을 기독교 식민지화로 만든다는 러시아 정부의 정책은 제대로 실현되지 못했고, 도리어 원주민들은 이슬람 수용에 더 관심을 가졌다. 러시아 정부는 캅카스전쟁에서는 승리하였지만, 무슬림의 정교도화 정책에는 특별한 성과를 얻지 못했다. 이미 북캅카스는 이슬람 공간이 되었으며 러시아정교 포교는 자연스럽게 진행되지 않았다. 원주민들은 저항의 수단이자 목표가 된 이슬람의 깃발 아래 집결하는 법을 터득하고 실제로 그렇게 행동했다.[1] 페르시아는 러시아와 여러 번 전쟁을 벌이고, 18세기 러시아의 다게스탄 합병을 받아들였다. 페르시아는 주요 거점인 카바르다, 쉬르반, 데르벤트 지역에 대한 러시아의 지배권을 수용했으며, 러시아는 페르시아와 펼쳤던 경쟁에서 결정적인 우위를 확보했다.[2]

북캅카스 소수 민족은 18세기부터 오스만 투르크와 페르시아 선교사의 공격적인 이슬람 선교 포교 노력에 일정한 영향을 받았다. 접경지인 남캅카스의 아르메니아와 조지아의 정신적, 영적 세계였던 아르메니아 정교, 조지아 정교는 비잔틴 제국의 동방정교권에서 단절되었다. 러시아는 이슬람 제국이 북캅카스 민족에게 줄기차게 위협을 가했다고 판단했다.[3]

러시아, 오스만 투르크, 페르시아 간의 투쟁의 장소는 북캅카스였다. 유럽 강대국도 이 지역에 관심을 두기 시작했으며, 영국과 프랑스가 가동한 동방정책의 핵심 공간이 오스만 투르크, 북캅카스였다. 강대국들

---

1 Michael Khodarkovsky, "Of Christianity, Enlightenment, and Colonialism: Russia in the North Caucasus, 1550-1800," *The Journal of Modern History* Vol. 71, No. 2 (1999), 430.
2 정세진, "러시아제국의 확장과 북카프카스: 이념, 정복 그리고 저항,"「동유럽발칸연구」 36 (2013), 286.
3 Austin Jersild, "Faith, Custom, and Ritual in the Borderlands: Orthodoxy, Islam, and the 'Small Peoples' of the Middle Volga and the North Caucasus," *Russian Review* Vol. 59, No. 4 (2000), 519.

은 유럽과 아시아에서 헤게모니를 장악하기 위해 러시아와 경쟁을 벌였고, 영국과 프랑스는 오스만 투르크와 페르시아가 러시아와 전쟁을 벌여 러시아의 정치적 지배력 및 영향력이 확대되는 것을 방지하는 외교 정책을 추진했다. 러시아와 직접 전쟁 대신에 아시아 제국이 러시아와 군사적 경쟁을 벌이는 정책을 도입한 것이다. 1804~1813년 러시아-페르시아 전쟁, 1806~1812년 러시아-오스만 투르크 전쟁도 그러한 성격을 지녔다.4 하지만 이 전쟁에서는 러시아가 승리를 거두었다.

1820년대 초반 그리스가 오스만 투르크에 강력히 대항하면서 독립 운동을 일으켰다. 알렉산더 1세(1801~1825 재위)와 니콜라이 1세(1825~1855 재위)는 러시아의 동방정책에 따라 그리스를 지원할 수밖에 없었다. 그리스는 러시아와 동일한 동방정교권 국가였기 때문이었다. 러시아 사회에서도 그리스에 대한 동정심이 강하게 일어났고, 국민은 정부에 그리스를 지원하라고 강력히 압박했다.5 발칸 지역의 갈등이 격화되면서 러시아의 흑해 무역이 붕괴되고 러시아 남부의 경제 발전에 어려운 상황이 발생했다. 19세기 전반 오스만 투르크는 당시 부상하던 전 세계의 민족주의 운동에 어려움을 겪고 있었다. 오스만 투르크가 지배하던 피지배 민족의 독립운동이 격화되고 있었으며, 이에 따라 19세기 전반 러시아 군주인 알렉산더 1세와 니콜라이 1세도 어려운 상황에 처하긴 마찬가지였다. 당시 러시아 대외 정책의 핵심은 전통적으로 동방정교권 국가를 지원하는 일이었다.

---

4 Г. Л. Бондаревский, Отв. ред., *Документальная история образования многонационального государства Российского. в четырех книгах* (Москва: Норма, 1998), 54.
5 А. С. Орлов, В. А. Георгиев, Н. Г. Георгиева, and Т. А. Сивохина Реды, *История России. Учебник* (Москва: Проспект, 2008), 325.

러시아는 제국주의 정책을 추진하던 국가로서 피지배 민족을 정복하고 복속시켰다. 러시아는 양면적 입장을 지니고 있어 국가적 딜레마에 빠져 있었기에 피지배 민족의 독립운동에 대해 이중적인 태도를 취하지 않을 수 없었다. 러시아는 동방정교를 지원했지만, 국가적 차원에서 군주는 정통주의 원칙의 수호 차원에서 오스만 투르크의 술탄을 지지하는 입장도 가졌다. 러시아의 동방정책은 모순적이었다. 러시아는 발칸 민족들과 연대를 공고히 하였고 다른 유럽 강대국과 연대하여 오스만 투르크에 외교 압력을 가했다. 러시아의 군사 행동은 남캅카스와 발칸 지역에서 시작되었다.

2. 북캅카스 지역을 둘러싼 러시아-페르시아, 러시아-오스만 투르크 간 국제 관계

1820년대 두 번의 큰 전쟁이 벌어졌다. 이는 러시아가 북캅카스에서 국가 권력을 강화하는 데 결정적 도움이 되었다. 1826~1828년 러시아는 페르시아와 전쟁을 하고 투르크만차이 조약을 맺었다. 1828~ 1829년에는 오스만 투르크와 전쟁을 벌였다.

니콜라이 1세는 알렉산더 1세와 다르게 그리스 독립 전쟁을 지지했고, 러시아, 프랑스, 영국은 공동으로 그리스 독립을 오스만 투르크에 요구했다. 러시아의 단독 행동을 용인하지 않던 프랑스, 영국은 오스만 투르크에 반대하는 3국 공동 협력을 체결했는데, 이 조약의 핵심 내용은 그리스 독립 보장이었다. 프랑스, 영국은 오스만 투르크와 그리스 간의 전쟁이 종식되기를 희망했다. 오스만 투르크가 이를 거절하자 3국은 그리스 해안으로 군대를 보냈다. 1827년 12월 러시아는 그리스 독립을 공표했고, 오스만 투르크는 러시아 함대의 흑해 통행을 막았다.

양국 관계는 매우 경색되었고, 1828년 4월 러시아가 오스만 투르크에 선전포고함으로 양국은 남캅카스와 발칸에서 전투를 벌였다. 오스만 투르크는 러시아보다 전쟁 준비가 덜 된 상태였고, 러시아는 캅카스에서 오스만 투르크의 남캅카스 요새인 카르스와 바야제트를 점거했다. 1829년 발칸에서도 러시아는 오스만 투르크의 수도 근처인 아드리아노플을 점령함으로 오스만 투르크에 패배를 안겨주었다. 1829년 양국은 아드리아노플조약을 체결하면서 전쟁은 종식되었다.

조약 결과로 오스만 투르크에 속한 아르메니아 일부와 캅카스 흑해 연안의 많은 지역이 러시아로 귀속되었다. 러시아는 두나야 지역과 그 일대 섬, 흑해의 캅카스 초입의 대부분 그리고 지금은 조지아에 속한 아자리야의 북쪽까지 이르는 쿠반 지역을 획득하였다. 다뉴브강 유역의 몰다비아, 왈라키아공국은 러시아 보호령의 자치적 지위를 보장받았다. 조지아와 아르메니아는 페르시아와 오스만 투르크의 지배권에서 벗어나면서 러시아의 영향력으로 들어갔다.

그리스는 이 조약에 따라 독립국이 되었으며, 1830년 공식적으로 독립을 선포했다. 러시아, 영국, 프랑스는 협정을 체결하면서 그리스 독립권을 인정했고, 1830년 그리스 독립 정부가 출범했다. 오스만 투르크의 식민 국가인 그리스는 광범위한 독립을 쟁취하도록 보장받았다. 오스만 투르크는 러시아에 전쟁배상금을 지불해야 했고, 러시아 선박은 보스포러스 해협을 자유롭게 통행할 수 있었다.[6] 이로써 1832년 러시아의 캅카스 방어선이 완성되었다. 이 방어선은 흑해 연안 지역, 즉 서쪽으로 확장되었다. 러시아 군대는 북캅카스 소수 민족이 흑해 지대에서 분리되는 전술을 채택하고 오스만 투르크와 소수 민족의 접촉을

---

6 N. 랴자노프스키/김현택 옮김,『러시아의 역사 1801-1976』(서울: 까치, 1982), 44.

봉쇄하고자 시도했다.7

19세기 중엽 제3차 러시아-오스만 투르크 전쟁(1853~1856)이 벌어졌다. 이는 매우 중요한 전쟁으로 크림전쟁으로 불렸다. 1854년 영국과 프랑스가 오스만 투르크를 군사적으로 지원했으며, 오스만 투르크의 승리로 끝났다. 라쟈노프스키에 따르면 이 전쟁은 부분적으로 종교적 갈등 문제로 발발하였다. 니콜라이 1세는 오스만 투르크 국경 안에서 정교도들이 무슬림에 의해 억압받는다고 판단하였으며 자신이 이교도에 대항하는 십자가의 수호자라고 천명했다. 1856년 파리조약이 체결되면서 전쟁은 종식되었다.

러시아는 오스만 투르크에 다뉴브 하구와 베싸라비야의 일부를 양보하고 흑해의 중립화를 인정했다. 특히 흑해의 중립화는 역사적으로 매우 큰 의미를 가진다. 이는 모든 흑해 국가가 흑해에서 해군, 해안 요새, 병기고를 가질 수 없다는 것을 뜻했다. 이는 흑해에서 새로운 국가 질서가 발생된 것으로 해석된다.8 이 전쟁에서 오스만 투르크는 프랑스, 영국, 오스트리아의 지원을 받고, 러시아는 유럽 강국으로부터 견제를 받으면서 전쟁에서 실패를 맛보았다.

---

7 Thomas M. Barrett, "Lines of Uncertainty: The Frontiers of the North Caucasus," *Slavic Review* Vol. 54, No. 3 (1995): 578-579.

8 ред. Н. А. Федорова, *История России XIX – начала XX вв* (Москва. издательство: Зерцало. 1995), 181-182.

3. 러시아-북캅카스 민족 관계와 역사적 충돌 그리고 캅카스에서의 러시아 작가들

18~19세기 러시아-북캅카스 민족 관계

러시아와 북캅카스 민족 간 상호 관계는 긴 역사를 가지고 있다. 18세기 후반~19세기 초 북캅카스의 여러 부족과 공동체는 다양한 정치적 환경의 영향에 따라 러시아에 보호를 요청하거나 심지어 합병을 요청하였다. 그러나 러시아와 협정을 맺은 지역 귀족들은 이를 영속적인 것으로 받아들이지 않았다. 러시아에 종속된 일련의 사건이 있었음에도 형식적인 성격에 그친 것도 많았다. 러시아 정부도 일부 공동체와 협정을 맺은 일을 영속적이거나 완전한 합병으로 간주하지 않았다. 러시아는 초기에 군사적, 시민적, 행정적으로 여러 캅카스 소수 민족들과 밀접한 관련성을 갖고자 하지 않았다. 그 시기 러시아의 지배 권력은 명목이었고 강력하지 않았다. 협정 체결 이후에도 북캅카스에서 여전히 소수 민족이 스스로 통치하는 경우가 많았다. 러시아는 북캅카스를 본격 경략하지 않았다.[9] 변방인 북캅카스는 실제적으로 독립된 상황에 있었고, 러시아 입장에서 평정되지 않은 지역이었다.

18세기 이맘 만수르가 체첸인을 중심으로 산악 지역에서 저항하였는데, 당시 산악 민족의 비도덕적 행동이 빈번히 발생했다. 러시아인에 의해 산악 거주민들은 음주와 담배를 습관적으로 행했고, 만수르는 그들을 강하게 질책하고 지하드를 선포했다. 샤리아의 적용은 이전의 관

---

[9] *История России XIX — начала XX вв. Учебник для вузов* (Москва: Зерцало, 1995), 197.

습법인 아다트를 폐기하고 이슬람 율법을 근본으로 채택한다는 의미이며, 지하드는 무슬림 거주 지역에서 가장 먼저 이교도에 맞선 투쟁이었고 이후 러시아인에 대한 투쟁이었다.

북캅카스 민족은 수피즘 정신으로 단결하여 대러시아 투쟁심을 가졌다. 19세기 러시아는 북캅카스 민족에 대한 완전한 점령을 위해 군사적 전략을 강구하기 시작했다. 수피 지도자들은 북캅카스 거주민의 내적 순결성과 순수한 신앙을 가지도록 동기를 부여했다. 이들의 정치적 목표는 러시아 점령으로부터 자유와 독립의 쟁취였으며 공공 및 개인적 생활에서 샤리아 정착이 매우 큰 목표였다. 무슬림 통치자는 이를 통해 공동체 사회를 유지하고자 했으며 이교도인 러시아의 점령을 저지하고자 했다. 이 과정에서 지하드는 샤리아 정립의 매우 중요한 수단이었고 무슬림 삶의 방식을 이끄는 견고한 지지대였다. 러시아의 군사 공격이 격렬해질수록 수피 종단의 저항은 더 강력해졌다. 수피즘 지도자들이 무슬림 공동체에서 군사적 지도자로 등장하게 되었고, 이맘의 출현도 그러한 의식에서 비롯되었다.

러시아의 군사 정복 이전에는 북캅카스에 '중간지대'(middle ground)가 거의 없었다. 새로운 이주자들은 관습, 유형, 의복, 언어 차용 등에서 특정 지역의 영향을 받았으며, 원주민들도 동일한 영향권 아래 있었으므로 대부분 무슬림으로 일상생활에서 이슬람과 쉽게 분리되지 못했다. 하지만 정치적, 종교적, 사회적, 경제적 측면에서 이민자와 원주민 사이의 경계가 명확하게 표시되었다. 원주민들은 러시아인의 통제를 벗어나 자신의 고유한 사회 안에 남을 수 있었고 또 러시아 국경 내에 정착하여 제국의 신하 역할을 담당할 수도 있었다. 이들 중에는 군대에 입대하거나 국가 농노가 되거나 기독교인으로 개종할 수도 있었다.[10]

아다트-샤리아 신봉자 사이의 갈등

대략 1820년대부터 전통적 아다트 지지자들과 샤리아 신봉자 사이에 갈등이 심화되면서 캅카스 부족 내에서 갈등이 벌어졌다. 북캅카스에는 과거부터 관습법이 존재했다. 이를 일반적으로 '아다트'(adat, адат)라 불렀는데, 이슬람 전통 사회에서 관습법의 의미로 사용되었다. 이슬람이 전파되기 이전에 아다트는 이미 공동체 사회에서 활용되고 있었다. 아다트는 아랍어로 '아다' 혹은 '아다트'라고 한다. 북캅카스 사회에서 이 용어는 일반적인 이슬람 지역에서처럼 지역 거주민이 사용하던 법률적 총합 체계, 즉 관습법으로 통용되었다.[11]

이슬람 전사의 열정은 아다트 신봉자들에 의해 저지되었는데, 이들은 전통적인 국가에서 일상생활의 관습이던 아다트를 수호하는 분명한 결의를 가진 이들이다. 대중적 전통은 자기 보호를 위한 경향으로 나타나며, 관습법은 외국의 이데올로기 공격으로부터 스스로 보호하는 모습을 취한다. 외부에서 유입되는 이데올로기는 공격적인 형태를 띤다. 이는 영적으로, 사회적으로 정신적 오염이 될 가능성이 있다는 것이 아다트 신봉자의 관점이었다. 북캅카스에 진출하고자 했던 러시아의 현실적 존재는 북캅카스 통치자에게 매우 부담스러운 세력이었다.[12]

캅카스 사회 엘리트의 모든 구성원이 러시아를 거부한 것은 아니다. 반대로 많은 이들이 자신의 미래를 러시아와 연결하여 규정지었다. 그

---

10 Michael Khodarkovsky, op. cit., 427.
11 정세진, "북카프카즈의 민족 정체성에 대한 연구 — 전통적 아다트 관습법과 이슬람의 샤리아 관계를 중심으로," 「한국중동학회논총」 28-1 (2007), 411.
12 Vladimir Degoev, "The Diplomacy of the Caucasus War as a History Lesson," *Russian Social Science Review* Vol. 45, No. 3 (2004), 29.

들은 제국의 통치 계급과 연결하고자 하였으며, 그것이 모든 이득과 기회를 가져다줄 것으로 간주했다. 이런 관점에서 이슬람주의자와 러시아 당국의 개혁적 비전은 하나의 공통점이 있었다. 당시 북캅카스 평민에게 이슬람 수용 단계에 있는 이들이 있고 러시아의 현대화를 폭넓게 받아들이는 공간도 열려 있었다. 한편으로 19세기의 대러시아 투쟁을 이끈 이맘 샤밀로 대표되는 사상과 다른 한편으로 러시아제국 문명으로 대표되는 사상이 경쟁하는 공간이 되었다.[13]

19세기 사회-정치적 형태로 계급의 분화가 뚜렷하게 진행되면서 소유권을 둘러싸고 불평등이 심화되었다. 아다트 신봉자와 이슬람 샤리아법 준수자 간에 투쟁이 발생했으며, 칸들과 귀족 그리고 자유 공동체 사회의 개별 대표자 사이에 갈등이 일어났다. 물론 이에는 지역적인 특수성도 작용하였다. 사회적인 갈등은 점진적으로 심화되었다. 이슬람을 강제적으로 전파하고자 하는 경향이 공동체 내에서 나타났으며, 여전히 전투적 경향은 없어지지 않았다. 아다트를 샤리아로 대체하는 분위기 등으로 갈등이 조장되면서 아다트와 샤리아 신봉자 사이에 첨예한 갈등 구조가 발생했으며, 귀족들과 자유 공동체 대표 간에 아다트와 샤리아를 어떻게 적용할 것인지를 놓고 갈등 상황이 벌어졌다.

아다트-샤리아의 차이점

그렇다면 아다트와 샤리아의 차이점은 무엇일까? 샤리아는 코란과 예언자의 언행서라고 일컬어지는 '하디스'를 기본으로 이슬람 성법화된 것이다.[14] 샤리아는 이슬람 세계에서 강력한 법적 효력을 지니는 법

---

13 Ibid.

체첸공화국 그로즈니 소재의 국가박물관(사진 제공: 김선래)

률 체계로, '직접적이고 올바른 길'로 해석되며 코란과 더불어 무슬림이 복종하고 준수해야 하는 이슬람 법이다. 협의의 의미로는 신비주의인 수피즘을 수용하는 무슬림에게 가장 기본적인 믿음의 길이다. 축약해서 샤리아는 무슬림이 가장 근본적으로 받아들여야 하는 실천과 실행하는 삶의 표준이다.15 샤리아는 '무슬림 삶의 형상', '믿음의 법률'이며 언어적 의미로는 '심오한 지식'이다.16 샤리아는 가장 기초적으로 준수하는 믿음의 행동이다. 온전한 믿음, 종교 확신, 도덕 완성을 지향하는 믿음이다.

그런데 19세기 들어 제정러시아의 군사적 침략이 심화하면서 군사

---

14 버나드 루이스/이희수 옮김, 『중동의 역사』(서울: 까치, 2003), 236-242.
15 정세진, "북카프카즈의 민족 정체성에 대한 연구 — 전통적 아다트 관습법과 이슬람의 샤리아 관계를 중심으로," 414-415.
16 А. Д. Яндаров, *Суфизм и идеология национально-освободительного движения* (Алма-Ата, 1975), 30.

지도자 및 영주 계급과 더불어 무슬림 성직자들이 매우 중요한 역할을 담당하게 되었다. 새로운 운동의 지도자들로는 영주 그리고 자유 공동체 사회의 대표자들이 있었는데, 이들은 공격시스템을 통한 군사 원정 등으로 부를 축적한 그룹이었다. 이들과 동시에 무슬림 성직자도 지도자로 등장했는데, 이들은 민중에게 가지고 있던 엄청난 권위를 활용하였고, 재산을 지속적으로 물려주었으며, 광범위한 법적인 기능을 소유하였으며, 그 근거는 샤리아 법이었다. 무슬림 중에 권력 계급이 등장했는데, 이들은 칸, 귀족들과 충돌하였다. 칸과 귀족들은 일반 생활 조직의 형태로 아다트를 중시했다. 1816~1864년 제정러시아와 북캅카스 소수 민족 간 2차 캅카스전쟁이 벌어졌다. 그런데 이 전쟁이 발발하기 이전, 즉 러시아 군대의 침략이 본격화되기 이전에 이 지역에서 군사 방어선, 전선 등은 확실히 존재하지 않았다. 양측의 대치 경계선은 두 개의 세계를 분리하거나 연결했다. 당시 러시아의 용병인 카자키의 세계와 북캅카스 소수 민족의 세계가 충돌한 사건이었다.

캅카스전쟁 시기 전후 러시아의 북캅카스 지역에 대한 전체적인 관점은 어떠한 모습이었을까? 이 부분에서는 캅카스에 미친 러시아 문화의 위대성을 통해 캅카스 사회를 해석할 필요가 있다. 19세기 위대한 러시아 작가들은 캅카스전쟁이 진행되던 시기에 매우 뛰어난 소설을 창작하였다. 푸시킨, 레르몬토프, 톨스토이 등의 러시아 작가들은 캅카스인의 자유를 사랑하는 기질과 용감하고 명예를 중시하는 다게스탄과 체첸의 산악 민족의 모습을 시와 소설에서 구현했다. 북캅카스 혹은 캅카스 땅에 대해 글을 남긴 러시아의 인텔리겐차, 즉 소설가와 시인들이 그러한 반열에 섰다. 이들이 남긴 일기 등에서 캅카스 산악 민족이 묘사되어 있는데, 이는 동시대의 제임스 페니모어 쿠퍼가 쓴 『모히칸족의 최후』(*Last of the Mohicans*, 1826)와 스코틀랜드의 고지대 거주민들의 이야

러시아 남부 타만 시에 소재한 레르몬토프박물관에
소장된 캅카스전쟁 시기 체첸 군인(필자 촬영)

기를 다룬 『로브로이』(Rob Roy) 등과 유사한 작품 경향을 보여준다. 이러한 소설들은 낭만적인 노스텔지어를 다루고 있으며 전통적인 부족과 씨족의 생활 방식을 다루고 있다. 이들은 권력자들의 압박과 잔혹한 행위를 부정적으로 묘사한다.17

러시아 작가들에게 북캅카스는 이국적 이미지이자 풍경 혹은 접근하기 어려운 문화의 장소였다. 캅카스는 19세기 작가와 시인에게 많은 영감과 상상력을 불러일으킨 공간이다. 이들은 체첸 등 북캅카스인이 가지고 있던 '원시적 자유'(primitive freedom)를 강조했다. '원시적'이라는

---

17 John Russell, "Terrorists, bandits, spooks and thieves: Russian demonisation of the Chechens before and since 9/11," *Third World Quarterly* Vol. 26, No. 1 (2005), 102.

것은 미개하다는 의미가 아니라 어떤 낭만주의적 대상, 즉 이국 땅이나 시기적으로는 과거의 역사적 시간을 의미한다. 특히 '이국적 부족'(exotic tribes)의 뜻으로 해석되었다. 푸시킨은 심지어 "나는 캅카스(코카서스)에서 태어났다"라는 무척 도전적인 시구를 썼으며, 레르몬토프는 "동방의 물결"(Orient flow)이라는 의미를 캅카스에 부여하며 "강력한 동방"(Powerful East)이라고 언급했다.18 러시아 문인이 바라본 캅카스 문학은 대부분 아시아 지역에서 '문명화' 역할을 떠맡은 러시아의 운명이 직접적으로 표현되어 있다.

캅카스 마을과 카자키 민족 마을의 변두리에는 다양한 토착 정착지와 소위 '평화로운' 산악 민족의 거주민들이 있었다. 이들은 명목상 러시아제국에 충성을 맹세하고 러시아 전선에 대해 기습적인 공격, 즉 공격시스템에 따른 급습을 중단한 거주민이었다. 이들은 군대의 유동성에 따라, 평화로운 부족이지만, 캅카스 소수 민족 군인에 합류하는 경우도 있었다. 그러므로 이러한 접경 거주지, 카자키 마을 및 요새 마을 사이에는 지속적으로 상호 작용이 있었지만, 서로 어느 편에 속하는지는 상당할 정도로 의심스러워했다.

러시아는 북캅카스 소수 민족 중에서 순자강과 테렉강 사이의 체첸인을 모든 이웃 정착촌의 거주민 중에서 '가장 사악하고 위험한' 집단이라고 간주했다. 이들이 러시아 군사 방어선을 습격하기 때문이었다. 캅카스전쟁이 시작되기 이전 체첸 군인으로부터 공격을 받은 러시아 군인들은 탈영병이 되는 경우가 많았다. 러시아 방어선에서 요새 수호는 쉽지 않은 일이었으며, 이는 매우 위협적이었다. 러시아 지휘관들은 무

---

18 Bülent Gökay, "Russia and Chechnia: A Long History of Conflict, Resistance and Oppression," *Alternatives* Vol. 3, No. 2, 3 (2004), 3.

차별적인 징벌적 공습으로 상황을 단순화하려고 노력했다.[19]

북캅카스의 전설적 지도자인 샤밀은 1834~1859년, 25년간 러시아에 저항하는 군사적, 영적 지도자가 되었으며 지금도 가장 중요한 영적, 정치적 지도자로 남아 있다. 북캅카스의 다른 민족은 종교 정체성으로 하나가 되는 계기가 되었다. 이슬람 이상은 부족주의(tribalism)를 능가하는 정체성이었다. 이 역사적 시기를 '샤리아의 시대'(the era of the shari'a) 혹은 '황금의 시대'(the golden age)라고 부른다.[20]

4. 2차 캅카스전쟁의 과정

캅카스전쟁의 1~3단계

2차 캅카스전쟁의 과정을 논하기 이전에 북캅카스 이슬람 상황을 보면, 전체적으로 이슬람은 급진적 형태로 형성된 측면이 강하다. 즉, 종교적, 민족적 요소가 합쳐진 형태로 러시아에 저항했다. 러시아가 이 지역을 공격하면서 체첸 등 북캅카스 사회는 대규모 저항 운동을 조직하는데, 그 기본적 원천은 이슬람이었다. 이슬람 공동체의 주요 인물들은 저항 운동의 군사 지도자이자 국가 정치 지도자였다.

러시아는 제국의 기치를 내걸고 러시아 남부로 급격한 세력 확장을 시도했다. 그러나 19세기 중반까지 북캅카스에 대한 완전한 점령에 성공하지 못했다. 1816년 예르몰로프(A.P. Ermolov, А. П. Ермолов) 장군이 북캅카스 총독으로 부임하면서 러시아는 노골적으로 정복 계획을 입안

---

19 Thomas M. Barrett, "Lines of Uncertainty: The Frontiers of the North Caucasus," *Slavic Review* Vol. 54, No. 3 (1995), 598.
20 Katrien Hertog, op. cit., 246.

하고 강력한 군사력을 사용하기 시작했다. 북캅카스의 다양한 소수 민족도 전쟁을 불사하였다. 소위 '캅카스전쟁'(1816~1864)이 발발한 것이다. 전쟁은 거의 반세기 동안 지속되었다.

예르몰로프의 전략에 따라 러시아의 캅카스 방어선도 테렉강에서 순자강으로 이동하였다. 러시아는 체첸과 다게스탄에서 강력한 군사 작전을 펼쳤다. 1818~1820년 '소(小)체첸'(Малая Чечня) 지역에 새로운 요새가 건설되었다. 그 명칭은 '그로즈나야(Грозная)로 '번개'를 의미하며 현재 체첸의 수도인 그로즈니(Grozny, Грознь)였다. 러시아제국의 행정적, 군사적 압박이 체첸인에게 가해졌으며 러시아의 일부 원정대는 '대(大) 체첸'(Большая Чечня) 지역으로 군사 원정을 나갔다. 울창한 숲으로 인해 원정에 어려움을 겪은 러시아 군대는 수월한 공격 상황을 전개하고자 나무를 자르면서 길을 터서 공격할 수 있도록 조치를 취했다. 그런데 이런 행위가 도리어 분노를 일으켜 체첸 등 북캅카스 거주민이 격렬히 저항하는 계기가 되었다. 체첸인과 잉구쉬인은 대러시아 투쟁에 있어 변별적인 행보를 취했다. 잉구쉬 민족은 1810년 러시아와 협정을 체결하면서 러시아의 신민으로 합류하였고, 이후 러시아와의 전투에 참여하지 않았다. 이는 캅카스전쟁 시기 소수 민족 상황을 복잡하게 만든 요소가 되었다.[21]

예르몰로프는 러시아를 지지하는 북캅카스 통치자들과 가까운 관계를 유지하고 그들과 긴밀히 정치적 관계를 맺는 전략을 시행하였다. 그는 캅카스의 '식민지 총독'(proconsul)으로 불렸다.[22] 예르몰로프는 소위

---

21 *Документальная история образования многонационального государства Российского. в четырех книгах*, (Отвед. ред.) Г. Л. Бондаревский (Москва: Норма, 1998), 55.
22 Moshe Gammer, *Muslim Resistance to the tsar: Shamil and the conquest of Chechnia and Daghestan* (London: Frank Cass, 2005), 29.

'당근과 채찍'(кнута и пряника) 정책을 밀고 나갔다. 그는 자유 공동체 사회 내에 퍼져 있던 부족 간의 내부 갈등을 적절히 활용하며, 특히 영주 및 귀족 계급과 일반 평민 사이에 있던 계급 갈등을 소수 민족에 대한 통치 원리로 삼았다.23 예르몰로프는 매우 강압적인 압박 정책을 실천하였다. 그의 행동은 소수 민족에게 부정적인 이미지로 강하게 남았다. 그는 지역 영주의 통치 권력이 폐기되는 정책을 구사하였으며, 캅카스 민족이 러시아에 복속되도록 군사력을 사용하여 강하게 밀어붙였다. 당시 산악 사회에는 여전히 중세적 봉건 체제와 같은 조직이 가동되었는데, 귀족 및 영주들은 일반 평민들에게 강압적인 방식을 동원했다. 이들은 러시아와 합세하여 일반 민중들에게 착취 행위를 자행하였다. 제정러시아 사료에서 예르몰로프의 통치 시기는 러시아가 산악 민족을 향해 강력한 군사 시스템을 가동한 전쟁의 시작으로 해석된다.24

예르몰로프의 군사 공격 혹은 원정은 매우 강력한 진압 성격을 띠었으며, 이는 소수 민족 거주민에게 큰 고통을 안겨주었다. 그의 군사 원정으로 도리어 산악 소수 민족의 자유를 향한 염원은 더 강력해졌으며, 일부 거주민은 자유 수호를 엄격히 결의했다. 군사 공격은 삶의 전통적인 방식을 혼란에 빠트린 결과가 되었다. 이들은 예르몰로프 통치를 압박 행위로 여겼고 러시아의 권력이 정착해 올 것으로 생각했다. 이는 강대국의 군사 공격이었다.25 러시아의 반이슬람 정책으로 소수 민족은 독립 상실의 위기에 처했고 지역의 사회적, 정치적 혼란으로 수피즘 종단인 낙쉬반디야가 강력히 등장하는 계기가 되었다.

---

23 С. К. Бушуев, *Борьба горцев за независимость под руководством Шамиля* (Москва: Издательство Академии Наук СССР, 1939), 68.
24 Д. И. Романовский, *Кавказ и Кавказская война* (Санкт Петербург, 1860), 120.
25 Военный вестник No. 42 (1859), 680.

부족 간의 내전 상태에 있던 체첸과 다게스탄 공동체는 새로운 이념을 장착한 영적 지도자인 이맘을 환영했다. 특히 1834년 북캅카스 소수민족의 영적 지도자로 제3대 이맘이 된 샤밀은 중재자, 평화 조성자 혹은 연합을 추구하는 인물로 등장했다. 캅카스전쟁은 세 단계로 구분된다.

1단계는 북캅카스 산악 민족이 러시아에 저항의 기치를 내걸고 무장봉기했던 초기로 1828년부터 제3대 이맘인 샤밀이 체첸으로 수도를 이전한 1839년까지다. 2단계는 이슬람 신정국가를 완성한 시기로 소수민족의 저항이 최고 정점이었던 1840년대(1840~1849)이다. 3단계는 샤밀 신정국가가 쇠퇴한 시기로 러시아와의 전쟁에서 패배한 1850년대(1850~1859)이다. 그런데 이 시기 샤밀과 북캅카스 소수 민족은 이슬람을 투쟁의 저항 요소로 삼으면서 흩어져 있던 민족을 하나의 신앙적-정신적 체계로 통일할 수 있었다. 이슬람은 러시아에 저항한 이념의 무기였다. 러시아 역사가들은 전쟁 기간에 샤밀의 제자들을 일컫는 보편적인 용어로 '무리디즘'(мюридизм)이라 명명했다. 이맘은 세속적, 종교적 권력을 가지고 있었으며 정치-행정-종교-군사 수반의 역할을 가졌다. 특히 샤밀은 1834년에 체첸과 다게스탄공화국 영토 내에서 신정국가를 수립했고, 이는 1859년까지 지속되었다.26

전쟁의 종료는 1859년에 이맘 샤밀이 포로로 잡힌 이후 체르케스 민족이 러시아 군대에 진압되었던 1864년이었다. 제1대 이맘인 가지 무하메드(Гази Мухаммед)는 1816년부터 1829년 러시아 군대와의 전투에서 사망한 시기까지 활동했다. 2대 이맘 함자트 베크(Гамзат-Бек)는 당시 다게스탄의 핵심 왕조인 아바르계에 의해 1834년에 살해되었다. 3대 이맘 샤밀이 북캅카스 소수 민족의 지도자로 전쟁을 이끌었다. 샤밀

---

26 정세진, "카프카즈 전쟁과 이슬람 요소," 「슬라브연구」 21-1 (2005), 166.

레르몬토프 박물관의 이맘 샤밀(필자 촬영)

은 1834년부터 체첸을 주 무대로 근거지를 마련하고 체첸 민족과 함께 대러시아 투쟁에 나섰다. 캅카스전쟁의 핵심 공간은 체첸, 다게스탄이 었는데, 체첸인이 가장 적극적으로 전쟁에 참여하였다.27

러시아-이맘 샤밀 협상 분위기

저항의 사회적 기반으로서 운동의 지도자는 이슬람 성직자들이었는데, 이 중 대부분은 농민 대중이었다. 가장 중요한 사건은 다게스탄의 산악 지대인 아바르 지역에서 주로 벌어졌는데, 반봉건주의적 성격이 강하게 발현되었다. 체첸에서는 러시아 차르의 권력에 반대하는 반식민주의 투쟁이 나타났다.28 1834~1835년 체첸의 남동쪽인 이치케리

---

27 정세진, "체첸전쟁의 기원: 러시아와 체첸의 역사적 갈등 관계를 중심으로," 「슬라브학보」 20-2 (2005): 366-367.

28 *Документальная история образования многонационального государства Российского. в четырех книгах*, ред. Г. Л. Бондаревский (Москва: Норма, 1998), 59.

야 지역에서는 러시아 권력에 반대하여 타소프-하지(Ташов-Хаджи)라는 북캅카스 지도자가 반란을 이끌었다. 샤밀이 러시아에 저항하면서 반식민주의 저항을 전개했지만, 이 지역에서는 큰 반향을 일으키지 못했다. 타소프-하지가 이미 저항을 벌이고 있었기 때문이었다. 1835년 러시아의 요새인 그로즈나야에서 러시아 군대가 뿔로(Пулло)의 지휘하에 이치케리아를 점령하기 위해 침입하였지만, 숲으로 둘러싸인 이 지역에서 강력한 저항에 부닥쳤다. 북캅카스 민족 입장에서도 협력이 필요했다. 성직자들의 중재하에 타소프-하지와 샤밀이 협력하였고, 체첸 지도자는 샤밀을 이맘으로 인정했다.

1991년 체첸 독립 이후 두다예프 대통령이 당시 '체첸-잉구세티아 공화국' 명칭을 '이치케리야공화국'(Республика Ичкерия)으로 변경하였는데, 그만큼 이치케리야 명칭은 체첸인에게 특별한 이름이었다. 하지만 모든 체첸인이 대러시아 저항 운동에 나선 것은 아니었다. 1835~1836년 다게스탄과 체첸의 연합 세력이 저항 운동에 불참하던 마을에 대한 점거에 나섰다. 샤밀은 아바르의 수도인 훈자흐를 점령하기 위해 시도했으나, 당시 아바르 칸국의 지도자인 하지 무라트(Хаджи Мурат)는 다게스탄-체첸 연합 세력을 물리쳤다. 하지 무라트는 톨스토이 소설인 『하지 무라트』의 주인공으로 저명한 북캅카스의 군사 지도자이다. 이후 그들은 타소프-하지 군대와 합병되었으며 다게스탄 산악 지역과 동부 체첸 지역에서의 러시아 군대에 맞서 전투를 감행했다.[29]

1836년 7월 샤밀은 러시아 사령관인 클류게나우(ф. Кж Клюгенау)와 협상을 벌였고, 당시 캅카스 좌측 방어선의 책임자인 페제(К. К. Фезе)와 협상하여 합의에 이르렀다. 러시아 사령부에 틸레틀리의 모든 거주민

---

[29] Ibid.

을 넘겨주는 일과 관련된 협상이었는데, 제정러시아 정부는 이에 매우 고무되었다. 러시아는 산악 민족 지도자와의 협상에 대해 높게 평가하였으며, 이러한 결실을 매우 큰 성공으로 간주했다. 당시 캅카스 사령부를 이끌었던 조지아와 캅카스 지역 총독 로젠(Розен)은 이러한 합의를 매우 큰 승리로 간주했으며 샤밀의 결정적인 항복으로 간주했다.[30]

당시 군주인 니콜라이 1세는 1837년 10월 조지아의 수도인 티플리스(현재 트빌리시)를 방문할 계획이 있었는데, 러시아 측은 샤밀, 타소프-하지에게 티플리스에 와서 니콜라이 1세를 알현하고 잘못을 인정하고 용서를 받도록 제안했다. 1837년 8~9월 클루게나우 장군 등은 샤밀과 몇 통의 편지를 교환했고, 9월 하순 샤밀과 러시아 장군은 회동했다. 샤밀은 이 회합에서 그가 티플리스를 방문하는 것에 대해 원칙적으로 반대하지 않는다는 뜻을 전달했지만, 이를 위해 먼저 나이브에게 의견을 경청해야 한다고 강조했다. 나이브는 신정국가의 구역을 맡은 책임자를 의미하는데, 샤밀은 나이브 중에서도 특히 제1의 나이브인 타소프-하지의 의견을 들어보아야 한다고 했다.

클루겐나우는 니콜라이 1세의 명령문을 가지고 있었는데, 러시아가 아니라 샤밀이 형식적으로나마 러시아 측에 먼저 만남을 청원하는 것으로 해달라고 제안했다. 샤밀은 10월 6일 그에게 편지를 보내 다게스탄과 체첸의 장로들이 샤밀의 티플리스 방문을 허락하지 않았으며 만약에 그곳을 방문하면 죽임을 당할 것이라는 경고를 받았다고 밝혔다. 10월 10일 샤밀은 클루겐나우에게 보낸 마지막 편지에서 최종적으로 티플리스 방문을 단호히 거절했다.[31] 이후 니콜라이 1세는 로젠의 모든

---

30 Ibid., 60.
31 Ibid.

권한을 골로빈(Е. А. Головин)에게로 변경했고, 전쟁이 본격화되었다. 1839년 러시아 군대는 두 방면에서 공격을 감행했다. 골로빈이 공격의 한 축을 담당하여 먼저 남다게스탄을 정복했고, 그라베 장군이 다른 한 축을 담당하여 이치케리야 지역을 공격했다.32

1850년대 크림전쟁과 캅카스

샤밀은 이슬람 신정국가를 창설하고 러시아 정부에 치열하게 맞서 싸웠다. 이슬람 신정국가의 역사적 의미와 그 과정은 4장에서 다루도록 하겠다.

1853년 발발한 크림전쟁은 3년에 걸쳐 일어났으며, 러시아-오스만 투르크, 영국, 프랑스, 사르데냐 연합군이 크림반도와 흑해를 두고 벌인 전쟁이었다. 나폴레옹 전쟁 이후 유럽 국가 간에 처음 벌어진 전쟁이었다. 러시아는 홀로 유럽 국가와 싸워야 했고, 결정적으로 전쟁에서 패배하면서 본격적으로 근대화를 추진했다. 크림전쟁의 직접적 원인은 프랑스의 나폴레옹 3세가 예루살렘 성지에서 가톨릭교도의 특권을 오스만 투르크 정부에 요구했는데, 이에 맞서 니콜라이 1세가 동방정교의 비호자를 자처하면서 대립한 데 있었다.

1854년 9월 영국·프랑스·오스만 투르크 군대는 약 6만 명의 대군을 크림반도에 상륙시키면서 세바스토폴을 포위하였다. 톨스토이의 유명한 『세바스트폴 이야기』는 개인적 경험을 토대로 한 소설이다. 1855년 8월 말 러시아는 세바스토폴의 남쪽을 점거당하고 북쪽으로 퇴각하며 전쟁에 패배했다. 니콜라이 1세는 전쟁 중인 1855년 2월에 사망했

---

32 Ibid., 61.

으며, 이후 알렉산드르 2세는 러시아의 근본적 개혁의 필요성을 절감하면서 1856년 3월 파리에서 강화조약을 체결했다.33

이 전쟁 중 오스만 투르크는 샤밀 군대와 합세하여 캅카스로 군사 원정을 단행하기로 결정했다. 목적은 러시아인을 캅카스로부터 물러나게 하고 그 지배적 영향력을 유지하지 못하도록 하는 것이었다. 그러나 이 원정에서 오스만 투르크는 심각한 패배를 경험했다. 샤밀 군대는 산악 지대로부터 조지아의 평지로 소위 공격시스템인 '약탈 공격'을 감행하였고, 오스만 투르크는 전략적 성공을 쟁취하지 못했다. 샤밀 군대는 1830~1840년대처럼 정기적인 군사 행동을 이끌어 갈 말한 동력을 많이 상실한 상태였다. 사건을 목격한 영국인 둔칸(Ч Дункан)은 샤밀이 주된 활동 무대를 포기하고 평지에서 단지 약탈 행위를 자행한다는 부정적 내용의 통신문을 전송했다.34

러시아는 수십 년간 진행된 전투에서 점차 승기를 얻었다. 러시아는 군사적, 정치적 압박과 더불어 선전전까지 펼쳤고 산악 민족의 투쟁도 점차 약화되었다. 1850년대 많은 이들은 무리디즘 투쟁을 비용이 많이 드는 시나리오로 간주하고 그다지 생산적이지 않다고 간주했다. 곧 러시아가 샤밀보다 더 성공적으로 지도자의 기능을 수행할 수 있다는 징후가 많이 나타나기 시작했다.35

러시아 정부도 캅카스의 상황을 면밀히 검토했다. 크림전쟁이 종식되면서 저항하던 소수 민족, 특히 샤밀 군대를 결정적으로 패퇴시켜야

---

33 두피디아 백과사전, https://www.doopedia.co.kr/doopedia/master/master.do?_method=view&MAS_IDX=101013000862859.

34 ред. А. Н. Сахарова, *История России с древнейших времен до наших дней. учебник* т. 2 (Москва: Проспект, 2010), 79.

35 Vladimir Degoev, op. cit., 31.

한다는 결정을 내리고 군사 행동에 나섰다. 당시 캅카스 사령관은 바랴틴스키(А. И. Барятинский)였는데, 그는 산악 민족과의 투쟁은 단지 군사력으로만 가능하지 않다고 이해했다. 즉, 군사 공격이 아닌 다른 수단이 필요하다고 주장했는데, 특히 마을 건설 등이 그러한 형태였다. 그는 도로를 건설하면서 민심을 얻고 공격 수단도 확보해 나갔다. 가장 확실한 군사 도구는 금전의 위력이었다. 러시아와의 관계에서 평화적으로 접근하고자 하는 현지 사람들과 우호적인 관계를 맺기 위해 노력하면서, 돈과 선물 등을 주고 충성을 맹세케 하는 방식을 활용했다. 샤밀의 많은 동조자는 샤밀을 떠나기 시작했다.

5. 결론: 샤밀의 항복, 러시아의 승리

1859년 러시아 군대는 샤밀의 거주지였던 베데노(Ведено)를 봉쇄하였다. 샤밀 추종자들도 많이 줄어들었다. 몇 달 동안 샤밀은 마을을 다니면서 격정적인 연설을 하였으며 알라의 이름을 내걸고 마을 사람들을 설득하였다. 그는 러시아와 전투를 감행하자고 연설했다. 많은 사람이 그의 연설을 들었지만, 소수의 사람만이 군사 투쟁의 호소를 받아들였다.36 1859년 8월 초 수십 명의 전투원과 함께 샤밀은 높은 산악 지역의 구니브(Гуниб) 마을로 이동했다. 그런데 그곳 거주민이 러시아 군대가 아니라 오히려 샤밀 군대를 공격하는 일이 일어났으며, 실제로 샤밀 군대에 패배를 안겼다. 1859년 8월 18일 샤밀은 바랴틴스키로부터 '명예 항복'의 조건으로 항복을 권유받았다. 마지막까지 샤밀과 함께 있었던 동료들은 체포되지 않는 조건이었다. 그들은 모두 러시아로 갈 수

---

36 *История России с древнейших времен до наших дней. учебник* т. 2. C. 79.

있도록 제안받았지만, 샤밀은 답하지 않았다. 러시아가 실제로 약조를 지킬 것이라고 믿지 않았기 때문이다. 러시아 군대는 샤밀을 향한 공격을 시작하였다. 샤밀의 상황은 출구 없는 상태가 되었다. 샤밀의 아들들까지도 만약 샤밀이 항복하지 않으면 자신들이 러시아에 투항할 것이라고 말했다. 결국 8월 25일 샤밀은 항복했다.

바랴틴스키는 샤밀을 받아들였다. 그리고 패배한 신정국가의 통치자로 예우를 갖추었다. 샤밀은 기대하지 않았던 상황이 전개되었다. 그에게는 대형 사륜마차가 허락되었고 무기도 소지할 수 있었다. 러시아 보초들이 샤밀을 호위했으며 이맘은 러시아의 북쪽 지방인 칼루가로 갔다. 그는 여생을 그곳에서 보냈다. 샤밀은 처음에 시베리아로 유형당할 것으로 생각했지만, 전혀 다른 상황이 전개되었다. 이후 그는 모스크바, 상트페테르부르크를 방문하였고 열렬한 환영을 받았다.37

러시아의 승리와 샤밀로 캅카스 테마는 고급 문화와 대중문화의 후원자 모두에게 지속적인 호소력을 창출했다. 1860~70년대 캅카스의 모든 측면, 특히 샤밀에 관련된 역사적 사건, 무리디즘, 북캅카스에 대한 러시아 정복 역사, 여행 기록, 전쟁 회고록 등이 엄청나게 쏟아졌다. 1862년 캅카스로 여행을 떠난 후 밀리 발라키례프(Mily Balakirev)는 캅카스 민요와 동양 테마를 활용하면서 동양적 요소를 러시아 음악에 광범위하게 활용하였다.38

북캅카스에 대한 러시아 식민화는 천천히 진행되었다. 이 지역은 캅카스전쟁 중 그리고 이후에 많은 경제 이익을 창출하지 못한 곳이었다. 소위 '문명의 행진'(march of civilization)은 이루어지지 않았다. 철도도 건

---

37 Ibid., 80.
38 Thomas. M. Barrett, op. cit., 366.

설되지 않았다. 그러나 캅카스 자체는 제국의 꿈이 실현되었던 공간으로 수용되었으며 러시아 '문명화 미션'의 새로운 동력이 되었다.[39]

캅카스전쟁이 러시아에 유리하게 전개되던 1859년, 샤밀이 포로가 된 이후 러시아 사회가 그를 수용하는 모습을 취함으로 귀족 사회는 캅카스의 이국적인 모습을 부각하고 이 지역과의 새로운 관계를 축하하는 분위기를 연출했다. 러시아는 샤밀에 대한 수용적 자세로 서구적 특성을 과시하면서 제국이 문화적 사명을 지니고 있음을 증명하고자 했다.[40] 사회의 전체적인 반응은 러시아가 문명화된 국가라는 인식을 스스로 가지게 되었다는 안도감과 자기 확신의 집단적인 모습이었다. 한 무명의 정치인은 커피숍에서 이렇게 외쳤다: "전쟁은 끝났다. 이는 문명, 철도, 새로운 개척지, 사람들의 부의 증식이다."[41]

---

39 Ibid.

40 Ibid., 364.

41 M. Z.(M. A.) Zaguliaev, "Obshchestvennyi listok," *Syn otechestva*, 6 September 1859, 978.

4장
지하드인가? 테러리스트의 원조인가?
: 이맘 샤밀의 신정국가와 성전(聖戰)의 연관성

1. 서론: 북캅카스 이슬람 신정국가의 역사성

제정러시아의 정복 야욕에 강력히 대처했던 세력은 무슬림 지도자들이었다. 특히 캅카스전쟁 시기 1대 이맘인 가지 무하마드(Гази Муххамед, 1794~1832), 2대 이맘 함자트 벡(Хамзат-Бек, 1789~1834) 그리고 3대 이맘 샤밀(Шамиль, 1797~1871)이 저항의 핵심 세력이었다. 특히 가지 무하마드와 샤밀은 지하드를 선포하고 군사 저항을 감행했다. 샤밀은 독특한 이슬람 신정국가를 건설하였는데, 그는 군사권, 입법권, 행정권, 사법권, 종교권을 장악하면서 러시아에 맞섰다. 이맘의 위치로서 샤밀은 종교적, 세속적 영역까지 망라해서 강력한 내부 통치를 전개했고 이슬람 정신을 활용하여 군사력으로 저항했다.

1820년대 북캅카스에서는 '무리디즘'(Muridism)이라는 독특한 저항 운동이 형성되었다. 이는 이슬람 제자 운동으로 수피즘을 따르는 이들이 반러시아 저항 정신을 가진 체계로 발전하였다. 이슬람 정신을 지니고 대러시아 투쟁을 벌인 무슬림 용어가 '무리드'(Murid)였다. 수피즘은 신비주의 공동체를 의미하며, 이는 예언자 무하마드에서 시작하여 무리드에게 계승되는 영적 전승이었다. 또한 입문자들을 위한 의례 절차와 규율이 확립되었다. 입문자들을 '무리드', '이크완', '다르위시' 등으로 부르는데, 그들은 스승인 셰이흐가 지도하는 저명한 '하느님의 친구', 곧 수피 성자가 이끄는 영성 수련의 길을 따른다. 최종적으로 스스로 하느님과의 친교라는 신비적인 몰아의 경지에 이른다.1

무리드는 이슬람 지도자에 절대적으로 복종한다. 코란에 근거한 이슬람 운동으로 발전되면서 북캅카스 민중의 존경을 받던 이슬람 선생, 즉 물라인 무하마드 야라그스키는 지역 산악 거주민의 군사적 저항을 촉구했다. 그가 주창한 저항 방식을 '가자바트'(Gazavat, Газават)라고 하는데, 이는 지하드(聖戰)의 의미와 동일하다. 1829년 지금의 러시아연방 다게스탄공화국 출신인 가지 무하마드(Ghazi Muhammad)는 북캅카스 제1대 이맘으로 선출되었다. 그는 야라그스키의 제자로 대러시아 항쟁을 본격적으로 이끈 인물이었다. 2장에서 보았듯이 이맘 만수르는 1차 캅카스전쟁의 중심인물로 투쟁을 이끌었으며, 캅카스전쟁의 핵심인 2차 캅카스전쟁을 최초로 조직적으로 지휘한 인물은 가지 무하마드였다. 그는 야라그스키의 지하드 정신을 수용하고 지하드를 선포했다.2

다게스탄의 이슬람 학자들과 사제들은 대러시아 항쟁의 역사적 근거지였고 중심이었던 '김리'라는 마을에 집합하였고, 이후 본격적으로 저항 운동을 펼쳤다. 이슬람 정체성은 반러시아 항쟁의 정신적, 영적 요소였다. 그리고 지하드가 선포된 동력은 이맘의 제자인 무리드가 군사적 항쟁을 강화하면서부터였다.3 가지 무하마드는 1832년까지 제1

---

1 daum 백과사전, https://ko.wikipedia.org/wiki/%ED%83%80%EB%A6%AC%EC%B9%B4.
2 정세진, "러시아제국의 확장과 북카프카스: 이념, 정복 그리고 저항," 291-292.
3 Г. А. Джахиев, "Северный Кавказ во внешней политике России, Ирана и Турци

대 이맘으로 활동했다. 그는 러시아 군대에 심각한 피해를 주면서 산악 민족들을 이끌었다. 그리고 1832년 러시아와의 전투에서 사망했다. 그의 후계자인 제2대 이맘은 함자트 벡이었다. 그는 다게스탄 민족의 핵심이던 아바르계의 왕족들을 살해하였는데, 이후 도리어 아바르 출신 귀족들에 의해 살해당했다. 3대 이맘으로 선출된 이는 가지 무하마드의 친구이며 전설적 인물이던 샤밀이었다. 그는 1834년에 선출되었으며, 1859년까지 산악 거주민들을 이끌면서 항쟁했다.

샤밀은 아바르계 출신으로 김리에서 출생하였다. 그는 가지 무하마드의 정치적, 이념적 노선을 계승했는데, 핵심은 지하드 정신이었다. 1834년 '신정국가'(Islamic Government, Исламское государство)인 '이마마트'(imamate, Имамат)를 건국한 그는 세계사에서도 그 유례를 찾기 어려운 신정국가를 건설했다. 신정국가는 이맘이 정치·군사·행정 권력을 가지고 통치하는 체제다.4

신정국가는 샤밀의 국가였으며, 1840년대 신정국가의 권위는 최고조였다. 샤밀은 신정국가를 직접 통치하였으며 직할 통제로 군대를 통치하였다.5 또한 종교적 특성을 활용하였는데, 주요 과업 성취를 위해 종교적 용어를 활용하는 방식이었다. 즉, 이슬람 시스템을 북캅카스 거주민에게 정립하였으며 이슬람 삶의 양식을 보존하였다. 샤밀과 추종자들은 신정국가를 창건했을 뿐 아니라 '집합적 권력'(rallying force)으로

и в начальный период движения горцев," *Народно-освободительное движение горцев Дагестана и Чечни в 20-50-х годах XIX в. Материалы всесоюзной научной конференции 20-22 июня 1989 г* (Махачкала, 1994), 63.

4 Michael Reynolds, "Myths and mysticism: a longitudinal perspective on Islam and conflict in the North Caucasus," *Middle eastern Studies* Vol. 41, No. 1 (2005), 39.

5 Эрик Осли, *Покорение Кавказа. Геополитическая эпопея и войны за влияние* (Москва: Плюс-Минус, 2008), 76.

이슬람을 활용했다.6

2차 캅카스전쟁은 1816~1864년에 일어났는데, 실제적으로는 1859년 샤밀이 러시아 군대에 항복함으로써 끝났다.7 체첸과 다게스탄 민족 그룹이 강대국에 맞서 저항하면서 국가 건립을 이루었다는 점은 씨족 혹은 부족 공동체를 뛰어넘어 연합과 연맹 성격을 가진 국가 건설이 이루어졌다는 의미였다.8

2. 이슬람 신정국가와 지하드

지하드 기원: 1대 이맘인 가지 무하마드의 지하드

1816년 북캅카스 총독으로 알렉산드르 예르몰로프가 부임하면서 북캅카스는 전쟁에 들어갔다. 그는 북캅카스 민족을 완전히 복속하기 위해 강력하고 독단적인 정책을 펼쳤다. 캅카스전쟁의 원인에는 다양한 의견이 존재한다. 러시아의 영토 확장 야욕은 전쟁의 주요 요소였다. 전쟁에는 종교적 요인이 매우 중요했으며, 특히 이슬람 요소는 결정적이었다. 이슬람은 분열된 산악 민족들을 하나로 결합한 종교 요소였다.

예르몰로프의 통치 시기 북캅카스 민족들, 즉 소위 산악 민족의 투쟁은 매우 격렬했다. 이들의 투쟁은 종교적-정치적 운동인 무리디즘으로

---

6 Anne Speckhard and Khapta Akhmedova, "The New Chechen Jihad: Militant Wahhabism as a Radical Movement and a Source of Suicide Terrorism in Post-War Chechen Society," *Democracy and Security* Vol. 2 (2006), 104.

7 А. И. Миллер (отв ред.), *Северный Кавказ в составе Российской империи* (Москва: Новое литературное обозрение, 2007), 121-122.

8 정세진, "체첸 민족의 정체성 형성에 관한 소고," 「러시아어문학연구논집」 44 (2013): 515-516.

발전하였다. 러시아 학자들은 이를 '종교적 극단주의'라고 평가했다. 그러나 산악 민족 입장에서 이 운동은 대러시아 투쟁이었으며 민족적 성격을 띠었다. 무리디즘은 다게스탄, 체첸 등에서 강력히 정착되었다. 이러한 토대하에 1834년에서 1859년까지 이슬람 신정국가가 탄생되었다. 1834년 샤밀은 북캅카스 최고 지도자의 위치에 올라 모든 분야에서 막강한 권한을 보유했다. 즉, 행정, 군사, 종교, 정치 분야를 망라하고 절대적 권력을 가졌다. 러시아는 엄청난 인명 손실을 경험했고 경제적 손실도 막대했다. 그러나 반세기에 걸친 전쟁에서 러시아는 최종적 승리를 얻었다.9

1824년 가지 무하마드는 대러시아 저항을 위해 자신이 캅카스 민족의 인도자라는 사명감을 가지고 있었다. 그는 수피즘 제자를 뜻하는 무리드의 정치적 의미가 매우 중대하다는 것을 인식했다. 그는 영적인 지도자 역할과 동시에 정치·군사적 분야의 권한을 지니는 이맘 역할을 수행했다. 그의 지하드 선포는 이교도 러시아를 향한 것이었다. 또한 산악 거주민의 비이슬람 행동에도 투쟁할 것을 선포했다. 그가 주창한 지하드는 샤밀 시대에도 이어졌으며 이념적 완성으로 뿌리내렸다. 샤밀 신정국가는 이슬람의 투쟁적 요소가 강조되었다. 그러나 모든 수피즘 신봉자가 군사 이슬람, 즉 투쟁적 수피즘의 형태에 동조한 것은 아니었다. 일부는 정치적 주제에 대해서는 무관심한 태도를 가졌다.10 러시아와 캅카스 민족은 반세기 동안 상호 강력히 대립하면서 군사적 충돌을 벌였다. 지하드는 거룩한 전쟁, 즉 성전(聖戰)이다. 이맘들이 이슬람을 저항의 교의로 삼고 소수 민족을 단결하여 러시아에 저항하는 이념

---

9 정세진, "북카프카스 수피즘 연구 — 신비주의 관념과 반러시아적 경향을 중심으로," 「한국이슬람학회논총」 19-1 (2009), 8.
10 Ibid., 9-10.

레르몬토프 박물관에 소장된 체첸 군인들 (필자 촬영)

으로 삼았기 때문이다.

　북캅카스에서 지하드는 어떤 식으로 선포되었을까? 지하드가 공식 선포된 때는 가지 무하마드 통치 시기였다. 지하드 정신이 집대성되어 대러시아 저항 이념으로 가장 강력히 승화시킨 인물은 샤밀이었다. 그는 지하드 이념과 더불어 이슬람 신정국가를 주창하고 건국했다. 즉, 신정국가의 정신을 지탱해 준 이데올로기가 지하드였다. 신정국가는 '이맘의 국가'였다. 러시아 일부 사료에는 가지 무하마드가 지하드를 선포하였지만 그 어떤 권력을 이용하지 않았다고 표현되어 있다. 그는 자신이 이끄는 무리를 단순히 축복하는 인물이었다.[11] 그러나 그의 지하

---

11 А. К. Вранкен, *Политический обзор Дагестана*, ЦВИА ВУА. Д. 6514. Л. 47.

드는 소수 민족을 하나로 단결한 종교적, 정치적 요소로 러시아의 정복과 통치에 반대하는 공동 투쟁의 역사로 출현하였다. 이는 이슬람의 이름으로 행해졌고, 산악 민족의 자유, 문화, 삶의 양식을 보존하기 위한 저항 정신이었다.12

캅카스전쟁 시기 이맘의 역할

2차 캅카스전쟁에서는 이맘이 저항의 중심 세력이었다. 1787~1791년에 펼쳐진 이맘 만수르의 군사적 저항을 1차 캅카스전쟁으로, 예르몰로프의 북캅카스 총독 부임 이후 펼쳐진 전쟁을 2차 캅카스전쟁으로 일컫는데, 가지 무하마드, 함자트 벡, 샤밀 등 항쟁 지도자들은 대러시아 저항과 동시에 지역 영주 및 귀족에 대한 반대 정책을 내세웠다. 이맘들은 자신의 통치 시스템을 러시아가 방해하지 말라고 요구했다.13 러시아 아르히브와 문헌상에는 가지 무하마드 이름이 가지 마고메드(Гази Магомед), 까지 물라(Кази-мулла) 등으로 여러 번 기재되어 있다.

이맘은 영적 지도자였을 뿐만 아니라 투쟁의 선봉에 섰던 인물이다. 가지 무하마드는 이슬람 율법인 샤리아를 전파하고 러시아의 점령을 저지하기 위해 대항했다. 그는 1828년 과감히 러시아 군대 요새인 순진스카야(Сунжинская)를 공격했다. 군사 요충지인 브네자빠야(внезапая) 요새 점령을 위해서였다. 1829년에는 다게스탄의 핵심 지역인 아바르 칸국의 훈자흐(Хунзах)를 공격했다. 이 공격은 실패로 끝났지만, 러시아 군대에 위협적이었다. 동시에 그는 영주들을 자신의 세력권 내에 두기

---

12 Moshe Gammer, "Unity, diversity and conflict in the Northern Caucasus," Yaacov Ro'i ed., *Muslim Eurasia: Conflicting Legacies* (London: Frank Cass, 1995), 164.
13 Р. Г. Абдулатипов, *Судьбы ислама в России* (Москва: Мысль, 2002), 123-124.

위한 활동을 펼쳤다. 무엇보다도 다게스탄 민족 그룹의 핵심인 아바르 영주들을 세력권에 포함시키고자 부단한 노력을 벌였다. 그러나 그의 활동은 소수 민족의 내부 불화를 불러일으킨 측면이 있다. 그가 러시아와 지역 영주와 벌였던 투쟁은 정치적, 사회적 목적을 성취하는 수단으로 간주되었다.

가지 무하마드는 1830년에 공식적으로 지하드를 선포했다. 가자바트(газават), 즉 지하드를 러시아 당국에 공표했다.14 무슬림 전통에 따르면 가자바트는 이교도들, 즉 믿음이 없는 자들에 이슬람을 전파하고 확립하는 목적을 가지고 이교도에 대한 공격, 원정의 뜻으로 쓰였다.15 가자바트는 탄압으로부터의 해방 전쟁이다. 그런데 이 용어는 원래 이교도에 이슬람 신앙을 전수하기 위해 벌이던 전쟁의 의미는 아니었다. 용어 자체로만 본다면 아랍어에서 차용된 단어 '가즈와'(ghazwa)로 '급습'(raid)의 의미에 더 가깝다. 즉, 가자바트는 알라에게로 향하는 무슬림의 열정이라는 광의의 뜻으로 이해된다. 가지 무하마드는 투쟁하던 자신들을 향한 상대방의 압박으로부터 반항의 의미로 가자바트를 주창했다. 압박의 형태는 러시아의 군사 공격, 지역의 관습, 영주의 권력 등이었다.16

가지 무하마드가 지하드를 선포하였지만, 그 이전 18세기에 만수르가 이슬람 교의로 러시아에 전쟁을 선포하고 지하드를 공표한 이맘으로 평가된다. 그는 수피즘 낙쉬반디야 종단에 속했으며, 무슬림 지도자

---

14 Н. А. Федорова, op. cit., 147.

15 А. Д. Яндаров, *Суфизм и идеология национального освободительного движения* (Алма-Ата: Издательство Наука Казаской СССР, 1975), 110.

16 Robert Bruce and Enver Kisriev, *Dagestan. Russian Hegomony and Islamic Resistance in the North Caucasus* (Armonk, New York, London: M. E. Sharpe, 2010), 19.

로 등장했다. 러시아의 군사적 압박에 불만을 품은 체첸인, 다게스탄인, 카바르다인은 그의 주위에 모여들었다. 러시아가 강력한 정복 열망으로 군사 공격을 취할 때, 이미 종교적 성격을 띠고 저항하던 인물이 만수르였다. 캅카스에서 러시아와 대결한 페르시아와 오스만 투르크는 체첸의 이슬람 강화에 일정한 영향력을 가졌지만, 아이러니하게도 러시아의 등장으로 이 지역 이슬람 세력이 매우 강화되었다. 이슬람은 북캅카스 민족의 근간이 되는 종교 정체성으로 작동했다.17 이전에 이 지역에서 종교가 최전선에 등장한 적이 없었는데, 오스만 투르크가 이슬람 포교와 발전에 역할을 했다. 이슬람 이름으로 러시아에 최초로 저항한 인물이 만수르였다. 그는 북캅카스에서 최초의 낙쉬반디야 셰이흐, 즉 낙쉬반디야 이슬람 스승이었다.18 러시아인은 낙쉬반디야 운동을 이후에 무리디즘이라고 불렀다.19

러시아 정부는 가지 무하마드 투쟁의 위험성을 인식했고, 니콜라이 1세는 대러시아 투쟁 세력을 완전히 제압해야 한다는 결정을 내렸다. 예르몰로프는 1816~1827년까지 총독의 임무를 맡았고, 이반 파스케비치(Ivan Paskevich) 사령관이 뒤를 이었다. 후임자 파스케비치는 1830년 다게스탄과 캅카스 산악민에 보내는 성명서를 통해 가지 무하마드를 지역 안정을 해치는 인물로 규정하고 전쟁을 선포했다. 러시아는 캅카스 거주민의 내부 분열을 조장하면서 본격적으로 전쟁에 참여했다. 캅카스전쟁은 1816년에 시작되었지만, 본격적인 전투는 1828년 이후였다.

---

17 Katrien Hertog, "A Self-fulfilling Prophecy: The Seeds of Islamic Radicalisation in Chechnya," *Religion, State & Society* vol. 33, No. 3 (2005), 246.

18 Austin Jersild, "Who was Shamil?: Russian colonial rule and Sufi Islam in the North Caucasus, 1859-1917," *Central Asian Survey* Vol. 14, No 2 (1995), 205.

19 Zubeyde Gune-Yadcy, "A Chechen national hero of the Caucasus in the 18th century: Sheikh Mansur," *Central Asian Survey* vol. 2, No. 1 (2003), 105.

가지 무하마드는 공격시스템을 활용하면서 다게스탄의 요충지인 키즐야르를 점령했다. 1830년대 이후 산악 민족은 전투를 통해 부분적인 성공을 거두고 있었다. 특히 공격시스템에서 비롯된 여러 전략이 잘 작동되었다. 그러나 러시아 군대의 강력한 공격을 받고 패배하면서 가지 무하마드의 군대는 키즐야르에서 후퇴했다. 그는 급속히 군대를 재정비하였고, 1832년 러시아 군대는 가지 무하마드 군대의 핵심 거주지인 김리(Гимры)를 공격하기로 결정했다. 10월 17일 양측의 격렬한 전투가 전개되었다. 러시아 군대 군사령관은 캅카스 사령관인 그레고리 로젠(Gregori Rozen, Грегорь Розен)이었다. 러시아는 김리를 장악하였으며 주요 핵심 지도자들이 거주하는 병참 지역까지 점령했다. 이 전투에서 가지 무하마드는 사망했으며 샤밀도 부상을 당했다. 그러나 가지 무하마드의 죽음이 전쟁의 종식은 아니었다.

2대 이맘 함자트 벡

제2대 이맘으로 함자트 벡이 산악 민족의 지도자로 등장했다. 그는 다게스탄 아바르계의 명망 귀족 계급 출신이다. 1820년대 말 그는 가지 무하마드를 지지했다. 그러나 가지 무하마드의 김리 전투에는 참여하지 않았다. 마지막 순간에 지도자를 추종하지 않았던 셈이다. 이맘 자리를 계승한 그는 권력 확립을 위해 노력했으며 그가 속한 다게스탄 '아바르계'의 몫으로 전체 다게스탄 자유 공동체의 일정한 땅을 소유하고자 시도했다. 함자트 벡은 러시아에 저항한다는 의지를 많은 이에게 공표하는 데는 나름대로 성공했지만, 내부 분열로 그의 저항은 성공을 거두지 못했다. 광범위한 반러시아 투쟁 전선을 펼쳤음에도 권력 획득에는 한계점을 가졌으며, 곧 그의 권력은 막을 내렸다.

1834년 그는 아바르 칸국(Аварское Ханство)의 추종자들과 함께 훈자흐 원정에 나섰으며 대부분의 다게스탄 산악 지역을 점령했다. 이때 매우 유명한 사건이 일어났는데, 함자트 벡이 아바르 칸국의 일부 통치자 친족들을 멸절하고 스스로 아바르 칸국의 통치자로 선포한 것이다. 그러나 이는 잘못된 선택이었다. 그 결과로 그는 아바르 칸 친족들의 피의 복수와 지역 법령의 규정에 의해 살해당했다.[20]

제3대 이맘 샤밀과 지하드

함자트 벡의 죽음 이후 샤밀이 제3대 이맘이 되었다. 가지 무하마드가 사망하던 당시 그는 거의 2대 이맘이 될 뻔했으나, 김리 전투에서 심한 부상을 당하면서 약 반년 동안 치료에 전념했다. 러시아에 지하드를 선포한 가장 핵심적인 인물은 샤밀이었다. 그는 무리디즘 운동을 이끌었는데, 이는 반러시아 저항 운동이었다. 1834년 정치적, 군사적, 행정적 수장으로 신정국가를 건국했고,[21] 행정적, 군사적, 종교적 권력을 쟁취했다.[22]

이맘이 통치자의 역할을 가진 시기는 1대 이맘인 가지 무하마드 때였다.[23] 샤밀은 지하드 선포를 통해 다게스탄, 체첸 거주민을 이슬람 교의로 단일하게 결집할 수 있을 거라고 판단했고 가지 무하마드의 이데올로기와 정치적 노선을 지속했다. 그는 아다트를 폐지하고 샤리아를 정립하고자 했다. 이는 가지 무하마드가 짧은 통치 기간에 강력히 주장

---

20 Н. А. Федорова, op. cit., 149.
21 А. С. Орлов, В. А. Георгиев, Н. Г. Георгиева, and Т. А. Сивохина (Реды.), op. cit., 327-328.
22 А. Руновский, *Записки о Шамиле* (Санкт Петербург, 1864), Ч. 1. с. 6.
23 А. И. Миллер, op. cit., 121.

하던 원칙이었다. 샤밀은 이를 통해 산악 민족의 일반 생활과 정치 구조를 재조직하는 방식으로 통치했다.24

샤밀의 지하드 선포 이후 러시아와 신정국가의 투쟁은 어떻게 진행되었을까? 이 국가의 지역 범위는 다게스탄 산악, 아바르 민족의 거주지, 체첸·잉구세티아 거주지였다.25 샤밀은 처음에 체첸의 남쪽 지역과 다게스탄의 북쪽 지역을 점거하고 자신을 따르던 제자인 무리드와 조력자들에게 일정한 지역을 구획으로 나누어 통치하도록 했다. 이들을 일컬어 '나이브'(Naib, Наиб), 나이브 통치 구역을 '나이브스트보'(наибство)라고 명명했다. 이 구역은 기본적인 경계 구획으로 전체 약 40개 이상이었으며, 샤밀의 제자 중 전투적으로 가장 성공하고 용맹한 지도자가 이 구역을 관할했다.26 나이브는 신정국가의 군사-행정 역할을 맡아서 진행했다. 즉, 군대 조직, 군사 원정 등의 역할을 가졌다. 이외에도 경계 지역 수호, 군사 방위선 조직, 일반 평민들의 생활까지도 책임졌다.

샤밀은 군사적, 행정적, 종교적 권력을 장악했다. 신정국가의 전성기와 쇠퇴기에 나이브의 숫자는, 차이가 있지만, 약 400명 정도였다. 이들은 가장 믿음직하고 충성스러운 추종자였고, 신정국가에 확신을 가지고 지하드를 수용했으며, 특별한 용감성을 지녔다. 이맘이 머무는 장소, 즉 처음 신정국가의 수도는 아훌고(Ахулго)였다. 샤밀 군대의 수는, 상황에 따라 달랐지만, 약 1만 명에서 2만 명 정도였다.27

---

24 Кавказский Сбррник. Т. 9 (1885), 402-403.

25 Ш. М. Казиев and И. В. Карпеев, *Повседневная жизнь. Горцев Северного Кавказа в XIX веке* (Москва: Молодая Гвардия, 2003), 58.

26 정세진, "러시아제국의 권력에 맞선 저항의 이데올로기 — 19세기 북카프카스의 이슬람 지도자인 이맘 샤밀의 활동을 중심으로,"「슬라브학보」 33-1 (2018), 86.

27 Н. А. Федорова, op. cit., 149.

러시아 타만시의 레르몬토프박물관에 소장된 캅카스전쟁 시기 나이브(필자 촬영)

3. 이슬람 신정국가와 수피즘

수피즘의 본질과 성격

수피즘의 본질과 성격은 무엇일까? 수피즘의 주요 2대 종파는 '낙쉬반디야'(Naqshbandiya, Накшбандия) 종단과 '카디리야' 종단이다. 수피는 완전성의 신앙을 향해 성장하며 영적 인식을 개발하기 위해 이슬람 믿음을 중요시 여기는데, 무엇보다도 신비주의적 관점을 강조한다.[28] 수피(sufi)의 특징은 금욕주의다. 수피는 자신을 정화하면서 삶을 매우 정결하고 거룩하기 살기 위해 노력하며 신에 대해 이상적이고 헌신적인 사랑을 추구한다. 욕망을 얻기 위해 노력하지 않으며 신의 인도에 따라 순명의 삶을 추구하며 실천한다. 이들에게 '신과의 합일'은 매우 중요하다.[29]

수피는 세계를 매우 직관적인 방식으로 해석한다. 수피는 수피즘을 추종하는 무리다. 수피는 '수프'(suf)에서 나온 용어인데, 수프는 아주 빈한한 양모를 의미한다. 양모로 지은 옷을 입은 무리를 수피스트라고 하는데, 이들은 인식론적 방식을 응용한다. 즉, 금욕주의와 신비주의로 세계를 인식하고 이해한다. 이는 수피에게 매우 중요한 삶의 목적으로 인간과 세계에 대한 인식에 도달하고자 한다.[30]

수피즘은 '셰이흐-무리드'로 명확하게 구분되어 제자가 스승에 절대

---

[28] Fereshteh Ahmadi Lewin, "Development Towards Wisdom and Maturity: Sufi Conception of Self," *Journal of Aging and Identity* vol. 5, No. 3 (2000), 137.

[29] 김관영, "이슬람 신비주의 사상에 관한 연구 — 수피즘(sufism)의 본질을 중심으로," 「동서철학연구」 20 (2000), 277.

[30] 정세진, "북카프카스 수피즘 연구 — 신비주의 관념과 반러시아적 경향을 중심으로," 5-6.

적으로 복종하는 체계다. 셰이흐는 무슬림 스승을 의미하며, 무리드는 제자이다. 이런 이유로 캅카스전쟁 때 무리드는 스승인 절대 권력자인 이맘의 의견에 충실히 복종하고 성전(聖戰)의 고귀한 이상에 자신을 희생했다.31 무리드는 절대자에 이르는 길을 인도하는 스승인 수피를 따라가는 제자이다. 러시아인은 이 용어에서 나온 '무리디즘'을 이맘의 명령에 복종하고 투쟁하는 산악 소수 민족의 저항 운동으로 해석하였다.32

북캅카스는 수피즘의 중심 공간이 되었는데, 샤밀은 낙쉬반디야 종단에 속해 있었다. 따라서 그는 체첸, 잉구세티아, 다게스탄에 수피즘과 샤리아를 기반으로 신정국가를 이끌었다.33 수피즘은 내적 삶을 더 중요시 여기는 이슬람의 3대 종파에 속한다. 즉, 외면보다 내면을, 행동보다 명상을, 율법주의보다 영적인 발전과 수양을 강조하는 경향이 있다. 그리고 코란의 가르침에 부합하게 이슬람 예식 생활을 강화하는 측면이 있다. 이슬람의 의례적인 관행을 넘어 포괄적, 수용적, 혼합주의적 경향을 가졌다.34 이슬람 율법 또는 샤리아가 무슬림의 의무와 삶의 방식을 표현한다면, 수피즘은 '이슬람 정신을 구현'하는 '살아 있는 전통', 이 세상의 혼란과 기만으로부터의 분리를 강조하는 '내적 길'(inner path)이다.

---

31 Moshe Gammer, *Muslim resiatance to the tsar: Shamil and the conquest of Chechnia and Daghestan* (London: Frank Cass, 1994), 44-45.
32 Н. И. Покровский, *Кавказские войны и имамат Шамиля* (Москва: Росспэн, 2009), 243-244.
33 Galina M. Yemelianova, "Sufism and Politics in the North Caucasus," *Nationalities Papers* vol. 29, No. 4 (2001), 663.
34 Katrien Hertog, op. cit., 243.

북캅카스 수피즘과 민중

수피즘은 이러한 특성으로 모든 계층의 마음을 사로잡았고 '형제애'의 개념은 현지 관습과 신념 속에 적용될 수 있었다. 수피즘은 공통의 정체성을 제공했다. 즉, 북캅카스 민족을 결집하여 군사 저항의 기반으로 수피즘이 작동되었다. 중앙집권적인 지도력 형성에 일조하였으며, 개인이 가족과 단체에 대한 충성심을 가지게 하고 수피즘 형제애에 대한 충성과 정체성을 보존하며 더욱 견고해졌다. 체첸의 민족 정체성은 17세기 이후 이슬람이 확산되면서 종교적 요소에 의해 혼합되며 강력해졌고, 철저히 러시아의 지배와 통치에 대한 저항 운동에 초점이 맞추어졌다. 샤밀 통치 시기 중 가장 강력한 통치 기간은 1843~1847년으로, 이 시기에 그는 모든 권력을 행사했다.35

북캅카스에서는 이슬람 이전의 믿음과 관습이 강하게 남아 있었다. 수피즘도 이러한 경향에 일정한 역할을 했다. 수피즘은 8세기와 9세기에 등장하였으며 수 세기 동안 이슬람 율법의 발전과 병행, 내적인 영적 삶에 중점을 두었다. 외면보다 내면을, 행동보다 명상을, 율법주의보다 영적인 발전과 수양을 강조하는 경향이 있었으며 코란의 가르침에 맞춰 이슬람교 의식 생활을 강화했다. 수피즘은 영적 엘리트 사이에서 시작되었지만, 12세기에 대중 운동으로 성장했다. 이는 이슬람이 최소한의 갈등을 겪으며 대중적 종교 활동의 일부가 될 수 있도록 사람들에게 공통된 정체성을 제공하였고, 이를 통해 형성된 결집력은 저항의 기반을 마련하고 적극적인 중앙집권적 지도력 형성에 도움을 주었다. 이는

---

35 Александр Ляховский, *Зачарованные свободой. Тайны кавказских войн. Информация. Анализ. Выводы* (Москва: Детективпресс, 2006), 82.

영적인 비전과 의례적인 관습 그리고 보다 포괄적이고 수용적이며 혼합주의적 경향으로 교육받은 사람과 교육받지 못한 사람 등 모두의 마음을 사로잡으면서 발전했다.

수피즘은 광범위한 수피 형제애 또는 '타리카'(Tariqa) 네트워크를 통해 이슬람 세계 전역과 그 너머로 전파되었다. 수피즘에서 강조하는 형제애는 이슬람 확장에 중요한 역할을 했다. 탈율법주의적인 수피즘이 현지 관습과 신념에 적용되면서 매우 강력한 효과를 지니게 되었는데, 이는 이슬람이 최소한의 갈등으로 대중적인 종교 활동의 일부가 되도록 역할을 한 측면이 있다. 수피 형제단은 특히 19세기 이슬람 세계 전역에서 식민 통치에 대한 저항 운동을 위한 중요한 조직과 지원을 제공했다.36 수피즘은 모든 이슬람 의식의 존재 이유인 코란이 명령한 대로 하나님의 이름을 기억하는 데 초점을 맞추면서 무슬림 의식 생활을 강화한다. 또한 죽은 후에도 기적을 행한다고 믿어지는 족장 혹은 '성인'의 무덤 주변에 정교한 신적 형태의 문화를 발전시켰다. 순례, 신의 축복을 구하는 기도, 지크르 의식 및 성인의 연례 축제와 같은 중요한 의식의 중심지가 성인의 무덤에 존재한다.37

4. 신정국가와 무리디즘 운동

그렇다면 러시아에 저항한 무리디즘은 어떠한 역사적 함의가 있을까? 첫째, 무리디즘은 종교적 교의였고 가르침이었다. 그러나 이는 종교성에만 국한된 것은 아니었다. 무리디즘은 정치적 구호였으며 정치

---

36 Ibid.
37 Katrien Hertog, op. cit., 242.

적 투쟁의 함의를 지녔다. 무리디즘의 출현은 캅카스 소수 민족의 사회-경제적, 정치적 관계가 재구축될 필요성으로 탄생했다. 이 운동은 북캅카스 공동체의 일반 생활과도 연관성을 맺고 있었는데, 소유와 권력 측면에서 정치성을 띠었다.38 무리디즘은 북캅카스 공동체의 영적 완전성을 의미하였다. 샤밀은 전통 관습법인 아다트를 폐지하는 데 총력을 기울인 대신 샤리아를 정착하고자 했으며, 샤리아를 신정국가에 걸맞게 변형한 형태인 '니잠'(NIzam, Низам)을 도입하여 실행했다. 니잠은 샤리아의 엄격한 율법을 바로 적용하지 않고 변형하여 활용된 법적 규범이었다.

둘째, 무리디즘의 가르침의 핵심은 '가자바트'였다. 가자바트는 샤밀 시대에 이교도의 완전한 멸절 혹은 무슬림으로의 개종을 의미했다. 이는 이교도에 반대하는 성전으로 발전했다. 지하드는 종교 전쟁의 절대성을 의미했으며, 배교자들을 응징하는 활동을 포함했다. 가자바트는 반러시아 전쟁의 이념적 무기요 산악 민족 결속의 기반이었다. 무리디즘의 주요 지지자는 무슬림 성직자, 귀족, 일반 평민까지 다양했다. 그러나 무리디즘을 부정적으로 바라보는 귀족 계급이 있었다. 통치 계급의 권한과 이익 측면에서 제한이 많았기 때문이다. 무리디즘은 북캅카스의 모든 지역에 광범위하게 확산되지 않았다. 이 이념은 체첸과 산악 다게스탄 지역에서 그 위용을 떨쳤다. 샤밀의 무리디즘 운동에 매우 비판적인 입장을 가진 바기로프는 무리디즘은 극단적인 종교성을 띠었으며 표면적으로 내세운 이념이 거룩한 전쟁이었다는 점을 강조했다.39

셋째, 샤밀이 무리디즘 운동의 대외적 형태인 지하드를 이끈 가장 강

---

38 Александр Ляховский, op. cit., 146.
39 М. Д. Багиров, "К вопросу о характере движения мюридизма и Шамиля," *Большеви к*, No. 13 (1950), 23.

력한 인물로 등장했다는 사실이다. 샤밀 활동에 대해서는 두 가지 양립되는 평가가 있다. 하나의 해석에 따르면 그의 행동은 러시아 차르 체제와 지역 봉건 영주들에 대한 투쟁이었으며, 그의 저항은 민주적, 진보적인 성격을 지녔다. 그러나 또 다른 관점에서는 그의 투쟁이 민족 해방과 자유를 위한 것이라기보다는 반동적인 운동이었다고 평가한다. 이는 지금까지도 논쟁점으로 남아 있다. 소련 공산당은 1950년 샤밀 운동의 평가에 대한 급진적인 수정을 요구했는데, 샤밀을 부정적으로 평가하는 기류가 강력히 등장했다. 그 이후로 논쟁은 가열되었고, 양립하는 평가와 관련된 여러 연구 업적이 있었다.[40]

러시아의 영토 확장을 비롯한 식민주의 통치를 수용하지 못한 현지 무슬림은 수피 종단과 연결되었다. 수피 종단 신자들의 숫자가 늘어나면서 샤밀은 정치적, 영적 신뢰성을 활용하고 이 체제를 상당 기간 유지하였다. 저항에 나선 거주민들은 셰이흐의 영적 지도와 보호를 추구하였다. 셰이흐는 이슬람 스승으로 제자들인 무리드를 이끌었던 영적 지도자요 종교적인 신성한 가치를 보호하는 역할을 하였다. 당시 북캅카스 평민들이 보여준 저항적인 행동, 생활 방식은 진정한 자기 선언이었다.[41] 추종자 입장에서 샤밀은 북캅카스 민족의 지도자였다. 샤밀은 매우 강력한 신념을 가진 훌륭한 인물로 수용되었다. 그러나 일부 러시아 학자의 입장에서 샤밀은 오스만 투르크의 심복에 불과했다. 오스만 투르크가 샤밀을 지원하면서 대러시아 저항을 지속하도록 도왔기 때문이었다. 러시아 사료에도 샤밀을 오스만 투르크의 '스따블레니끄'(ставлен

---

[40] Lowell R. Tillett, "Shamil and Muridism in Recent Soviet Historiography," *American Slavic and East European Review* vol. 20, No. 2 (1961), 253.

[41] Anna Zelkina, "Jihad in the name of God: Shaykh Shamil as the religious leader of the Caucasus," *Central Asian Survey* vol. 21, No. 3 (2002), 260.

ник, 앞잡이)로 표기하는 예가 많다. 지금도 캅카스 학자들은 샤밀 논쟁에서 신정국가는 무슬림의 황금의 역사적 시기로 해석하는 경향이 짙다.

넷째, 무리디즘은 러시아의 압박 정책에 대한 반작용으로 출현했다. 러시아가 소위 북캅카스 평화 정착 지역에서 거두는 인두세 그리고 다양한 형태의 조공 징수는 제국주의의 직접적 통치와 다를 바가 없었다. 그런데 차르에 충성하는 지역 봉건 영주가 자발적으로 거주민을 통치하면서 일반 평민들의 많은 불만을 야기했다. 봉건 영주는 식민 착취의 희생으로 지위를 유지하고 이득을 취했다.[42] 이런 상황에서 소수 민족의 러시아 투쟁은 의무처럼 인식되었다.

캅카스에서 군사령관으로 복무한 이들은 파스케비치(И. Ф. Паскевич), 골로빈(Е. А. Головин), 보론초프(М. С. Воронцов), 네이가르트(Е. А. Нейгардт), 바랴틴스키(А. И. Барятинский) 그리고 1850년대 이후 국방부 장관이 된 밀류친(Д. А. Милютин) 등이었다. 바랴틴스키 장군은 1859년 샤밀을 포로로 생포하던 당시에 최종 전쟁에 참여하였다. 캅카스에서 러시아군은 예르몰로프가 사령관으로 있을 때는 약 6만 명, 크림전쟁 이후에는 대폭 증원되어 약 10만 명이 있었다. 산악 민족은 식량 공급의 원활을 위해 공격시스템을 발동하여 전쟁 보급을 지속적으로 확보하였다. 그리고 그들은 공격 시에 실제로 러시아군을 포로로 생포했다.

5. 결론: 신정국가의 패퇴

러시아는 신정국가 창설을 보면서 이데올로기 차원에서 1840년대 중반 현지 성직자 교육을 더욱 강화해 나갔다. 차르의 충성스러운 심복

---

[42] 박태성, "러시아의 북카프카즈 병합과정과 의미," 「슬라브연구」 21-1 (2005), 127.

으로 현지 거주 성직자들을 교육하는 일이 중요하다고 판단했기 때문이다. 이를 위해 여덟 개의 학교가 캅카스 지역에 설립되었다. 러시아는 무슬림이 행할 주요한 종교 의무와 덕목을 정부에 대한 충성 맹세라고 간주했다. 정부는 교육 프로그램을 추진했으며 캅카스와 타타르스탄에 현지 출신 활동가들을 선임했다.[43]

1834년 샤밀 군대와 러시아 군대 간에 첫 번째의 전투가 벌어졌다. 샤밀은 이후에도 공격시스템을 활용하여 여러 군수품을 조달했다. 1834~1837년 샤밀의 군사 활동이 지속되면서 신정국가의 내부 질서가 형성되었다. 즉, 국가성을 확립해 나가면서 군대 능력을 키워나갔다. 한때 오스만 투르크와 영국이 샤밀 군대를 지원하는 일이 있었는데, 1842년 샤밀은 다게스탄의 핵심 요충지인 아바르 민족계의 거주지를 재점령하였다. 그리고 군사 요충지였던 체첸의 하라초야에서 러시아와 치열한 전투를 벌여 승리하고 이 지역을 방어했다. 1845년 봄 샤밀은 러시아 군대와 전투를 벌였다. 러시아 군대는 샤밀의 거주지인 다르고 지역을 집중 공격했지만, 장군 4명, 장교 168명, 사병 3,433명이 사망하면서 전투에 패배했다.

샤밀 군대는 주로 북동캅카스 지역에 교두보를 두었는데, 북서캅카스로 세력권 확장을 위해 오세티야와 카바르다 지역을 공격했다. 그러나 샤밀 군대의 열세로 이는 성취되지 못했다. 샤밀 군대도 연이은 전투로 매우 약해졌는데, 1847년 살트이 지역에서 러시아의 공격을 받고 큰 피해를 겪었다. 그러나 러시아도 약 1,200명의 사상자가 발생했다.[44] 1840년대 샤밀 군대의 세력은 가장 강력했으며 매우 큰 위력을

---

43 Н. А. Смирнов, *Мюридизм на Кавказе* (Москва: Академии Наук СССР, 1963), С. 97-98.

44 정세진, "러시아제국의 확장과 북카프카스: 이념, 정복 그리고 저항," 293.

발휘하여 일시적이긴 하지만 흑해 해안의 러시아 요새를 점령했다.

신정국가는 끝까지 강력한 권력을 밀고 나가지 못했다. 샤밀에 충성한 일부 영주와 부하 중에서 러시아 측과 개별적으로 협상을 추진하는 이들이 있었다. 이는 샤밀에 배반하는 행동이었다. 톨스토이의 중편 소설 『하지 무라트』의 실제 주인공인 하지 무라트는 러시아 측에 투항하고 합류했다. 신정국가 내에서 정치적 균열이 발생했다. 1853년 샤밀 군대는 다게스탄의 산악 지역으로 그 위세가 축소되었고, 1856년 크림 전쟁 종식 이후 샤밀 군대는 오스만 투르크로부터 군사 지원을 받지 못함으로 대러시아 저항의 군사적 동력을 상실했다.[45]

제정러시아는 캅카스 사령부의 군사력을 증대하였으며, 바랴틴스키가 캅카스 군사 사령관으로 부임했다. 그는 군대를 재편했으며 강력하고 결정적인 공격을 감행했다. 다게스탄의 일부 영주들은 반 샤밀 움직임을 보였으며, 러시아는 결정적으로 군사적 우위를 점했다.[46] 신정국가의 새로운 수도는 베데노(Ведено)였는데, 이 지역에서 벌어진 전투에서 샤밀 군대는 패배했다. 이후 샤밀은 다게스탄의 구니브(Гуниб) 마을로 후퇴했다. 샤밀은 1859년 8월 전투에서 포로가 되었다. 북동캅카스에서 벌어진 캅카스전쟁은 끝났고 샤밀의 항복으로 러시아의 실질적인 승리로 귀결되었다. 이후 북서캅카스 민족이 소규모로 저항을 지속하였지만, 1864년에 완전히 정복되었다.

러시아 정부는 전쟁 승리 이후 신정국가의 행정 시스템이 실제 유용하다는 사실을 인정하고 러시아 고유의 행정 체계에 이 시스템을 도입하고자 노력했다. 정부는 낙쉬반디야 수피 종단이 지니던 종교 권위를

---

45 *История России* XIX – *начала* XX *вв*, 150-151.
46 정세진, "러시아제국의 확장과 북카프카스: 이념, 정복 그리고 저항," 294.

박탈하고 추종자를 강압적으로 다루었다. 샤밀은 아다트 대신 샤리아 법률을 적용하고자 했는데, 러시아 정부는 샤리아를 폐지하고 러시아 법으로 대체하고자 노력했다. 정부가 수피즘 종단의 법적 기구를 제거하였지만, 수피 형제단의 시스템은 체첸과 다게스탄의 사회, 종교, 정치적 영향력 속으로 스며들었다. 그리고 무리디즘 네트워크가 조직되었다.47 강대국 러시아에 소수 민족이 승리한다는 것은 쉽지 않았고 캅카스전쟁의 패퇴로 북캅카스 소수 민족은 러시아에 역사적으로 점령당하게 되었다.

---

47 정세진, "러시아제국의 권력에 맞선 저항의 이데올로기 — 19세기 북카프카스의 이슬람 지도자인 이맘 샤밀의 활동을 중심으로," 87.

5장
19세기 북캅카스에서 지하드 투쟁만 있을까?
: 전쟁을 반대하는 '쿤타 하지'의 평화와 공존의 이념

1. 서론

샤밀의 저항 정신과는 다른 인물인 '셰이흐'(Sheikh, Шейх) 쿤타-하지 키쉬에프(Kunta-khadzhi Kishiev, Кунта-Хаджи кишиев, 1830~1867, 이하 '쿤타 하지'로 표기)라는 이슬람 지도자가 있었다. 셰이흐는 이슬람 스승을 일컬으며, 제자들을 영적, 정신적, 생활적인 부분까지 인도하고 제자들이 절대자를 향한 구도자의 길을 잘 갈 수 있도록 인도하는 의무를 가진다.

캅카스전쟁이 진행되던 때 쿤타 하지는 이슬람 수피즘 종단인 카디리야(Qadiriya, Кадирийя) 종단의 지도자였다. 그는 캅카스 거주민들에게 대러시아 군사 저항에 나서지 말고 전쟁이 아닌 평화를 선택해 러시아와 공존의 길을 모색하자고 주장했다. 그리고 러시아와의 군사적 대결은 아무런 의미가 없으며, 무슬림은 신에 대한 진리를 탐구하고 신이 제시한 믿음의 길을 걸어가야 한다고 촉구하였다. 그는 러시아의 현실적인 힘을 인정하고 무기를 내려놓고 화해의 정신으로 나아가야 하며, 절대적 진리를 가지고 있는 신의 길을 향해 나아가는 것이 무슬림의 가

장 기본적인 책무라고 강조했다. 쿤타 하지는 어떠한 상황에서도 전쟁이 아니라 평화와 공존의 길을 모색하는 것이 수피즘의 올바른 길이라고 설파하였다.

이런 관점에서 샤밀의 저항 정신과는 이질적인 쿤타 하지의 이슬람 정신과 그의 활동은 19세기 북캅카스를 이해하는 바로미터가 될 것이다. 즉, 러시아와 북캅카스의 군사적 상황, 국제 관계 그리고 외부의 다양한 요소에 초점을 맞추지 않고 쿤타 하지의 삶과 그의 이슬람 사상, 즉 수피즘 이념이 북캅카스 민족에 어떤 영향을 주었는지를 알아야만 19세기 북캅카스 상황을 제대로 이해하는 단초를 제공할 것이다.

북캅카스에서 수피즘은 신비주의적, 금욕적, 신을 향한 진리로서의 구도자적 자세와는 다른 경향을 보였다. 이 지역에서 수피즘은 저항의 수단으로 작용하였으며, 수피들은 단순히 신을 향한 구도자적 진리의 길만을 선택한 것이 아니었다. 즉, 수피즘은 신을 향한 무슬림의 믿음과 순수한 신비주의적 경향과 경건하고 신에게로 귀의하는 신앙이 강조되었다. 그러나 19세기 전반 러시아제국의 침략에 저항하여 군사적 방어를 펼침으로써 전혀 다른 이념적 특성을 보이는데, 당시 수피즘은 평등의 철학이 강조되면서 외부 점령자에 대항하는 동력으로 기능했다.

북캅카스 수피즘은 19세기에 급격히 세력을 확장하였다. 가장 광범위한 세력을 가지고 있었던 낙쉬반디야 종단은 처음에는 신비주의와 진리로서의 수피즘의 일반적인 경향을 추구하였지만, 제국의 침략에 맞서 이슬람을 항거의 수단으로 삼았다. 이슬람은 종교였지만 정치적 도구로 발전하였다. 거주민들은 이맘을 중심으로 단일한 전선을 펼치고자 하였다. 북캅카스에는 다양한 소수 민족 그룹이 거주하고 있었고, 체첸과 다게스탄 민족 그룹의 거주지에는 산악 지대가 많았다. 체첸에는 거의 단일 민족이 거주하고 있었지만, 다게스탄에는 산악 지대가 많아 다양한 소수 민족이 군거를 이루고 있었다.

5장에서는 샤밀 신정국가를 반대하고 이슬람 수피즘의 본질을 수호하고 러시아와 평화와 화해의 정신을 추구하였던 또 다른 이슬람 지도자인 쿤타 하지의 이념과 삶을 통해 이슬람의 다양한 본질을 서술할 것이다.

2. 저항 정신과 진리의 구도로서의 수피즘의 양면성

북캅카스에는 아다트가 통치의 도구로서 기능하고 있었는데, 아다트는 비법률적 관습법이고 일반 생활을 규정하는 법률적 시스템이었다.[1] 다게스탄을 비롯한 산악 지대는 이슬람 정착 이전에 관습법의 영향력이 매우 강했다. 아다트는 사회의 공동체성과 연관되어 있다. 공동체 사회는 동일한 사회적 환경 속에서 주요한 행동을 형성하면서 거주민의 조직적인 통합으로 구성되었다.[2] 이는 북캅카스 사회에도 동일한데, 지형상 산악 거주민이 많아 공동체성이 강조되었으며, 이 때문에 법률적, 비법률적 관습법이 사회 유지에 주요 역할을 하였다.

그러나 이슬람 지도자들이 등장하면서 관습법 통치보다는 수피즘이 강력히 전파되었으며, 소수 민족은 그 정신으로 투쟁의 단일성을 유지할 수 있었다. 낙쉬반디야 종단의 수피즘 이념에는 사회 참여가 가능하다는 신조가 있었다. 수피즘 이론의 한 축에는 이슬람 정신이 사회적 정의를 실천하기 위한 행동에 나서야 한다는 해석이 있었으며, 이런 신

---

[1] Ш. М. Казиев and И. В. Карпеев, *Повседневная жизнь. Горцев Северного Кавказа в XIX веке* (Москва: Молодая Гвардия, 2003), 142-143.

[2] Лия Меликишвили, *Открытые и закрытые типы культур этнических систем*; Адат, *Традиции и современность* (Тбилиси-Москва, 2003), 18.

캅카스전쟁 시기 이맘 샤밀과 그의 나이브

조가 지하드 정신으로 연결되었다.3 사회적 불의에 피동적인 자세로 있어서는 안 된다는 낙쉬반디야 종단의 지도자들과 추종자들은 이슬람은 전통적인 종교적 서열 및 기득권을 반대하는 문화적 요소라는 인식을 가졌다. 이들은 캅카스전쟁 시기에 지하드를 선포하였다. 상기에 언급했듯 이들은 소위 '나이브 무리드'(Наиб Мюрид)라고 불렸다.4

1783년 예카테리나 여제 시기 러시아는 크림 칸국에 대한 지배권을 가진 이후 북캅카스로 진출하면서 어떤 방해도 받지 않았지만,5 상황이 급변했다. 이슬람 교도가 러시아에 맞서기 시작한 것이다. 이들은 전쟁이 소수 민족을 구원하는 것이라 생각했고 이교도에 저항하는 정신이 이슬람의 최상의 가치라고 믿었다. 물론 수피즘 교의 자체가 이슬람 정신을 완전히 대변하는 것은 아니다. 그러나 그들은 슬라브인이 자신들

---

3 Anna Zelkina, "Jihad in the name of God: Shaykh Shamil as the religious leader of the Caucasus,"*Central Asian Survey* vol. 21, No. 3 (2002): 256-257.

4 *Северный Кавказ в составе Российской империй*, 120-121.

5 Shreen T. Hunter, *Islam in Russia. The Politics of Identity and Security* (Armonk, New York, London: M. E. Sharpe, 2004), 11.

의 땅으로 정복의 꿈, 정복의 이상을 가지고 침략했다고 판단했다. 부족 간, 씨족 간 경쟁하며 살아가던 거주민들도 투쟁의 조준점을 제정러시아에 맞추었다.

이에 반해 카디리야 수피즘 종단은 수피즘의 원칙인 신비주의, 금욕주의 그리고 절대자인 신에게로 향하는 신앙적 인식과 명상에 대해 더 많은 관심을 가지고 있었다. 수피즘이 캅카스에 본격적으로 전파된 1800년대 초기에는 카디리야 종단에 대한 선호도가 높았다. 그러나 러시아가 영토 확장에 나서면서 낙쉬반디야 종단의 무리드와 무슬림은 종교적 명상보다는 전투적 투쟁에 경도되기 시작되었으며 이슬람 정신으로 단결하였다. 샤밀은 3대 이맘의 위치에 올랐을 때 카디리야 종단의 예배를 금지하고자 했다. 그는 저항의 아이콘으로 이슬람을 활용했다. 그리고 북캅카스 민족을 이슬람이라는 단일한 정신적 가치 아래 두어야 한다는 의식을 강력히 가지고 있었다. 항쟁을 효율적으로 전개하기 위해서는 단결된 이념이 필요했다. 그러나 일반적으로 카디리야 종단은 지하드에 참여하지 않았다.[6]

특히 이 종단의 지도자인 쿤타 하지가 대러시아 투쟁을 선언하지 않고 공존과 평화라는 친러시아 행동을 펼치자, 샤밀은 쿤타 하지와 카디리야 종단을 강하게 비난하며 자신만이 예배, 설교 그리고 무슬림의 다양한 삶의 방식에 관한 유일한 이슬람 이론가라는 사실을 강조했다.[7] 샤밀은 쿤타 하지와 그 추종자들이 추구하는 이상을 받아들일 수 없었다. 그는 쿤타 하지가 순응적이며, 저항도 하지 않고, 군사적 투쟁에는

---

[6] Lesley Blanch, *The Sabres of Paradise: Conquest and Vengeance in the Caucasus* (London: TPP, 2009), 60-62.

[7] Алексей Малашенко, *Исламские ориентиры Северного Кавказа* (Москва: Гендальф 2001), 31.

전혀 관심이 없는 인물이라고 판단했고, 어떻게든지 살아남기 위한 방도를 찾고 있다고 간주했다.

샤밀은 쿤타 하지와 카디리야 종단은 신정국가 건설에도 크게 관심이 없고, 자신들의 생존에만 모든 신경이 집중되어 있으며, 가족이나 친족들의 삶을 보호하는 행위만 하고 있다고 비판했다. 샤밀은 쿤타 하지가 매우 이기적인 무슬림이며, 그를 따르는 무슬림들도 이기적인 사람들이라고 비난했다.[8] 샤밀은 이맘의 권위로 카디리야 종단의 예배를 금지하고자 했다.

3. 쿤타 하지와 카디리야 종단의 이슬람 정신과 평화의 가치

낙쉬반디야와 카디리야 종단의 특징

낙쉬반디야 종단은 신을 향한 교의와 믿음을 강조하던 카디리야 종단과 달리 외부의 적에 대한 투쟁의 가치를 더욱 소중히 여겼다. 쿤타 하지는 진리의 길, 신에게로 향하는 타라카 신앙의 영원성, 영적 구원을 추구했다. 러시아어로 Тарика로 표기되는 '타리카'는 진리를 향한 구도자적 길로, 신을 향해 진리의 길을 걸어간다는 의미로 쓰였다. 쿤타 하지의 종교적 가르침은 군사적 저항을 펼치던 무리드 세력을 제어하기는 어려웠다. 샤밀 추종자들이 광범위한 세력을 구축하였으며, 이들은 군사적 저항주의자들이었다. 샤밀과 낙쉬반디야 종단 지도자들은 러시아제국의 확장을 단호히 거부했다.[9] 낙쉬반디야 종단을 이끌면서 제자

---

8 Ibid.

쿤타 하지(출처: https://dzen.ru/a/Y1fCSEbKMgLOG0uv)

들을 저항의 길로 이끈 샤밀은 전격적으로 신정국가를 창설하였다. 그는 이탈리아의 가리발디와 함께 19세기 두 명의 대표적인 게릴라 지도자로 서구 사회에 알려져 있다. 샤밀의 삶과 투쟁은 서구 사회에 회자되었다.10 체첸인이 무리드의 핵심 전력을 구성했으며, 무리드는 샤밀 군대의 핵심 엘리트였다. 이들의 지원이 없었다면 샤밀은 장기간 러시아에 투쟁할 수 없었을 것이다.11

카디리야 종단은 타리카의 순수한 믿음의 길을 따라가며, 신에게 절대적으로 자신을 맡기고, 그 어떤 세속적 일에 빠져들지 아니하고 오로지 종교적 헌신과 열정을 가져야 한다는 것이 기본적인 입장이었다. 수피즘에는 두 가지 사상적 경향, 신비주의-금욕주의 경향과 정치적 경향이 있다. 신비주의 경향으로서의 수피즘은 진리 추구의 자기완성과

---

9 Л. А. Баширов, *Мюридизм история и современность* // Вопросы научного атеизма а. Вып. 39 (1989), 49.

10 Robert Seely, op. cit., 40.

11 Bülent Gökay, op. cit., 5.

무슬림 움마(공동체)에 소속된 모든 구성원의 평등을 추구한다. 현실의 세계와 싸우지 말고 신이 인간에게 부여한 삶에 몰두하며 러시아제국의 군사적 공격에도 맞서지 않아야 한다는 입장이다. "이슬람은 평화의 교의"라는 점이 강조되었다.

종단의 가입식은 아주 단순하다. 카디리야 종단은 가입을 원하는 사람에게 알라의 선택된 자로서의 성스러운 마음이 있는지를 묻고, 매일 다섯 번의 기도를 준수하는지를 확인하고, '샤하다'(shahada)를 100번 외우게 한다. 샤하다는 "알라 외에는 신이 없다. 마호메트는 알라의 사도이다"라는 구호. 입회자의 알라에 대한 헌신의 마음을 확인한 이후에 알라와 셰이흐 앞에서 맹세하면서 입회식을 마친다.

카디리야 종단이 예배 드릴 때는 노래와 춤이 동반되었다. 수피즘의 전형적인 '지크르'(Zikr, Зикр) 의식인데, 큰 소리로 신을 찬미하는 외침이었다. 종단 참여자들에게 매우 주요한 의식은 높은 목소리로 지크르를 외치는 일이다. 지크르는 자신과 사회의 삶에 여전히 남아 있는 죄악으로부터 스스로 정화하는 행위였다. 지크르를 통해 신 앞에서의 의무, 도덕적인 삶과 행위, 이슬람의 모든 계명 등을 성실히 준수하자는 동일한 감정을 가진다. 쿤타 하지는 지크르는 타리카 교의의 가장 높은 수준에 해당하는 예배 의식이라는 인식을 가지고 있었다. 지크르를 수행한 이후에는 기도문을 낭독했다. 쿤타 하지는 하루 다섯 번의 기도를 하고 난 이후와 명절 때 성지와 성묘 등에서 축제가 벌어지는 때는 지크르 의례를 항상 준수해야 한다는 점을 강조했다. 지크르는 공개된 장소에서 하며 모든 사람이 보는 데서 행해져야 하는데, 이는 더 많은 추종자를 얻기 위함이다.[12] 지크르는 신을 찬양하면서 원을 지어 춤을 추고 높은 목소

---

12 Халид, *Мюридизм в Чечне* (секты толка "кадирия" или "зикристы" //Революция и

리로 성가를 부르는 행위이며, 러시아에 대한 저항의 의미가 아니라 점진적으로 러시아에 대한 화해와 겸양의 행동으로 수용되었다.13

춤은 몸을 느리게 움직이면서 시작된다. 그리고 점점 빠른 움직임으로 원을 따라 시계 반대 방향으로 움직인다. 원형으로 춤을 추면서 노래로 찬양한다. 지크르는 천사들을 매개체로 하여 알라와의 직접적인 교통을 이루며 신을 찬양한다. 이들은 신비적이고 금욕적인 수피즘의 원칙을 따르면서 무슬림은 신과의 합일, '신에게로 향하는 길'을 추구해야 한다는 타리카 교의에 몰두하였다. 찬양의 주제는 다양하다. 위대한 성인이 행한 여러 가지 사건, 일반적 무슬림에 관한 주제, 신을 향한 찬양, 쿤타 하지를 향한 칭송 그리고 정의로운 칼리프였던 알리에 대한 찬양 등이다. 찬양 의식의 목적은 변화하는 세계와 자연을 기억하면서 신 앞에서의 의무, 도덕적인 삶과 행위 등을 신자들에게 요청하는 일 그리고 이슬람의 모든 계명 등을 성실히 준수하자는 희망을 표현하고 개인의 사상과 행동에 있어서의 정직성을 추구하였다.

스승인 셰이흐와 제자인 무리드의 관계

스승인 셰이흐와 제자인 무리드의 관계는 어떻게 정의되는가? 이를 통해 평화의 가치가 어떤 함의를 주는지 알아보기로 한다. 체첸 이슬람학자인 아카예프가 언급하고 있는데, 그는 수피즘의 원칙에 있어서 스승과 제자의 관계는 결정적인 중요성을 가지고 있다고 강조하였다.14

горец No. 9-10 (1930), 49.

13 Galina M. Yemelianova, *Russia and Islam. A Historical Survey* (New York: Palgrave, 2002), 54.

14 В. Х. Акаев, *Шейх Кунта-Хаджи Жизнь и учение* (Грозный: НИИГНЧР, 1994).

캅카스에 수피즘을 널리 퍼뜨린 쟈말-에딘(Джамал-Эдин)은 셰이흐와 무리드의 관계를 명확히 정의하였다. 제자는 정신적인 완전성에 도달하고 신에 대한 인식을 이루기 위해서 자신의 마음에 스승을 모셔야 하며, 스승을 매개체로 하여 신에 대한 인식을 가지기 전까지는 스승을 자신의 마음에서 보내지 말아야 한다는 것이다.15 스승은 매우 풍부한 영감의 원천을 소유한 자이며 제자의 심장에 영적 원칙과 감동을 전해주는 존재다. 그는 제자들이 영혼의 안식, 영혼의 완전성에 도달하도록 도와주는 역할을 가지고 있기 때문이다.

셰이흐는 매우 강력한 영적 권능을 지니고 있으며 단순히 신을 추종하는 일반인들과는 공통성이 많지 않다. 쿤타 하지는 이슬람 신앙의 가장 핵심적인 원칙을 제자인 무리드를 중심으로 여섯 가지로 상정한다.

첫째, 셰이흐와 무리드의 절대적이고 매우 강력히 결합된 관계다.
둘째, 무리드의 마음은 종속이 아닌 자유로운 상태가 되어야 한다.
셋째, 자신의 삶의 범주 내에서 무리드는 사람들과의 논쟁을 허락해서
 는 아니 된다. 그렇지 않다면 쓰라린 죄악을 범하게 된다.
넷째, 무리드는 사람들과의 정당한 관계를 이끌어 내야 한다.
다섯째, 무리드는 형제와 무슬림을 향한 악담을 허용해서는 아니 된다.
 무리드가 있는 면전에서 누군가에 의해 이러한 일이 발생한다
 면, 무리드는 즉시 비방을 논박해야 한다.
여섯째, 무리드는 자신의 셰이흐와 분쟁이 일어났을 경우 모든 사람으
 로부터 존경받고 있는 셰이흐를 스승으로 정할 의무를 가진다.

---

15 Адабуль-Марзия, *Правила достодолжных приличий. сочинение шейха Джамалу тдина казимумухского Сборник сведений о кавказских горцах (ССКГ)*. Вып. II (Тифлис, 1869), 42-43.

쿤타 하지에게 셰이흐는 무리드와 신의 사이에 있는 중개자이며 신의 절대적인 진리를 가르치는 존재다. 셰이흐는 러시아와의 평화와 공존의 가치를 가르치고 실천할 수 있는 인물이다. 무리드가 신에게로 가까이 갈 수 있는 조건은 코란과 순나를 엄격히 준수하고 셰이흐의 영적 권위의 길을 준수하며 따라가는 과정이 필수적이다. 누군가가 믿음의 길을 위배하고 오도된 신앙의 길을 따라가거나 잘못된 가치에 귀를 기울이는 무리드는 질책을 받아야 한다. 그래서 비도덕적인 행위를 경고하거나 제지하는 무리드는 높은 평가를 받아야 한다는 것이 쿤타 하지의 가르침이다.

무리드가 모든 이에게 무관심하고, 먹고 마시는 것을 좋아하고, 자신의 개인적인 삶에만 만족한다면, 그는 도덕적인 완성과는 관계없는 존재가 된다는 것이 쿤타 하지의 관점이었다. 무슬림은 신과 다른 사람에게로 향하는 진정한 사랑을 통해 최고의 정신적인 고양에 이를 수 있다. 만약에 무리드가 신, 선지자 그리고 셰이흐의 길에 가깝게 도달하기 위해 지속적으로 영적 진리를 알기를 원한다면, 신에 대한 경외감이 자신의 마음속으로 충만히 들어갈 수 있다. 그러나 권력 취득을 원한다면, 신, 선지자, 셰이흐로부터 멀어진다.[16] 무리드의 마음이 사람들에 대한 후회와 고통으로 가득 차 있다면, 그 마음은 자신보다 더 고상하고 신적인 믿음의 경지에 있는 사람들에게 불편함을 주며, 심지어는 아름답지 못한 행실로 변하게 된다.

쿤타 하지는 진정한 무리드는 다른 이들의 악에 대해 용서해 주는 무슬림으로 정의하며, 이런 태도를 가진 무리드를 매우 높게 평가하였다. 그들은 거룩한 행위를 하는 사람들을 통해 알라의 이름을 기억하며

---

16 Акаев, *Шейх Кунта-Хаджи Жизнь и учение*, 52.

악담하는 다른 이들을 위해 기도를 하는 진정한 제자다. 그러한 무리드가 진정한 신의 종이 된다. 신을 경외하는 이들은 평화의 진리를 깨우치는 사람이며 평화에 대한 인식은 셰이흐의 매우 중요한 영적 가치였다. 머리에 수건을 쓰고 싶은데 이러한 행위가 올바른 것인가에 대한 질문에 대해 쿤타 하지는 먼저 자신의 마음에 머리 수건을 묶고, 자신의 결함과 죄로부터 깨끗이 하고, 그 이후에 머리를 묶으라는 충고를 하였다. 제자는 마음의 청결함을 유지해야 한다는 것이 쿤타 하지의 가르침이었다.

쿤타 하지는 수피즘의 위대한 이론가인 아무-하미드 알-가잘리(al-Ghazali, 1058~1111)의 전언을 중요시하였다. 그는 청결한 마음을 위해서는 알-가잘리의 관점을 명확히 가져야 한다는 입장이었다. 즉, 청결한 마음의 소유자가 진리를 깨달을 수 있다는 것이다.17 그들은 예언자의 목소리를 들을 수 있다. 온전한 믿음을 가진 사람이라면 욕심과 멸시를 물리칠 수 있어야 한다. 만약 그렇지 못하다면 스승처럼 고양된 진리의 길에는 도달하지 못한다. 쿤타 하지는 무리드는 나이와 관계없이 모든 무슬림보다 더 뛰어난 믿음의 인식을 가져야 하고, 제자는 영적인 탁월함을 소유하면서 무엇보다도 죄악을 범하지 않아야 하며, 이는 진실한 무리드의 당연한 의무라고 강조했다.

4. 쿤타 하지의 정치적 경향: 화해와 공존의 가치

쿤타 하지는 이미 존재하던 기존의 정치적 질서에 반대했다. 그는 무슬림 율법인 샤리아 앞에서 모든 무슬림은 평등하다는 점을 주창했다.

---

17 Ал-Газали А. Х., *Воскрешение наук о вере* (Москва: Наука, 1990), 108.

선지자는 샤리아의 원칙을 설파해 왔으며 믿음의 길인 타리카를 가르쳐 왔다. 샤리아와 타리카는 무슬림 행위의 기본이다. 무함마드는 읽는 것도 글 쓰는 것도 하지 못했다. 쿤타 하지에 따르면 알라는 원하는 이에게 지혜를 주었으며 알라가 의도하는 대로 그 지혜를 허락해 왔다. 그러므로 이슬람 선생인 물라가 반드시 코란이나 책을 읽을 수 있는 사람만이 독점할 수 있는 직분이 아니라는 것이 쿤타 하지의 입장이다.18

쿤타 하지는 자신의 관점을 명확히 하면서 알라와 대면할 때 반드시 책이 필수적인 것은 아니라는 점을 분명히 했다. 수피들은 간접적으로 진리에 도달하는 것이 아니라 직접적으로 경험하고 진리대로 살아가는 모습이 더 중요하다는 것이 그의 가르침이었다. 타리카를 가르치는 셰이흐는 샤리아를 통해 신에게로 향하는 길로 나아갈 수 있다는 것이다.

그렇다면 수피즘을 추종하는 사람들에게는 왜 평화와 공존의 가치가 중요한가? 그는 무엇보다도 신에 대한 인식이 매우 중요하다는 점을 설파한다. 이는 절대적으로 신을 향한 사랑으로써 이루어진다. 절대적 진리를 깨닫는 사람은 다른 이들을 압박하지 않고 공격하지 않는다. 평화의 사도가 된다. 알라 추종자들은 신적 인식이 어떠한 기관을 통해 깨닫게 되는데, 그 매개체는 진심 어린 사랑을 통해 형성되는 신에 대한 직접적인 인식으로 구성되었다. 수피들을 위한 인식의 과정은 상상적이고 신비한 성격으로 진행된다. 신은 직감의 상상력에 의해 현현된다. 신에 대한 인식은 성스러운 의식에서 형성된다.

쿤타 하지는 만약 인식의 매개체가 무함마드의 순나에 의존하면서도 알라에 대한 올바른 인식이 결여되는 경우 절대적으로 성스럽게 될 수 없다고 간주했다. 그는 신에 대한 인식의 이성적인 기능을 직관적이

---

18 Акаев, *Шейх Кунта-Хаджи Жизнь и учение*, 53-54.

고 신비적인 것과 연결하여 파악했다. 누군가가 물질적인 풍요를 추구한다면, 그는 타리카의 길을 갈 수 없다. 이슬람 법규 준수와 물질 추구의 행위는 상호 합치될 수 없는 평행선이다. 왜냐하면 셰이흐 자신은 세상의 가치에 초연해 왔기 때문이다. 한 조각의 땅을 가지는 것보다 황금을 가진다고 더 기뻐해서는 안 된다. 황금을 잃어버렸다고 하는 경우에도 땅 한 조각을 상실한 것보다 더 많이 슬퍼할 필요가 없다.

쿤타 하지는 알 가잘리의 금욕주의가 매우 중요하다는 점을 여러 번 강조했다. 알 가잘리의 성과 이름은 '아부 하미드 무함마드 이븐 무함마드 알 가잘리'로, 무함마드 이후 가장 위대한 무슬림이며 신학자로 알려져 있다. 철학과 수피즘에서도 매우 중요한 인물이며 이슬람 신비주의자이다. 소유물로 기뻐해서는 안 되며, 상실로 슬퍼해서도 안 된다. 자신을 비난하든 아첨하든, 그 어느 쪽에도 무관심해야 하는 것이 금욕의 경지다. 금욕의 첫째 징후는 재산을 거부하는 행위이며, 둘째는 안락함을 거부하는 것, 셋째는 알라를 향한 사랑 그리고 알라와의 일체감이다. 금욕의 마음에서 세상으로의 집착에 하나의 발을 걸쳐놓고 그 발을 알라와의 일체감에 놓아둔다면, 그것은 금욕주의가 아니다.[19] 알 가잘리는 "순간적으로 당신조차도 지나가는 이 세상에 대해 당신이 슬퍼하지 않기 위해 그리고 당신을 찾아왔던 것에 기뻐하지 않기 위해 알라는 모든 거만한 자들을 좋아하지 않는다"라고 강조했다.[20]

순수하고 일반적인 무슬림에게는 쿤타 하지의 설교 자체가 수니파 종단 지도자들의 권위를 위협하는 행동처럼 보였다. 쿤타 하지를 반대하는 이들은 그의 설교 자체가 대중들에게 해악을 끼친다고 생각했다.

---

19 Ал-Газали, *Воскрешение наук о вере*, 201.
20 Ахмадов Ш. Б., *Имам Мансур* (Грозный: Книга, 1991), 74.

쿤타 하지(출처: https://grozniy.bezformata.com/listnews/kunta-hadzhi-vishel-daleko/80545 678/)

낙쉬반디야 종단에서는 이러한 이유로 쿤타 하지를 반대하고 그의 사상이 광범위하게 전파되지 않기를 원했다. 쿤타 하지는 캅카스전쟁의 참혹성과 잔인성에도 반대 입장을 분명히 가졌다. 러시아와의 전쟁 행위는 신에 대한 적대적인 일로 여겼으며 무엇보다도 무슬림의 가장 중요한 덕목은 순종, 거룩한 심성, 형제의 도움, 삶의 평화로운 원칙 등이라고 강조했다. 지크르 행위는 무슬림 세계에 있어서 반-지하드 분위기를 주는 행위처럼 받아들여졌다. 샤밀은 지크르 행위를 부정적으로 받아들였다. 이폴리토프는 샤밀은 카디리야 종단에서 주장하는 타리카 교의를 아주 엄격히 금지하였으며 쿤타 하지를 핍박하였다고 기록하였다.[21]

결론적으로 쿤타 하지의 입장에서 이러한 신적인 인식은 제정러시아와 관련해서 매우 연관성이 깊다. 즉, 신에 대한 인식은 사회적 공동체성의 선과 사랑을 실천하는 일로 발전되어야 한다. 이를 위해서 그의 가르침이 사회의 핵심 가치와 어떻게 부합하고 관련되어 있는지를 잘

---

21 А. П. Ипполитов, *Учение зикр и его последователи в Чечне и Аргунском округе*. ССКГ. – Вып. II. Раздел 2. Тифлис (1869), 2.

체첸 수도 그로즈니의 '체첸문화공전'(사진 제공: 김선래)

파악할 필요성이 있다. 가르침의 핵심 목표는 완전한 사회적 순응성이었다. 그는 민중들에게 현재 존재하는 질서와의 투쟁보다는 화해를 촉구했다. 즉, 군사적 충돌이 아니라 화해와 공존의 가치를 촉구했다. 그는 이 새로운 가르침을 중요시 여겼다. 알라 앞에서 모든 사람의 평등 이념을 매개체로 하여 다양한 사회 계층의 이익이 대변되어야 한다는 것이다.

화해는 종교적 기반을 가지고 추진되어야 했다. 그의 가르침은 초창기 칼리프 이슬람의 정치적, 사회적, 종교적 개념을 무슬림의 삶에 재현하는 노력의 일환으로 수용되었다. 그는 신과 믿는 사람 사이에서 중개자로서 셰이흐의 역할을 강조하고 전통적인 가르침을 따라야 한다는 점을 상기시켰다. 수피즘 사상에도 사회적 불의에 대항하는 신적인 가르침은 존재했다. 그러나 쿤타 하지에게 그 정신은 신을 향해 가는 전형적인 믿음의 길과는 배치되는 것이었다.

5. 쿤타 하지의 활동과 친러시아 담론

쿤타 하지는 이슬람 정통 칼리프 시기 이슬람의 기본 원칙에 대해 매우 큰 관심을 가지고 있었다.[22] 그는 10대 때 하지를 행했고, 수피즘을 받아들였으며, 카디리야 종단의 세 명의 셰이흐로부터 신앙 교육을 받았다.[23] 그는 영적 스승인 쟈말 에딘으로부터도 배웠다. 쟈말 에딘은 북캅카스 수피즘 역사의 주요 인물로, 쿤타 하지뿐만 아니라 러시아에 대항해 항전을 선포했던 가지 무하마드, 샤밀에 수피즘 교의를 전파하고 교육시킨 스승이다. 쟈말 에딘은 러시아에 저항하는 사회적 메시지로서의 수피즘 교의보다는 진리 추구와 자기완성으로서의 수피즘 사상에 경도되어 있었고, 쿤타 하지도 그 입장을 추종하였다. 쿤타 하지는 신앙 교육을 받은 직후 타리카 교의를 중심으로 하는 종단 활동을 시작했다.

쿤타 하지는 카디리야 종단 지부를 세웠다. 체첸, 잉구셰티아, 서다게스탄에서 조직한 종단 세력은 점진적으로 확산되었다. 1847년 5월 그는 수피즘을 포교하기 위해 잉구셰티아로 갔다. 스타니챠 아시노프스카야 지역에서 활동을 시작한 그는 잉구쉬 민족에 수피즘을 전파하면서 카디리야 종단 세력을 확장했다. 그해 7월 11일 산에서 3일 밤낮을 기도로 보내며 매우 경건한 기도를 드렸는데, 그때부터 "산정의 기도자"라는 별명을 얻었다. 현재 이 장소는 희생 제물을 드리는 장소인 동시에 기도의 장소로 알려져 있다.[24] 쿤타 하지는 잉구셰티아 이외에도

---

22 М. Агларов, *Андийцы* (Махачкала, 2002), 120.
23 А. К. Аликберов, *Эпоха классического ислама на Кавказе* (Москва: Восточная литература, 2003), 686.
24 Julietta Meskhidze, "Shaykh Batal Hajji from Surkhokhi: towards the history of Islam in

다게스탄과 체첸에서 활동하였다. 그는 다게스탄의 쿠믹계 출신이라 다게스탄에서 주로 활동해야 했지만, 체첸에서 포교 활동을 더 적극적으로 추진했다.

러시아제국의 침략에 맞서 모든 이가 성전에 참여한 것은 아니었다. 쿤타 하지는 지하드에 참여하지 않았고, 이를 거부했다. 체첸의 많은 무슬림도 명상적인 카디리야 종단의 타리카에 대한 선호도가 높았다. 쿤타 하지는 사회적 수동성과 영적인 자기완성을 주창했다.[25] 그의 가르침에는 이슬람의 가장 큰 종파인 순니 종단이 아닌 쉬아 종단의 가르침을 인용하는 경우가 많았는데, 쉬아 종파를 탄생시킨 칼리프인 알리에 대한 회상을 설교와 이슬람 신앙 교육 도중에 빈번히 인용하였다.

쿤타 하지가 추구한 수피즘은 절대 진리와 신에게로의 귀의를 목표로 현존 질서를 그대로 수용해야 한다는 입장이었다. 러시아의 지배를 현실적으로 수용하자는 것이다. 평화롭고 순수한 종교적 믿음을 설파하고 화해로 공존의 길을 모색해야 한다는 관점이었다. 샤밀만큼 강력한 권위를 가지지 못했지만, 쿤타 하지의 입장은 명료했다. 일반 무슬림 교도들은 그의 설교에 감명을 받았고, 그가 추구한 삶을 따르고자 했다. 민중들은 고통 속에서도 미래를 향한 믿음을 가지기 위해 애썼고, 그의 설교를 통해 정신적인 고통을 위로받고자 했다. 그의 설교는 입에서 입으로 사람들에게 전해졌으며 아주 먼 마을에서도 그의 명성이 알려졌다.

쿤타 하지는 매우 검소하게 살았으며 수피들처럼 아주 허름한 옷을 입고 다녔다. 그의 권위는 이슬람 선생, 즉 물라의 신분이 아니었다는 사실 때문에 무슬림으로부터 더 큰 인정을 받은 경향이 있었다. 그의

Ingushetia," *Central Asian Survey* vol. 25, No. 1-2 (2006), 181.
25 Robert W. Schaefer, *The Insurgency in Chechnya and the North Caucasus from Gazabat to Jihad* (Santa Barbara, Denver, Oxford: Praeger, 2011), 69-71.

레르몬토프박물관, 19세기 체첸 군인 의복(필자 촬영)

종교적 신비주의는 일반인들에게 매력적으로 다가왔고 어떤 종교적 능력이 감추어져 있었던 것처럼 보였다.[26] 그의 가르침은 체첸을 포함한 북캅카스 사회에 큰 반향을 일으키고 영향력을 발휘했으며, 특히 체첸보다도 훨씬 러시아에 대한 저항 세력이 약한 잉구쉬 민족에게 그 사상은 강력히 스며들었다. 그는 무슬림이라면 걸어가야 할 신앙의 길인 타리카 교의를 통해 잉구쉬 민족이 샤리아를 채택하도록 하였으며, 많은 거주민이 무슬림이 되었다.

잉구쉬 민족은 지하드에 적극적으로 참여하지 않았다. 이들은 순수

---

26 Ibid.

한 이슬람 자체를 추구하던 쿤타 하지의 신앙에 감복하였다.27 샤리아 자체를 순수하게 따르고자 하였다. 샤리아는 이슬람 법률 체계이며 무슬림 삶의 가장 기본적인 토대이자 삶의 법률로, 무슬림이 실수를 범하지 않도록 경고한다. 샤리아의 첫 번째의 근간은 코란, 두 번째의 토대는 하디스와 순나다.28 쿤타 하지는 이슬람 이념에 중대한 영향을 끼치게 되었다. 그는 무슬림 사이에 존재하는 적의(敵意)를 수용하지 않았다. 당시 물라의 공식적인 입장은 대러시아 군사 투쟁이었으나, 쿤타 하지는 도덕적-종교적 세계관을 가지고 전쟁의 전선에서 물러나야 한다는 입장을 고수하였다. 그에게 순종의 이념은 상호 존중과 상호 원조였다.

캅카스전쟁에 대한 쿤타 하지의 관점

캅카스전쟁을 치르면서 북캅카스 민족은 많은 희생을 겪었다. 특히 1850년대 들어 러시아는 강력한 군사력을 행사하였으며 점차적으로 무슬림의 저항은 약화되었다. 전쟁의 종식을 바라는 민중들도 늘어났다. 일부 지도자들은 전쟁 종식 이후의 출구 전략을 마련하지 않을 수 없었다. 쿤타 하지는 캅카스전쟁은 신에게 이익이 되지 않으며 모든 무슬림 교도는 이슬람 신앙을 가진 형제들과 더불어 자신의 운명을 신에게 위탁해야 한다고 강조했다. 이슬람은 저항의 교의로 활용되어서는 안 되며 무슬림 교도는 신과의 합일, 신에 대한 복종 그리고 예배 그 자체에 집중해야 한다는 입장을 피력했다.29 쿤타 하지는 전쟁으로 고통

---

27 А. А. Саламов, *Правда о святых местах в Чечено-Ингушетии. Сб. статей Чечено-Ингушеского НИИ при Совете Министров ЧИ АССР* (Грозный, 1964), 161.
28 Г. М. Керимов, Шариат, *Закон жизни мусульман. Ответы Шариата на проблемы современности* (Москва: Диля, 2007), 10.

받는 불행한 민중들을 돕고 이해하는 것이 신앙 본질의 우선이라고 간주했다. 즉, 민중들의 운명은 신에게 의탁되어야 하며 러시아로부터 받은 불행과 고통도 어루만져주어야 한다는 점을 매우 중시했다. 20세기 말 체첸전쟁 시기에도 이를 적용해서 해석할 수 있는데, 친러시아 경향의 체첸인은 체첸전쟁이 발생하였을 때 러시아와의 전투를 자제할 수밖에 없었다. 그들은 국가 독립을 획득하는 것에는 그다지 큰 관심이 없었다.

쿤타 하지는 제자에게 다음과 같이 말했다.[30]

만약에 나의 말을 받아들이지 않는다면, 마지막 날에 벌을 받을 것이다. 현실은 모든 것이고, 현실의 삶은 부패하는 것이며, 눈 깜짝할 사이에 지나간다. 하나의 삶이 지나가지만, 미래는 영원하다. 그러므로 사람들은 마음을 다하여 신에게 기도해야 한다. 심판의 날이 가까이 다가왔기 때문이다.

쿤타 하지는 메카에서 돌아온 직후에 다음과 같이 설교했다.[31]

형제들이여, 차르의 권력은 우리들이 거주하는 땅에서 강력히 강화되고 있다. 나는 우리를 해방하기 위해 오스만 투르크의 군대가 온다는 것을 믿지 않는다. 술탄이 러시아의 압제로부터 우리를 자유롭게 한다는 희망을 신뢰하지 않는다. 술탄 자신은 다른 아랍의 통치자들처럼 압

---

29 А. Авксентьев, *Ислам на Севреном Кавказе* (Ставропол, 1984), 132.
30 Х.Б. Мамлеев, *Как подготовить и провести занятие по теме мюридизм в Чечено-Ингушетия и его реакционная роль* (Гроный, 1974), 14.
31 Халид, op. cit., 61.

제자일 뿐이다. 내가 이 모든 것을 목격하고 있다. 나를 믿어라. 러시아에 전면적으로 저항하는 것은 신에게도 바람직하지 않은 일이다.

이 연설을 통해 쿤타 하지는 육체적으로 아주 소진된 민중들의 사회적, 도덕적 상태와 삶의 어려운 상황에 관심을 돌렸다. 그는 민중들의 운명을 동정하였으며 러시아에 대한 전면적인 투쟁은 완전한 파멸에 이르게 될 것이라고 경고했다. 즉, 역사적 상황을 직시하면서 강대국인 러시아에 대한 순종 혹은 복종의 길을 선택했다. 그러나 그의 연설을 자세히 들여다보면, 쿤타 하지의 순종은 일종의 임계점이 존재했다. 그가 러시아에 완전한 복종의 자세만 가졌던 것은 아니었다. 만약 러시아가 여성들의 명예를 더럽히거나 산악 민족의 언어, 관습을 강제적 방식으로 제어한다면, 바로 그때까지만 순종의 자세를 가진다는 것이 그의 생각이다. 기본적으로 그는 전쟁을 비난하였으며 전쟁 중단을 요구하면서 전쟁을 불사한 무리디즘의 이념과는 대치되는 입장을 명확히 가졌다. 가장 중요한 차이점은 군사 항쟁의 유무에 있었다. 그의 결정적 가르침은 순종이라는 종교 철학이었다.

쿤타 하지는 빈곤한 이들의 마음에 이슬람 가치를 심어주면서 지속적으로 삶의 빈한한 모습들을 추구했는데, 제자들로부터 필요한 물품들을 받지 않았다. 그런데 이후 많은 이슬람 학자들은 쿤타 하지의 외양적인 행위에 대해 속임수라고 평가절하하고 이런 모습은 일종의 나쁜 의도로 자행되었다고 비판했다. 그러나 19세기 이슬람 연구 학자들은 쿤타 하지의 금욕주의가 어떠한 인기를 획득하기 위한 허영심 많은 행위는 아니었다는 입장을 견지했다.[32]

---

[32] Ислам, *Краткий словарь. 2-е издание дополненное* (Москва: Наука, 1986), 134-135.

쿤타 하지는 체첸인의 영적 삶에 있어 특별한 위치를 차지하므로 그에 대한 구전 노래가 많았다. 추종자들은 그가 천상의 행위를 하고 있다고 평가했으며 무슬림 제자들을 내세의 삶으로 인도하는 역할을 끝까지 잘 감당했다고 주장했다. 쿤타 하지는 캅카스전쟁의 종결 이전에 모스크바로 갔고 그곳에서 몇 년을 지냈다. 그리고 자신의 추종자들에게 편지를 통하거나 구두로 메시지를 전달했다. 1859년 샤밀은 러시아 군대에 항복했고 포로가 되었다. 당시 아랍에 있던 쿤타 하지도 바로 캅카스로 돌아왔다. 점차 쿤타 하지 추종자들의 세력이 확대되기 시작했다.33

6. 캅카스전쟁 이후 쿤타 하지의 삶과 활동

캅카스전쟁은 공식적으로 1864년에 끝났다. 1859년은 이맘 샤밀이 러시아와의 전쟁에서 패배하고 포로로 잡힌 해였고, 이로써 전쟁은 막바지에 접어들었다. 1859년부터 1864년까지 체첸과 다게스탄을 제외한 북서캅카스에서 저항의 움직임이 산발적으로 진행되었다. 전쟁 이후에도 무리디즘을 추구한 무슬림은 여전히 남아 있었지만, 대부분의 마을에는 쿤타 하지 추종자들이 있었고, 이들을 중심으로 경건하고 신비주의적인 수피즘 예배가 이루어졌다. 체첸의 모든 지역은 구역별로 구분되어 있었고 종교-정치 구성체로 분할된 체제였다. 추종자들은 러시아인과 평화와 공존을 추구하며 이슬람의 평화로운 교의를 설파하는 데 애썼다. 그러나 여전히 군사 투쟁을 통해 러시아에 맞서야 한다는 수피 그룹들도 존재했다. 그들은 지속적으로 지하드를 주장했으며 정

---

33 Халид, op. cit., 50.

치적 목적을 가지고 행동했다. 쿤타 하지의 추종자 중 책임자를 러시아어로 '타마드'(тамад)라고 하는데, 타마드는 신분적으로 더 높은 위치에 있는 '베킬'에 종속되어 있었고, 서로 매우 헌신적인 자세로 연결되어 있었다. 타마드는 자신의 휘하에 뚜르크흐를 두었는데, 그들은 책임자의 명령을 마을 사람들에게 전달하는 역할을 하였다.

전쟁 이후 쿤타 하지의 추종자들은 급증하였다. 반면 1860~1870년대 정치적 경향을 가진 무리디즘, 즉 낙쉬반디야 수피즘의 전투적 모습은 약화되었다. 낙쉬반디야 종단에 속한 수천 명의 전쟁 참여자는 시베리아로 강제이주되었고, 수십만 명에 달하는 북캅카스 거주민은 오스만 제국으로 전격 이주하였다. 일부 은둔하며 세력을 키우고 있던 잔존한 낙쉬반디야 종단도 차르 비밀경찰의 활동으로 세력이 급격히 약화되었다. 살아남은 무리드들은 캅카스전쟁과 연관되지 않은 타리카 종단으로 소속을 변경하거나 산악 지역으로 숨어 은거하였다.

그로즈니 이슬람 모스크(사진 제공: 김선래)

일부 낙쉬반디야 그룹은 쿤타 하지의 카디리야 종단에 가입하였고, 이 종단은 가장 큰 수피 종단으로 부상하였다.34 다게스탄의 낙쉬반디야 그룹은 지하로 숨어들었고, 일부 낙쉬반디야 종단 후손들은 다른 북캅카스 지역으로 도주하였다. 수피 종단 추종자들의 수는 1860년대에 꾸준히 증가하였고, 체첸의 쿤타 하지 추종자들도 약 6,000명 이상을 헤아렸으며 많은 이들이 여성이었다.35 러시아 정부는 정부 통제 밖에 있는 수피 종단의 지역 공동체를 인정하지 않았다.

쿤타 하지는 1862년에 메카를 방문하여 동방의 신비주의 철학자들과 학자들을 만나 강렬한 인상을 받았다. 그는 동방의 신비주의를 통해 자신의 영적인 방향성을 긍정적으로 사고하였으며 지크르 등 수피즘의 인식과 신에게로 향하는 신비주의적 종교성에 대한 나름의 확신을 가졌다. 쿤타 하지의 세력이 점점 증가함에 따라 테레크 유역의 총독 사령관인 스뱌토폴크 미르스키는 1862년에 그의 활동을 주시하면서 쿤타 하지와 그 추종자들을 압박하는 정책을 추진했다. 쿤타 하지와 가족은 러시아 정부의 감시하에 있었다. 1864년 1월 3일 쿤타 하지는 북캅카스의 새로운 총독 사령관인 로리스-멜리코프에 의해 아르군 지역에서 체포되었다.36

그는 북오세티야의 수도인 블라디캅카스에서 수감된 이후 노보체르카스크로 이송되었다. 특별 감시를 받았으며, 이후 노브고로드로 수감되었다. 쿤타 하지는 일명 "성스러운 편지"라고 불린 편지를 추종자들

---

34 Акаев, *Шейх Кунта-Хаджи Жизнь и учение*, 35, 42.
35 Galina M. Yemelianova, *Russia and Islam. A Historical Survey* (New York: Palgrave, 2002), 54.
36 Julietta, "Shaykh Batal Hajji from Surkhokhi: towards the history of Islam in Ingushetia," 181-182.

에게 남겼다. 그는 수감 도중 기적을 많이 베푼 것으로 전해지고 있으며, 사망 이후에도 죽지 않았다는 소문이 퍼지고 물 위로 걸어가는 신비한 체험을 했다는 설도 있었다.37 체첸이 아닌 다른 곳에 수감되었기 때문에 추종자들은 러시아 정부에 석방을 청원하고 그가 체첸으로 돌아올 수 있도록 희망했지만, 정부는 요청을 수용하지 않았다.

쿤타 하지의 체포 이후 카디리야 종단도 분열되기 시작했다. 플리예보 마을에서는 후세인 하지(Huseyn Hajji), 나시르-코르트 지역에서는 하이르베그 하지(Hayrbeg Hajji), 수르코키에서는 바탈 하지(Batal Hajji) 등이 지부를 이끌었다. 바탈 하지는 원래 쿤타 하지의 추종자였지만, 1864년 쿤타 하지가 노브고로드로 유형을 떠난 이후 독립성을 가지고 수피즘을 전파하기 시작했고, 자신이 설립한 종파를 운영하였으며, 결국 쿤타 하지의 종단에서 이탈하였다. 하지만 여전히 많은 수피즘 추종자들은 쿤타 하지의 전통성을 따랐으며 그 가르침을 열성적으로 따랐다.

이후 카디리야 종단은 분화 과정을 겪었으며 고유의 지크르와 이슬람 의식 등을 행했다. 카디리야 종단에서는 체첸 출신의 바마트 기레이 하지(Bammat Girey Hajji)가 이끄는 종파가 가장 큰 단체였다.38 그의 종파에는 특히 잉구쉬 민중들이 많이 참여했으며 민중의 연합, 관습과 전통의 유지, 민족 문화의 특수성을 유지했다. 잉구쉬 민족의 사회적, 종교적 삶에 있어 카디리야 종단은 눈에 띄는 활약을 펼쳤다. 체첸 수피즘은 카디리야 종단의 의식적이고 전통적인 관습을 완성했지만, 영적, 도덕적, 신비주의적 자기완성을 위해 엄청난 노력을 해 온 쿤타 하지의 영성을 충분히 이어오지는 못했다.

---

37 Акаев, op. cit., 200.
38 Julietta, op. cit., 182.

쿤타 하지 종파는 오늘날 체첸에서 가장 강력한 추종자들을 가지고 있다. 현재 쿤타 하지의 추종자들은 수피즘 계명을 자주 어기고 있다. 쿤타 하지의 삶에서 가장 중요한 부분은 빈곤한 자, 고아, 과부 등에게 구원의 은혜를 베푸는 것인데, 현대 체첸 사회에서 많은 추종자들은 그의 선한 행동을 모범으로 삼고 있으며 쿤타 하지의 이상을 이해하고 있다. 체첸과 잉구쉬 민족 등 바이나흐 민족계에서 이슬람을 영적, 도덕적, 정신적 삶의 표본으로 삼고자 노력하는 것은 산악 민족이 전통적으로 지키고자 했던 아다트와의 충돌을 야기하였다. 샤리아와 아다트의 충돌은 18세기 후반에서 19세기 50년대까지 지속적으로 이루어져 왔다. 그 결과로 이슬람은 민족적 특성으로 발전한 측면이 있다. 19세기 말~20세기 초 다게스탄에서는 체첸어로 115권의 저술이 출판되었는데, 이는 매우 특이한 현상이었다. 당시에는 대부분 아랍어로 저술되었는데, 이 체첸어 저술은 아랍어, 페르시아어로 된 종교 서적으로 출간되었다. 또한 수피즘을 다룬 역사·문학책이 출간되었다. 바이나흐 민족의 민족 문화 형성에는 쿤타 하지의 삶이 큰 영향력을 미쳤다. 그는 지역의 역사적, 문화적, 종교적 전통뿐만 아니라 수피즘 전파 운동에도 지대한 업적을 남겼다.

쿤타 하지의 평화와 공존의 메시지에도 불구하고 러시아는 쿤타 하지를 체포했으며, 이 사건으로 추종자들과 러시아 군대 사이에 군사 충돌이 일어났다. 쿤타 하지 측은 샬리 마을에서 투마노프를 사령관으로 러시아 군대에 맞섰으나, 전쟁 장비도 제대로 갖추지 못한 상태로 신의 도움만 구하는 상황에 있었는데, 100명 이상의 무리드가 전사하며 결국 전투에서 패배하였다.[39] 쿤타 하지는 1867년 유형 중에 사망하였는

---

39 Авксентьев, op. cit., 133.

데, 이후 체첸과 잉구쉬 민족의 카디리야 종단 세력은 더 많이 확산되었다. 러시아는 북캅카스에 대한 완전한 지배권을 정립하는 데 성공하였다. 1877~1878년에 일단의 지하드를 주창하던 세력이 반란을 일으켰지만 제압당했다.[40] 카디리야 종단은 공식적으로 러시아의 통치를 인정하였다. 이러한 입장으로 카디리야 종단에 소속된 이슬람 재판관, 이슬람 선생, 성직자들은 제정러시아의 비호하에 활동을 이어갈 수 있었다.[41]

7. 결론: 쿤타 하지 수피 교의의 확산과 이유

캅카스전쟁 당시의 시대적 상황은 침략자인 러시아에 맞서 저항해야 한다는 이슬람 군사주의자의 입장이 강하게 전파되어 있었고, 그것이 이상적인 무슬림의 모습으로 수용되었다. 쿤타 하지와 추종자들이 신과의 합일을 강조하는 타리카 교의에 몰두하고 공존의 길을 선택하자, 낙쉬반디야 종단 지도자들은 쿤타 하지를 부정적으로 대했다. 그들은 쿤타 하지가 고유한 이슬람 원칙에 위배하는 사상을 설파하고 있다고 비난했다. 그리고 카디리야 종단이 지크르 행위를 매우 중요한 의식으로 강조하는 것과는 반대로 순니 종단 지도자들은 이를 중단하라고 요구했다.

지크르는 수피즘 예배 시 매우 중요한 영적 행위다. 그런데 이슬람

---

[40] Alexandre Bennigsen and Enders S. Wimbush, *Mystics and Commissars: Sufism in the Soviet Union* (London: C. Hurst, 1985), 10; С. Прозоров, *Ислам на территории бывшей Российской Империй* (Москва: Восточная Литература, 1998), 61-62.

[41] Interview with Shamyl Beno, a Naqshbandii and a Moscow representative of the government of Chechnya, Moscow, 24 April 2000.

성직자들은 이러한 행위가 이슬람법에 위배된다고 간주했다. 그러나 쿤타 하지는 자신이 추구하는 이슬람 정신은 순니 이슬람 사상과는 근본적인 차이가 없다는 점을 강조했다. 그는 모든 이슬람 도그마와 의식을 인정하고 있으며 종교적 열의를 가지고 공식적 예배를 인도한다는 입장을 피력했다. 쿤타 하지는 지크르가 타리카 교의의 가장 높은 수준에 해당하는 예배 의식이라는 관점을 가졌다. 그의 이러한 태도는 당시 순니 이슬람 성직자들과 사상가들을 놀라게 하였다.

쿤타 하지의 가르침이 북캅카스에 널리 전파된 이유

그렇다면 쿤타 하지의 가르침이 북캅카스 지역에 널리 전파될 수 있었던 이유는 무엇일까?

첫째, 쿤타 하지의 교의가 일반 민중들에게 수용된 이유는 러시아의 매우 혹독한 탄압에 기인했다. 러시아는 매우 무자비한 방식의 토벌 작전을 펼쳤다. 러시아 군대는 마을을 불태웠으며, 군대가 진격할 수 있도록 숲의 관목들을 제거하고 도로를 새로 만드는 등 전쟁에 유리한 잔인한 방식을 동원했다.[42] 러시아의 행동은 주민들의 저항을 강하게 불러일으켰고, 강력한 진압 방식으로 거주민의 삶은 피폐해졌다. 러시아는 군대 원정을 자주 단행하였으며 작전 도중에 거주민들을 살해하는 일도 서슴지 않았다. 민중들은 캅카스전쟁이 장기화되면서 지쳐갔다.

둘째, 성전을 선포한 샤밀이 전쟁을 치르면서 보여준 행태가 일반 주민들에게 완전히 수용된 것은 아니었다. 행정권, 사법권 그리고 종교적

---

42 Firouzen Mostashari, *On the Religious Frontier. Tsarist Russia and Islam in the Caucasus* (London, New York: I. B. Tauris, 2006), 9-22.

영역에 있어서도 독재적 권력을 가졌던 샤밀의 행동은 많은 민중들의 반발을 불러일으켰다. 샤밀의 존재가 워낙 컸기 때문에 전체 민중이 그로부터 이탈한 것은 아니지만, 전쟁이 장기화되면서 샤밀의 영향권에서 이탈하는 민중의 수도 급증했다. 이는 캅카스전쟁이 러시아의 승리로 종결된 하나의 원인이 되었다. 제정러시아의 군대가 다게스탄으로 들어가기 위해서는 체첸을 경유해야만 한다. 체첸은 다게스탄으로 식량을 공급하는 주요 요충지인데, 체첸으로부터 식량을 봉쇄한다면 다게스탄 거주민들은 기아에 빠질 우려가 있었다. 샤밀은 이러한 지리적인 이유로 인해 캅카스전쟁 후반부에는 12년 동안 체첸 지역을 거주지로 삼았으며, 특히 체첸의 베데노는 신정국가의 핵심 도시가 되었다. 점차 민중들은 쿤타 하지의 가르침을 경청하기 시작했다.

셋째, 쿤타 하지의 가르침은 러시아인과의 평화를 호소하는 결과로 이어졌으며, 이는 전쟁 후반기에 민중들에게 실제적이고 현실적인 방안으로 수용되었다. 특히 수피즘 교의 자체가 무슬림이 따라야 할 모범으로 각인되었으며 절대적인 선과 진리 그리고 무슬림으로서의 기본적인 신앙의 책무를 실천하는 것이 가장 중요하다는 인식이 확산됨으로써 종교적 성찰에 대한 관심이 급증하였다. 쿤타 하지는 무리드는 이슬람의 모든 명령을 성스럽게 준수해야 한다는 점을 강조하였다. 무리드는 다른 민족이나 부족이 어떠한 종교를 믿고 있다고 하더라도 적의 있게 대해서는 안 된다는 점을 여러 번 언급하며 상대적으로 매우 강력한 적수와 전쟁을 벌이는 것은 타리카 가르침에 전적으로 위배된다고 주장했다. 그는 자신의 사후 어떤 공식적 후계자를 남기지 않겠다는 점을 분명히 하였으며 자신의 가르침으로부터 일부 사람들이 물질적 이득을 얻는 것을 경계하였다. 실제로 쿤타 하지가 죽은 이후 추종자 중의 일부는 자신의 세력을 형성하면서 가르침의 본질에서 벗어나는 행동을 취했다.

넷째, 당시 사회-경제적 환경이 매우 열악했는데, 쿤타 하지의 가르침에는 사회공동체성에 유익한 영향을 미치는 부분이 있었으며, 이런 이유로 카디리야 종단의 교의가 확산된 측면이 있었다. 정의 실천은 과부, 고아들과 같은 사회적 약자를 도와주고 지원하는 일이었으며, 이는 신앙적 가르침의 기본으로 수용되었다. 쿤타 하지는 과부와 고아들을 위해 토지 개간을 도와줄 것을 호소하였으며, 다양한 농업 도구를 가지고 노동력을 투자하여 농사 개간을 지원할 것을 요청했다. 그는 무슬림 제자도를 실천하는 무리드는 농업 경작이나 가축 목축 등을 위해 동원되어야 한다고 주장했다. 봄과 가을의 농번기 때 경작과 수확 이전에 회합하고, 어떻게 하면 과부와 고아들을 잘 보살펴 줄 수 있는지, 경작 과정에서 그들을 어떻게 지원해 줄 수 있는지를 논의해야 한다는 것이다.

금욕주의를 철저히 준수한 쿤타 하지

그는 사람이 권력의 정점에 서 있으면 타락할 가능성이 높기 때문에 온전한 무리드는 절대로 권력을 쟁취하지 말 것을 당부했다. 남자들은 당연히 인간적으로 여성들을 대해야 하며, 남자들은 서로를 형제로, 여성들은 자매라고 부르면서 사랑의 공동체성이 실천되어야 한다는 것이 그의 입장이었다. 결혼할 때 남성은 여성의 집안에 과도한 지참금을 요구하지 말 것을 당부하였다. 그의 가르침에는 식사와 생활 등 일반적인 생활에서의 검소함을 유지해야 한다는 부분도 있었다. 금연과 금주가 평소 지론이었다. 캅카스전쟁 이후 쿤타 하지 운동의 광범위한 확산에는 지역의 경제적인 어려움도 한몫하였다. 쿤타 하지는 영적으로 권위자였으며 그 권위로써 사람들을 다스리고자 했다. 그러나 대부분 경제적으로 어려운 상황에 있었기 때문에 일부 사람들은 쿤타 하지에게 불만을 터트렸다. 씨족 공동체의 경우 구성원들은 공동체 내에서 형제로 간주되었다.

이슬람 교의에 대한 해석을 둘러싸고 두 수피즘 그룹이 존재했다. 한 그룹은 쿤타 하지가 이끌고 있었으며, 추종자들은 신비주의로서 수피즘에 경도되어 있었다. 이들은 쿤타 하지를 새로운 이맘으로 수용하고 그의 영적 가르침을 충실히 따랐다. 다른 그룹은 세속적인 경향의 이슬람을 추종하였는데, 지하드를 선포하고 군사 항쟁을 한 이들이었다. 당시 제정러시아는 캅카스 민족을 지배하는 것이 핵심적인 외교 전략이었으며, 침략 과정에서 북캅카스 민족의 저항 의식은 매우 강력하게 나타났다. 이 장에서는 러시아에 저항한 낙쉬반디야 수피즘의 군사적 측면이나 이념보다는 평화와 공존의 길을 수피즘 정신을 통해 보여주고자 했던 쿤타 하지의 삶을 통해 이슬람의 본질이 무엇인지를 파악하고자 했다.

쿤타 하지는 타리카 교의 중에서 매우 중요한 금욕주의를 엄격히 준수했다. 그는 자신의 손으로 경작한 빵을 주식으로 삼았으며 직접 돌본 가축의 우유나 고기를 먹었다. 원칙을 지키는 삶의 태도와 사생활에서의 가르침의 실천 그리고 이슬람 훈육의 엄격성으로 단기간에 샤밀의 권위보다도 결코 적지 않은 명성을 획득하였다. 그러나 이는 개인적 자질로만 된 것은 아니었다. 그의 금욕주의 강조는 내적 확신의 행동이었다. 총을 드는 것보다는 진정한 사랑을 실천하는 것이 더 중요하고 그것이 더 큰 의무라고 보았으며, 가난한 자들에게 필요한 물건들을 나누어 주었다. 쿤타 하지의 도덕적 원칙들은 휴머니즘이었다.

민중의 고통스런 시절에 쿤타 하지는 영적인 형제애를 가지고 민중들을 도덕적인 고양함과 청결로 이끌었다. 약 60년이나 지속된 제정러시아와의 전쟁, 특히 아주 치열하게 전개된 전투로 인해 체첸과 다게스탄의 민중들은 큰 고통 속에 있었고, 이러한 때 그의 평화의 교의는 강력한 지지자들을 모이게 했다. 오늘날 평화와 공존의 가치가 중요시되는 이때, 한 세기 반 이전에 활동한 쿤타 하지의 삶은 이슬람권 문화의 평화와 공존의 담론을 적절하게 제시해 주는 예로 판단된다.

/ 3부 /

1차 체첸전쟁(1994~1996)의 과정과 지하드

6장
러시아-체첸전쟁의 서막
: 1940년대 체첸 강제이주 과정과 인권 담론

1. 서론

  소련사에 있어 강제이주는 대부분 그 대상이 러시아인이 아닌 러시아공화국에 속한 소수 민족이었다. 이 사건은 소수 민족에 대한 전형적인 소련식 공산주의의 정치적 숙청으로 불릴 만하다. 소련 내 다양한 민족들을 대상으로 행해진 이 사건은 1985년 고르바초프가 소련 서기장으로 집권했을 때 추진한 '글라스노스트'(공개, Glasnost, Гласность) 이후 그동안 봉인돼 있던 고문서가 공개되면서 감추어져 있던 그 역사적 사실이 세상에 드러나기 시작했다.

  스탈린은 체첸, 잉구쉬, 카라차이, 발카르 민족 등 북캅카스 민족과 칼믹, 크림 타타르, 볼가의 독일인이 조국인 소련을 배신하고 독일 군대와 공모·결탁했다고 주장하며 이들에 대한 강제이주를 2차 세계대전 도중 전격 단행했다.[1] 이들이 속한 자치공화국과 민족 경계 지역도 공

---

1 Ariel Cohen, *Russia's Counterinsurgency in North Caucasus: Performance and Conse-*

식적으로 폐기되었다. 볼가 독일인은 1941년 8월 28일, 카라차이는 1941년 11월 2일, 칼믹은 1943년 12월 28일, 체첸-잉구쉬 민족은 1944년 2월 23일, 발카르 민족은 1944년 3월 8일, 크림 타타르 민족은 1944년 4월 18일에 강제이주 당했다.

일반적으로 전쟁 중의 이주는 국가 안보 차원에서 이루어지는데, 소련의 강제이주는 응징 혹은 징벌 차원이었다. 강제이주의 가장 큰 이유는 독일 군대에 협조했다는 사실 때문이었다. 그러나 볼가 독일인을 제외하고 다른 민족들은 대부분 독일군 위협이 거의 사라진 이후에야 강제이주가 단행되었다. 독일 군대는 1943년 1월에 이미 캅카스 지역으로부터 후퇴했고, 1944년 캅카스보다는 카르파티아산맥(the Carpathian Mountains)에 더 가까이 주둔하고 있었다. 체첸-잉구쉬 강제이주는 독일군이 북캅카스로부터 퇴각하고 난 이후, 즉 독일군의 위협이 사라진 이후에 실시되었다. 그때쯤 독일군에 대한 연합국의 승리는 명백해 보였다. 강제이주는 작전의 잔인성과 소위 '특별정착'(special settlements, спецпоселения)이라 명명되던 '재정착'(resettlement) 과정 중의 참혹한 조건으로 악명이 높았다. 스탈린은 체첸-잉구쉬인이 독일군과 내통하고 협력하면서 스파이 활동을 했다는 이유를 들어 강제이주를 결정했다.2 그는 소련 국경 근처의 그 어떠한 소수 민족이라도 독일 첩자가 될 가능성이 있는 것으로 의심했다.3

강제이주가 시행된 이후인 1944년 3월 7일 정부가 공표한 성명문에

---

quences. *The Strategic Threat of Religious Extremism and Moscow's Response* (U.S. Army War College Press, 2014), 15.

2 John B. Dunlop, *Russia Confronts Chechnya: Roots of a Separatist Conflict* (Cambridge: Cambridge University Press, 1998), 58-61.

3 Dominic Lieven, *Empire. The Russian empire and its rivals* (New Heaven and London: Yale University Press, 2000), 214.

따르면 체첸-잉구쉬인이 독일에 협력한 사실로 추방되었다는 내용이 명기되었다. 독일에 선동된 체첸-잉구쉬인이 독일군에 조직적으로 참여하였으며 붉은 군대에 저항해 무기를 들었다는 것이다.4 스탈린은 체첸을 '도적 민족'으로 묘사하였다. 강제이주를 주도했던 당시 '내무인민위원회'(НКВД: Народный Комиссариат Внутренных Дел, NKVD, 이하 NKVD)의 수장이던 라브렌티 베리야(Лаврентий Берия, Lavrenti Beria, 1899~1953)의 언급에 따르면, 특히 체첸인은 소비에트와 붉은 군대에 저항해 테러 운동에 광범위하게 참여한 '적극적' 도적 민족이었다.5 체첸인은 수년간 소비에트 권력에 저항하였고, 신성한 노동을 하지 않았으며, 심지어 인접 지역의 집단 농장에도 군사 공격을 감행했다는 주장을 펼쳤다. 소련 군대에 대한 약탈 행위도 큰 죄목 중의 하나였다.6 강제이주의 과정과 그 결과로 10만 명 정도가 사망하였으며, 일부 병약자들과 거동이 불가능한 사람들은 즉결 처형되었다.7 체첸-잉구쉬공화국은 공식적으로 폐기되었다. 강제이주 당한 민족들의 고통은 매우 컸고, 무엇보다도 엄청난 인명 손실이 집단기억의 가장 큰 아픔으로 남았다.

    소련 해체 직후인 1994년 러시아연방의 체첸자치공화국은 러시아연방을 상대로 '체첸전쟁'(1994~1996)을 벌였다. 당시 러시아연방 대통령 옐친이 군대를 전격 투입함으로써 발생했으며, 전쟁의 원인은 다양

---

4 Jeffrey Burds, "The Soviet War against 'Fifth Columnists': The Case of Chechnya, 1942-4," *Journal of Contemporary History* Vol. 42, No. 2 (2007), 303.

5 Н. Ф Бугай, Л. Верия – И. Сталину: Согласно вашему указнию (Москва: АИРО-ХХ, 1995), 92.

6 Alexander Nekrich, *The Punished Peoples: The Deportation and Fate of Soviet Minorities at the End of the Second World War* (New York: W. W. Norton, 1978), 58-59.

7 Marie Bennigsen, "Chechnia: political developments and strategic implications for the North Caucasus," *Central Asian Survey* vol. 18, No. 4 (1999): 536-537.

했다. 여러 원인 중 역사적 요소도 매우 중요했는데, 체첸은 제정러시아를 상대로 반세기 동안 캅카스전쟁을 벌였으며 반제국적, 반러시아적 투쟁을 하였다. 강제이주도 체첸인의 집단적 기억에 아픈 상흔으로 남아 있다.

이 장은 특정한 역사적 사건들이 현재에도 이어져 유사한 사건이 벌어진다는 전제하에 체첸-잉구쉬 강제이주의 과정과 성격을 분석하는 시도로 시작되었다. 2절에서는 소련 내 강제이주 사건에 관련된 연구사를 규명하고, 3절에서는 북캅카스 민족에 대한 강제이주와 그 원인, 4절에서는 체첸 민족에 대한 강제이주의 과정과 성격을 분석할 것이다.

2. 소련 내 강제이주 사건에 관련된 연구사

먼저 강제이주에 관련하여 소련 내에서 벌어진 기본적인 연구 상황은 다음과 같다. 1956년 역사적인 20차 소련당 대회에서 흐루쇼프가 강제이주 사건을 언급했을 때만 해도 단지 "소비에트 민족 정책의 기본적인 원칙에 대한 저속한 위반" 정도로만 알려졌었다. 당시 '해빙' 시기 강제이주된 민족 중 다섯 민족의 영토가 복원되었는데, 볼가 독일인과 크림 타타르 민족은 흐루쇼프의 연설에 언급되지 않았고, 영토 복원에서도 제외되었으며, 어떠한 보상도 얻지 못했다. 소련 역사가들은 1950년대 후반과 1960년대 전반에 들어서야 아르히브, 특히 지역 아르히브의 자료에 접근할 수 있었다. 그러나 이들의 노력에도 불구하고 강제이주 논문이나 저서는 출간되지 않았고 몇몇 역사가들에 의해 강제이주에 관련된 글 일부가 언론에 등장했다. 다섯 민족은 1960년대 이후 부분적으로 권리가 복원돼 고향으로 돌아갔으며 고르바초프의 등장 이후에야 강제이주 사건은 공식적으로 근본적 변화를 겪게 되었다.

1980년대 후반 강제이주 이슈는 매우 폭발력 있는 주제였다. 정적을 깨고 1987년 강제이주에 관련된 소설, 아나톨리 프리스타프킨의 『황금빛 구름이 밤을 새우다』가 출간되었는데,8 여기에서 강제이주의 잔인성이 생생하게 묘사되었다. 이후 1987, 1989년 신문 사설이 등장했다. 1989년 11월 14일 소련 최고회의는 강제이주와 탄압적 행위가 비러시아 민족을 대상으로 자행되었고, 이는 위법이고 범죄적 행위이며 그들의 권리를 복귀시킨다는 법령을 통과시켰다.9 그리고 소련 정부의 입장 표명으로 강제이주 사건에 대해 최초로 공적인 논쟁 현상이 촉발되었다. 1991년 3월 26일 소련 내각은 이에 관련된 법령을 공표했다. "법적으로 위해하여 강압적으로 일부 민족들을 정주지로부터 이주시키고 그 시민권을 제한하고, 국가 형성에 근거한다는 명목으로 일부 사람들을 비합법적으로 청산한 사건과 관련된 정기적 문서와 자료들을 기밀 문서 리스트에서 제외하는 법령"이었다.10

   각종 자료가 기밀 문서 리스트로부터 해제된 일이 이 법령에 따른 직접적인 결과였다.11 NKVD 자료, 최고연방회의 법령, 내각 법령 등이 세상에 알려졌고, 이러한 자료를 중심으로 강제이주에 관한 상세한 연구가 진행되었다. 특히 '러시아국립문서고'(GARF) 자료들을 통해 최초로 알려진 사실들이 많았다. 그럼에도 전쟁 시 잔혹 행위에 대한 연구는 많이 진행될 수 없었다. 역사가들이 스탈린 시기 대숙청에 관한 연구에

---

8 Анатоли Приставкин, *Ночевала тучка золотая* (Москва: Рипол-Классик, 1987).
9 Известия, 24 ноябрь 1989.
10 О. Л. Милова, *Депортации Народов СССР (1930-е – 1950-е году)* (*Москва*: РАН, 1992), 9.
11 Vera Tolz, "New Information about the Deportation of Ethnic Groups in the USSR during World War Two," J. and C. Garrard ed., *World War 2 and the Soviet People* (London: Macmillan, 1993), 161.

더 집중했기 때문이다. 강제이주는 스탈린의 역사적 유산이었다. 구소련과 러시아에서 1990년대 발생한 다양한 민족 문제는 많은 부분 스탈린 유산으로부터 촉발되었다. 이 사건은 국가 내부의 갈등을 일으켰고 다양한 지역 분쟁을 야기했다.

1989년 이후 소련 역사가들은 강제이주와 관련된 연구 결과물을 발표하기 시작했다.12 이 분야에서 가장 중요한 연구가이자 1990년대 러시아 내각의 '소련 시대 이주와 핍박받은 민족의 국가 문제 및 지역정책국'의 책임자였던 부가이는 매우 중요한 몇 권의 저서를 출간했다.13 그는 특히 체첸 강제이주에 관련된 내용을 연구하였으며, 다른 연구자가 일반적으로 이용하지 않는 자료에 접근하여 글을 작성했다. 하지만 이 사건에 관련된 정치적 해석은 많이 다루어지지 않았다. 부가이는 NKVD 자료집, 최고회의와 다른 기관 자료를 활용하였고, NKVD의 자료 중에서 일부 선택된 내용을 확보하고 연구 결과를 발표했다.

소련 시기 강제이주에 관련된 서방의 가장 중요한 연구자는 로버트 콘퀘스트와 알렉산드르 네크리흐다.14 콘퀘스트의 연구서는 대부분 공식 문서에 근거했으며 출간한 몇 권의 저서가 큰 주목을 받았다.15 그는

---

12 Н. Ф. Бугай, "Прабда о депортации чеченского и ингушеского народов," *Вопросы Истории* 7 (1990): 32-44; "Погружены в ешелоны и отправлены к местам поселений," Л. Берия – И. Сталину, *История СССР* 1 (1991): 143–160; В. Н. Земсков, "Спецпоселенцы (по документами НКВД–МВД СССР)," *Социологические исследования* 11 (1990): 3-17.

13 Н. Ф. Бугай, *Иосиф Сталин – Лаврентию Верии: Их надо депортировать* (Москва, 1992); Л. Верия – И. Сталину: Согласно вашему указанию (Москва: АИРО-XX, 1995).

14 Robert Conquest, *The Soviet Deportation of Nationalities* (London: Macmillan, 1960); Alexander Nekrich, *The Punished Peoples: The Deportation and Fate of Soviet Minorities at the End of the Second World War* (New York: W. W. Norton, 1978).

15 Robert Conquest, *The Soviet Deportation of Nationalities*; *The Nation Killers* (London:

강제이주를 "현대사의 가장 중요하면서도 가장 무시된 사건 중의 하나"라고 정의했다.16 강제이주 당한 민족 중 볼가 독일인과 관련된 소련 자료는 그렇게 많지 않았다. 네크리흐에 따르면 소련 자료는 일부 출간되지 않은 보고서 등에 국한되었다. 이러한 보고서는 소련 최고 통치자인 니키타 흐루쇼프(Никита Хрущев, 1894~1971) 비밀 연설에 따라 만들어졌으며, 보고서에서는 스탈린이 소수 민족을 다루던 방식이 "괴물적인 행위"였다고 표현되었다.

강제이주된 이들의 규모와 이주 과정에서 사망한 사람들의 숫자는 아르히브의 비밀 파일이 공개될 때까지 정확히 알려지지 않았고 다만 추정되었다. 페레스트로이카 시기인 1986년 연구 자료에 따르면 콘퀘스트는 볼가 독일인을 제외하고 전체 약 150만 명으로 추산했다. 이는 이동 중에 사망한 사람들의 규모와 강제이주 초기 '재정착' 수가 약 50만 명을 넘는 수치를 추산해 나온 결과였다.17 1990년대까지만 하더라도 이 사건은 거의 기술되지 않았고 이 비극적인 상황은 일반적으로 잘 알려지지 않았다. 소련의 마지막 시기까지 강제이주는 논의되지 않았고 심지어 언급조차 되지 않았다. 콘퀘스트와 네크리흐가 기술한 세 건의 저서는 일부 부정확성을 가지고 있지만 유용한 내용을 제공하고 있다. 네크리흐의 저서가 더 가치 있는 내용으로 인정받았는데, 그 이유는 그가 소련사를 주로 연구한 학자였기 때문이다. 네크리흐가 주로 활용한 자료는 1960년대 초에 기술되었지만 출간되지 않은 보고서였다. 또한 영국에서는 매우 주목할 만한 베라 톨즈의 연구 결과물이 있었다.18

Macmillan, 1970).

16 Robert Conquest, *The Soviet Deportation of Nationalitie*, 9.

17 Isabelle Kreindler, "The Soviet Deported Nationalities: A Summary and an Update," *Soviet Studies* vol. 38, No. 3 (1986): 390-392.

콘퀘스트는 연구 결과 중 체첸 민족과 관련하여 독일군은 체첸-잉구쉬 지역에 거의 발을 들여놓지 않았다고 주장했다. 네크리흐는 체첸 강제이주를 기아, 추위, 박탈, 수치 등의 관점에서 연구했는데, 1970년대에 출간되지 않은 여러 보고서의 기록과 기억에 근거하여 이를 분석했다. 그는 기아, 병 그리고 강제이주된 지역인 카자흐스탄에서의 열악한 노동 조건으로 발생한 사망에 관련된 내용을 기술했다. 그리고 체첸인은 강제이주 이후에도 열심히 일했고 민족주의 성향을 강하게 보였다고 강조하면서, 그러나 체첸인이 중앙아시아로 삶의 터전을 옮김으로써 북캅카스 시기보다도 체첸 문화는 더디게 발전되었다는 입장을 보였다.[19] 오토 폴은 특정 민족에 대한 살인 행동이 강제이주 사건이었다는 관점을 취했다. 체첸-잉구쉬인은 일종의 망명 생활을 하였으며 "치명적인 생활 조건"(deadly living conditions)이 있는 지역으로 이주되어 끔찍한 죽음을 당했다고 비판했다. 그는 스탈린 체제가 핍박받은 민족에게 절망적인 상황을 초래했다는 입장을 견지했다. 수많은 죽음이 초래되었으며 인구의 자연 감소까지 야기되었기 때문이다.[20]

국내에서는 연해주 한인 강제이주 관련하여 소련 국내 정책과 연관된 한인 이주가 분석된 연구 결과가 있었다. 한인 이주는 소련이 당면한 국내 정책의 일부로 행해졌다는 연구가 있으며,[21] 한인 강제이주의 원

---

[18] Vera Tolz, "New Information about the Deportation of Ethnic Groups in the USSR during World War Two," *World War 2 and the Soviet People*, 161-180; Vera Tolz, "New Information about the Deportation of Ethnic Groups under Stalin," 16-20.

[19] Aleksandr Nekrich, *Nakazannye narody* (New York: Khronika, 1978), 100-109.

[20] J. J. Otto Pohl, "Stalin's genocide against the 'repressed peoples'," *Journal of Genocide Research* vol. 2, No 2 (2000): 268-272.

[21] 윤상원, "러시아 민족정책과 한인: 소련의 민족정책 변화와 1937년 한인 강제이주," 「성대사림」 46 (2013).

인과 과정에 관련된 구체적 내용이 있다.22 이외에 강제이주에 대한 소련 내의 사회적 변동을 분석한 연구 논문도 있다.23 하지만 국내에서는 한인 강제이주에 관련된 내용 이외에 소련 내 강제이주 연구는 거의 이루어지지 않았으며 체첸 민족 정체성 형성에 영향을 미친 역사적 요인으로 체첸 강제이주를 다룬 일부 연구 정도가 있었을 뿐이다.24

3. 북캅카스 소수 민족에 대한 강제이주와 그 원인

소련 내 북캅카스 소수 민족에 대한 강제이주의 원인은 민족마다 조금씩 다르지만 대부분 유사한 성격을 지니고 있다. 카라차이인은 독일군 부대에 소속되어 독일군에 길을 안내하는 역할을 했다는 이유로 강제이주 당했으며,25 전쟁 이후에도 독일군을 지원하면서 소련 당국에 저항했는데, 이런 행위 때문에 독일 첩자로 몰렸다. 칼믹 민족은 소련 군대에 저항하여 독일 군대에 협조하였다는 이유로 조국에 대한 배신자로 낙인찍혔다. 그들은 로스토프 지역과 우크라이나에서 독일군에 가축을 제공했다는 혐의를 받았으며, 카라차이인과 유사하게 중앙 당국이 취한 전쟁 재건을 위한 경제 복구 노력에 저항했다는 이유로 비난받았다. 칼믹인은 이웃 민족에게 테러를 자행했다는 죄목도 추가되었다.26 크림 타타르 민족은 소련에 반대한 배신 행위로 강제이주 당했다.

---

22 이원용, "1937년 고려인 강제이주의 원인 및 과정,"「유럽사회문화」7 (2011).
23 이복규, "중앙아시아 고려인의 강제이주담에 대하여,"「한민족문화연구」38 (2011); 이재혁, "러시아 한인이주의 특성과 인구발달,"「국토지리학회지」44-2 (2010).
24 정세진, "체첸 민족의 정체성 형성에 관한 연구,"「러시아어문학연구논집」44 (2013): 523-530.
25 Ariel Cohen, op. cit. 15.
26 Ibid., 16.

소련 통치자들은 독일군에 부역했다는 이유로 체첸-잉구쉬와 다른 다섯 민족 그룹에 대해 강력한 조치를 내리기로 결정했다. 그들의 충성이 의심스럽다는 것이 표면적 이유였다.

강제이주는 독일군에 협조한 민족에 대한 응징과 징벌 차원이 가장 큰 원인으로 작동했다. 한편 다양한 소수 민족이 거주하는 북캅카스에 슬라브인의 완충 지역을 확보한다는 논리가 숨어 있었다고 주장하는 논자도 있다. 그 근거로 2차 세계대전 이후 소련 서부 지역에서 가톨릭을 믿는 우크라이나인을 발탁해 공화국의 노동자 캠프로 보냈던 결정을 들 수 있다.27 이는 18~19세기 제정러시아의 영토 확장 시기에 타민족을 정복하면서 변방 지역에 슬라브인을 이주시킨 역사적 맥락과도 통한다. 그러나 여러 연구 정황을 볼 때 당국이 북캅카스 민족을 강제이주한 행위를 특정 민족에 대한 절멸 행위로 보는 해석에는 무리가 있다.

체첸인의 경우는 특이하다. 강제이주는 체첸인의 집단적 기억에서 결정적인 사건이다. 1944년 2월 소위 붉은 군대가 체첸-잉구쉬인을 강제이주시키기 위해 체첸-잉구쉬공화국의 마을로 들어왔고,28 스탈린의 명령으로 대부분의 체첸-잉구쉬인이 중앙아시아, 시베리아로 강제이주 당했다.29 그들은 3주 동안 철도를 통한 수송 과정에서 소위 '화물칸의 압박'(compression of the cargo)이라는 매우 큰 고통을 경험했다.30

---

27 Robert Seely, *Russo-Chechen Conflict. 1800-2000. A deadly embrace* (London, Portland: Frank Cass, 1994), 84.

28 A. Meier, *Black Earth: a Journey through Russia after the Fall* (New York, W. W. Norton & Company, 2003) 78; B. G. Williams, "Commemorating 'the Deportation' in post-Soviet chechnya: the role of memorialization and collective memory in the 1994-1996 and 1999-2000 Russo-Chechen wars," *History and Memory* 12, No. 1 (2000), 123.

29 Francine Banner, "Uncivil Wars: 'Suicide Bomber Identity' as a Product of Russo- Chechen Conflict," *Religion, State & Society* vol. 34, No. 3 (2006), 221.

30 C. Gall and T. DeWaal, *Chechnya: Calamity in the Caucasus* (New York: New York

체첸인의 강제이주의 원인은 무엇일까? 당국은 체첸 민족이 독일 군대에 협력했다는 이유를 전면에 내세웠지만, 사실 명확하지는 않다. 필자의 박사 논문 지도교수였으며 저명 역사가인 故 세르게이 아르추노프는, 강제이주는 체첸인이 독일 군대에 협조한 이유로 스탈린이 강제이주시킨 것이 아니라 2차 세계대전 이전과 그 기간에 체첸인이 당국에 일으킨 정치적 저항에 대한 응징 차원에서 이루어졌다고 강조했다.[31] 공식적으로 소련 당국은 반역을 저지른 체첸인에 대한 징벌 차원으로 강제이주를 단행했다고 언급했다. 독일군의 진군에 저항하기 위해 국경지대에서 소수 민족 사람들이 국가적 의무를 다해주기를 바라는데, 전쟁 위기 상황에 그런 행동을 취하지 않았으며 체첸 민족도 그러했다는 것이 당국의 입장이었다.[32]

체첸인에 대한 강제이주의 이유는 1944년 6월 25일 러시아공화국 최고회의 법령에 나타나 있는데, 독일에 선동된 체첸인이 독일군에 조직적으로 참여하였으며 붉은 군대에 저항해 무기를 들었다는 것이다. 체첸-잉구쉬공화국의 대부분 지역에서 자행된 반소비에트 운동에 대해 주민들이 어떠한 저항도 하지 않았다는 것이 소련 지도자들의 입장이었다.[33] 하지만 NKVD 요원들은 독일군이 전쟁 물자를 쉽게 얻지 못하도록 북캅카스를 황폐화하는 행위를 저질렀다.

NKVD 요원들은 카바르딘-발카르공화국의 수도인 날칙에서 철수하

University Press, 1999), 61.
31 Sergei Arutuinov, "The Cultural Roots of Ethnic Radicalization in the North Caucasus," *Contemporary Caucasus Newsletter*, Issue 1 (1995).
32 Alexander Nekrich, op. cit., 78.
33 Александр Ляховский, Зачарованные свободой тайны Кавказских войн. Информация. Анализ. Выводы (Москва: Детектив пресс, 2006), 154.

였으며, 오세티야에서도 나왔다. NKVD 요원들과 북캅카스 행정 관리들은 발카르의 베르크나야 마을에 방화하였다. 그런데 이곳에는 수천 명의 가족이 거주하던 마을이었다. 7백 개의 집이 불탔으며, 노인들, 여성들 그리고 유아들이 사망했다.34

소련 정치국이 단행한 강제이주 대상은 체첸, 칼믹, 카라차이 그리고 발카르 민족 등이었다. 또한 그리스인, 불가리아인 그리고 기타 소수 민족 그룹, 오세트인, 아바르인, 체르케스인 등이 포함되었다. 이주 명령은 NKVD 부국장이었던 이반 세로프(Ivan Serov, Иван Серов, 1905~1990)를 포함하여 세 명이 한 팀을 이룬 핵심 지도부가 주요 역할을 맡았다.35 볼가 독일인은 캅카스 민족보다도 더 빠른 1941년 8월 28일에 강제이주 당했으며 리투아니아인, 에스토니아인, 라트비아인, 크림 타타르인, 우크라이나인 등도 일부 포함되었다. 북캅카스에 대한 독일의 위협은 1943년 말에 끝났다. 북부 이란과 유럽, 러시아를 연결하는 지협은 전략적으로 중요했다. 소련 정부는 소련으로부터 벗어나려는 분리주의자의 공격에 대처할 필요가 있었는데, 그 지역이 전략적 가치가 컸기 때문이다. 체첸 등 북캅카스 민족이 주로 강제이주 당한 이유는 스탈린 서기장의 선입관이 크게 작용했기 때문이다. 러시아 카자키 민족이 독일군의 일원으로 2차 세계대전에 참여했으며, 전쟁 종식 이후 소련에 넘겨진 카자키인 지도자들은 사형에 처해지고 많은 군인이 시베리아로 유형 당했다.

1937년 8월 연해주 지방의 한인들이, 1939년 폰투스 그리스(Pontic

---

34 *Genoside in the USSR, Studies in Group Destruction, Institute for the Study of the USSR,* Munich, Series I, No. 40 (1958).
35 Robert Seely, op. cit., 82.

Greek)인이 강제이주 당했으며,36 그다음이 카라차이 민족이었다. 1943년 12월 28일 칼믹 민족, 1944년 2월 23일 체첸 민족, 1944년 3월 8일 발카르 민족 37,406명이 강제이주 당했다.

아래는 1943년 10월 12일 '소련 최고회의'(Supreme Soviet)의 115-136조 명령에 의해 모든 카라차이인은 카자흐스탄과 키르기스스탄으로 이주하라는 결정이 내려진 내용이다.

> 독일군의 점령 기간에 많은 카라차이인이 반역 행위를 하였으며, 많은 이들이 소비에트 권력에 맞서는 독일 부대에 참여하였고 존경받는 소비에트 시민을 배신하였다. 카라차이인은 독일 군대와 동행하고 그들을 안내하였으며, 독일군이 쫓겨난 이후에는 소비에트 당국에 적대되는 행위를 자행하였다. 카라차이인은 국가의 적대자로 선동하였으며, 독일 대리인으로 행동했다.37

중앙아시아로 강제이주 당한 카라차이인은 1945년 4월 기준으로 62,529명이었다. 이때 강제이주를 당하면서 상당한 사람이 사망한 것으로 추산된다.38 카라차이인의 강제이주에도 그 정당성이 확보되기 어렵다. 그들은 전쟁 중에 독일군에 대항하고 방어적 자세를 취했으며, 기갑부대 자원군 및 공군 전투원을 위한 모금을 하고 이들을 지원했다. 1944년에는 2,543명의 카라차이인이 소련 군대에 참여하고 있었다.39

---

36 Anatoli Lieven, *Chechnya. Tombstone of Russian Power* (New Haven and London: Yale University Press, 1998), 319.
37 Alex Marshall, *The Caucasus Under Soviet Rule* (London, New York: Routledge Taylor & Francis Group, 2010), 267.
38 Ibid.
39 Ibid.

체첸-잉구쉬인의 경우 많은 병사들이 소련군으로 참전했다. 2차 대전에 약 5,000명이 지역 공산당 요원으로 전쟁에 참여하였고, 1942년 두 개의 다민족 연대, 즉 242 산악 소총 부대와 317 소총 부대가 창설되었는데, 여기에 러시아인, 체첸인, 우크라이나인, 조지아인 등이 참여하였으며 317 소총 부대는 베를린 전투에도 참여했다. 그리고 6,000명 이상의 체첸, 잉구쉬인이 1941년 7월 14일 이후에 창설된 '인민군대'(People's militia)에 참여했고, 1941~1942년 체첸-잉구쉬공화국은 고기 41,643kg, 생선 8,319kg, 치즈 2,914kg, 우유 17,819L를 소련 군대에 공급했다. 소련 병사들은 이 기간에 체첸-잉구쉬공화국으로부터 807,750루블을 지원받았다.40

1944년 2월 23일부터 KGB의 전신인 NKVD에 속한 기계화보병사단은 체첸-잉구쉬인을 가축 트럭에 실어 카자흐스탄, 시베리아 타이가 지역, 키르기스스탄의 산악 지역으로 이주시켰다. 많은 이들이 봉인된 기차 안에서 용수와 음식의 부족, 비위생적 조건들, 트라우마로 사망했으며 수천 명이 재이주한 땅에서도 여러 악조건 속에서 사망했다.41

4. 체첸-잉구쉬 민족 강제이주 과정과 그 성격

체첸-잉구쉬 강제이주의 배경과 그 정책

1941년 6월 독일은 1939년에 맺은 독소불가침조약을 어기면서 소

---

40 М. М. Ибрагимов, "История Чечени с древнейших времен до наших дней," *История Чечени XX и начала XXI веков*. Том. 2 (Грозный: ГУП, 2008), 486-492.

41 John B. Dunlop and Rajan Menon, "Chaos in the North Caucasus and Russia's future," *Survival* vol. 48, No. 2 (2006), 103.

련을 침공했다. 이후 전쟁 중에 독일은 북캅카스 무슬림 민족에 대한 선전 활동을 강화하고 그들로부터 군사적, 행정적 지원을 얻기 위한 행동에 나섰다. 일부 체첸인은 독일이 체첸의 독립을 인정한다는 조건하에 독일군을 수용해야 한다는 입장을 보였다. 소련에 저항한 체첸 반란군은 만약 독일군이 체첸의 독립을 인정한다면 체첸인에 의해 환영받을 것이라는 성명서를 발표했다.42 그러나 독일 군대는 일부 체첸인의 환영 태도를 적극적으로 수용하기 어려웠다. 독일군은 체첸-잉구쉬자치공화국 내에서도 가장 먼 북서쪽의 일부 영토에만 도달한 상태였으며, 그곳에는 러시아인이 대다수 거주하고 있었다. 독일이 소련을 점령하면 독립을 쟁취하겠다는 민족주의 입장을 가진 일부 체첸인도 있었지만, 수천 명의 체첸인은 붉은 군대에 소속되어 독일군과 전쟁을 치르고 있었다.43 즉, 독일 군대를 환영하고 독립을 추진하던 체첸인보다 독일군을 상대로 직접적인 전쟁을 치르던 체첸인이 대다수였던 것이다.

체첸 내에서 반소비에트 조직이 형성되면서 일부는 게릴라전을 펼쳤다. 독일군이 북캅카스로 진격하던 당시 일부 체첸인이 복무하던 붉은 군대에서 이탈하는 경우도 있었다. 1942년 초 메이르베크 셰리포프(Mayrbek Sheripov), 하산 이스라필로프(Hasan Israpilov)는 독일군의 침공을 기대하면서 반소비에트 반란을 주도했다. 크림반도에서 쟈페르 세이다메트(Djafer Seydamet), 제말 압두라이모프(Jemal Abduraimov)는 '밀리 피르카'(Milli Firka) 소속 전위적 행동대원이었는데, 반소비에트 무슬림 위원회를 창설하고 친독일 선전 활동을 펼쳤다. 이 위원회는 여덟 개의 부대

---

42 John B. Dunlop, *Russia Confronts Chechnya: Roots of a Separatist Conflict* (Cambridge: Cambridge University Press, 1998), 58; Robert Seely, op. cit., 81.
43 Jeffrey Burds, op. cit., 303.

라브렌티 베리야(출처: https://lenta.ru/articles/2024/03/29/adekvatnee-stalina/)

를 창설하여 독일군을 위해 자발적으로 전투에 참여했다.44 독일군은 체첸공화국 수도인 그로즈니의 서쪽에 주둔하던 소련 군대에 의해 저지되었다. 이때 수백 명의 체첸인은 전선을 통과해 독일군에 합류했다.

독일군이 북캅카스로부터 철수하면서 NKVD는 체첸-잉구쉬인에 대한 강제이주 계획을 입안하기 시작했다. 1943년 11월 중순 NKVD 부국장 바실리 체르니쇼프(Василий Чернышев, Vasyl Chernyshov, 1896~1952)는 각 부서 책임자와 회합을 가졌다. 그들은 대략적인 체첸-잉구쉬인 강제이주 대상자의 수와 이주 장소에 관한 의제를 가지고 논의했다. 이

---

44 Galina M. Yemelianova, op. cit., 122.

의제는 1943년 12월 중순까지 최종 확정되지 않았다가 이후 카자흐스탄과 키르기스스탄으로의 이주가 결정되었다. 당국에 의해 결정되고 배분된 대략적인 이주민의 수와 이주 장소는 다음과 같다. 카자흐스탄의 악추빈스크 27,000명, 북카자흐스탄 50,000명, 쿠스타나이 50,000명, 알마아타 50,000명, 카라간다 30,000명, 세미팔라틴스크 33,000명, 보스토치노-카자흐스탄스크 45,000명, 키즐오르다 15,000명, 파블로다르 50,000명, 아크몰린스크 50,000명, 키르기스스탄 지역에 오쉬 31,000명, 잘랄아바트 23,000명, 프룬제 29,000명, 티얀-샬란스크 7,000명이었다.45

강제이주의 전체적인 뼈대를 형성한 법적 근거는 1944년 1월 31일 '국가방어위원회'(GOKO)가 결정한 "체첸-잉구쉬공화국의 폐기와 체첸과 잉구쉬인의 카자흐스탄과 키르기스공화국으로의 재이주"에 관한 칙령이었다.46 이주 계획은 1944년 2월 11일 정치국 회의에서 다시 논의되었다. 정치국 위원들은 대체적인 합의를 이루었는데, 유일하게 합의하지 못한 사항은 체첸과 잉구쉬인을 즉각 이주시키느냐, 독일 군대가 북캅카스로부터 완전한 퇴각이 확인될 때까지 당분간 기다려야 하느냐였다.47 스탈린 사후 흐루쇼프는 정권 장악 이후 강제이주를 최종 결정했던 전임 서기장 스탈린을 비난했다. 다만 당시 회의에서는 독일군이 패퇴할 때까지 기다리는 쪽을 더 선호했다. 정치국원인 아나스타스 미코얀(Анастас Микоян, Anactac Mikoyan, 1895~1978)은 국외에서 소련의 명성이 손상될까 봐 걱정했다. 그날 "체첸과 잉구쉬인의 재이주" 법령 자

---

45 Н. Ф Бугай, *Л. Верия – И. Сталину: Согласно вашему указнию*, 100-101.
46 О. Л. Милова, op. cit., 21.
47 Matthew Evangelista, *The Chechen Wars will Russia go the way of the Soviet Union?* (Washington DC: Brooking Institution Press, 2002), 14.

체는 추인되었고 체첸-잉구쉬공화국의 폐기가 확정되었다.

강제이주가 행해진 이후 소련 최고회의는 1944년 3월 7일자로 "체첸-잉구쉬공화국의 청산과 그 토지의 행정적 재배치"라는 칙령으로 뒤늦게 체첸 강제이주를 가결했다.[48] 1936년에 출범한 '체첸-잉구쉬 소비에트자치공화국'(Chechen-Ingush ASSR(Autonomous Soviet Socialist Republic)은 전격 해체되었으며 기존의 영토 단위는 러시아, 다게스탄, 북오세티아, 조지아로 통합되었다. 체첸의 말고베크(Малгобек) 지역을 제외한 모든 거주지의 체첸인이 강제이주 당했으며, 이후로도 말고베크는 독일 군대에 의해 한 번도 점령당하지 않았다.[49]

체첸 강제이주 정책은 일부 체첸인이 독일군과 내통하고 협력한다는 사실로부터 시작되었다.[50] 1944년 3월 7일자 "체첸-잉구쉬자치공화국의 청산 및 영토의 행정 개편"에 관한 '소비에트 최고회의' 비밀 법령에 따르면, 강제 추방의 이유는 체첸인이 독일에 협력하였다는 사실과 체첸인 중 단지 157,000명 정도가 대 독일 항전을 펼쳤다는 점이었다. 당국에 따르면 체첸인 전체가 하나로 뭉쳐서 독일에 대항하지 않았다는 것이다.[51] 전쟁 동안 많은 체첸인이 조국을 등지고 파시스트 편에서 소비에트와 전쟁을 치렀으며 독일의 조종하에 붉은 군대에 대적했다는 것이 정부의 설명이었다.

---

48 ГАРФ. Ф. 7523, Оп. 4, Д. 208, Л. 51-4.
49 Александр Ляховский, op. cit., 149.
50 John B. Dunlop, op. cit., 58-61.
51 Jeffrey Burds, op. cit., 303.

체첸-잉구쉬인 강제이주 과정

1944년 1월 29일 베리야는 "체첸과 잉구쉬인의 이주 질서에 관한 명령"을 내렸다. 작전명은 "체체비짜"(Чечевица)였다. 베리야는 직접 작전 수행을 하기 위해서 2월 20일 그로즈니에 도착했다.[52] 그는 이 중대한 작전을 성공시키기 위해 최고 책임자가 있어야 한다고 생각했고 3월 1일까지 체첸에 머물렀다.[53] NKVD 비서국장이던 스테판 마물로프(Stepan Mamulov, Степан Мамулов, 1902~1976)가 그와 동행했다. 2월 22일 베리야는 체첸-잉구쉬공화국의 고위관리자들, 지역 이슬람 종교 수장들에게 이 사실을 알렸고, 이주 작전을 위한 지원을 요청했으며,[54] 북캅카스에 도착한 이후 매주 스탈린에게 강제이주 작전 관련 보고를 했다. 이러한 사실은 러시아국립문서고(ГАРФ, GARF)에서 강제이주와 관련된 내용이 해제된 이후 밝혀졌다. 이에 따르면 스탈린은 강제이주를 통제하였으며 사건 진행 과정에 직접적인 관심을 가졌다. 다음은 베리야가 스탈린에게 보낸 1944년 2월 17일 보고서 내용이다.[55]

체첸과 잉구쉬인을 이주시키는 작전이 준비되었습니다. 총 459,486명의 인원이 파악되었으며, 이들은 체첸-잉구쉬자치공화국과 인근 다게스탄, 블라디카프카스의 산악 지역을 망라하고 있습니다. 산악 지역의 거주자들이 이주하는 데 총 8일 정도의 시간이 소요될 것입니다. 평지,

---

52 Norman M. Naimark, *Fires of Hatred: Ethnic Cleansing in Twentieth-Century Europe* (Cambridge: Harvard University Press, 2001), 85-107.
53 ГАРФ. Ф. Р. - 9401, Оп. 2. Д. 64. Л. 167-167.
54 Д. Хожаев, *Живая память. О жертвах сталиских репреси* (Грозный: Книга, 1991), 11.
55 ГАРФ. Ф. Р. - 9401, Оп. 2. Д. 64. Л. 156.

산악 초엽 지역의 약 30만 명 이상의 사람을 이주시키는 데는 3일 정도가 필요합니다. 기타 약 15만 명 이상의 험준한 산악 거주민을 이주시키기 위해 8일 정도 소요될 예정입니다. 산악 지역은 당분간 폐쇄됩니다. 사안의 중요성을 감안, 이번 작전이 완료되는 2월 26~27일까지 이 지역에 제가 머물도록 요청드립니다.

1944년 2월 17일

그가 체첸-잉구쉬 지역에 도착한 이후인 2월 20일에 보낸 보고서 내용은 다음과 같다.[56]

이주 작전은 2월 23일 여명에 시작됩니다. 그들이 거주지로부터 도주하는 것을 방지하기 위해 지역마다 저지선을 준비하였습니다. 사람들을 마을 회합의 형식을 빌려 집합시키고 첫째 그룹의 사람들은 집의 물건들을 가지러 가도록 조치하고, 다른 그룹은 무장해제와 동시에 바로 열차 출발 장소로 보낼 계획입니다. 저의 생각으로는 이번 작전은 성공적으로 수행될 것으로 보입니다.

베리야에 따르면 작전 준비 완료는 2월 22일에 이루어졌다. 강제이주 작전은 2월 22일 밤과 23일 새벽 사이 경고 없이 전격 시행되었다. 2주간 약 19,000명의 NKVD 관리, 약 10만 명의 NKVD 소속 장교 및 군인이 478,479명을 강제이주시켰다. 체첸인은 387,229명, 잉구쉬인은 91,250명이었다.[57] 1944년 1월 하순 이후 NKVD의 특별 군인들이

---

56 ГАРФ. Ф. Р. - 9401, Оп. 2. Д. 64. Л. 166-166.
57 Jeffrey Burds, op. cit., 304.

붉은 군대 제복을 입고 정규군과 더불어 체첸-잉구쉬 영토로 진입해 왔다. 강제이주에 앞서 군인들은 먼 산악 지역 마을에도 숙영하고 있었으며 주위 환경에 적응하는 단계에 있었다. 현지인에게는 이 지역에 길을 만들고 다리를 건설하기 위해 왔다고 했다. 당시 신문도 허위 정보 캠페인을 지속했다. 2월 22일 저녁 현지인들은 붉은 군대의 기념식 행사에 참석하도록 예정되어 있었다. 실제로 많은 사람들과 군대가 이 행사에 참여했다. 그날 밤 군인들은 마을을 포위하고 사람들이 도주하지 못하도록 조치하였다.[58]

2월 23일 새벽 2시 체첸-잉구쉬 거주지가 포위되었고, 정찰과 감시가 시작되었으며, 라디오 송신소와 전화선이 단절되었다. 새벽 5시 모든 남성은 전격적으로 소집되었고 그 자리에서 전격 이주를 해야 한다는 내용의 소련 정부 결정문을 받았다. 모든 이들은 무장해제 상태였다. 이주 원인은 "독일 파시스트가 북캅카스를 공격하던 당시 체첸과 잉구쉬인은 붉은 군대의 후방에서 자신들을 반 소비에트의 일원이라 밝히고 반군 그룹을 조직하였으며, 붉은 군대와 소비에트 시민들을 살해하였다"라고 발표했다.

베리야가 스탈린에게 보고한 내용처럼 여성들과 아이들은 즉시 억류되지 않았고 중요한 물건을 챙길 수 있는 일정한 시간을 허락해 주었다. 동시에 작전 수행 부대는 시민들의 집으로 가서 각종 무기, 현금, 반 소비에트 문헌 등을 압수했다. 이후 사람들과 소유물은 일정한 교통수단을 이용하여 집합 장소로 보내졌다. 개인에게는 100kg 정도의 짐만 소유하도록 허락되었으며 돈과 각종 값진 물건은 소유물로 지니지

---

58 Roberert W. Schaefer, *The Insurgency in Chechnya and the North Caucasus. From Gazabat to Jihad* (Santa Barbara, Oxford: Praeger, 2011), 103.

체첸 강제이주(출처: https://thechechenpress.com/news/17844-deportatsiya-chechentsev-I- ingushej-23-fevralya-1944-goda.html)

못하도록 금지하였다. 각 가족은 비상식량으로 감자를 소유하도록 했고 말먹이, 뿔 있는 가축 등은 새로운 이주지에서 활용하도록 증명서를 발급했다. 간혹 조상들의 유골을 지닌 채 출발하는 경우도 있었으며, 친족의 사진, 서류, 빵 그리고 고향의 흙을 소량으로 소지하였다.59

 2월 23일 아침 333,739명이 특별 장소에 집합하였으며, 176,950명이 특별 기차에 탈 준비를 완료하였다. 베리야의 보고서에 따르면 2월 23일 오후 폭설로 출발이 지연되었고, 산악 지역이라 눈으로 인해 교통이 매우 악화되어 있었다.60 강제이주에는 지역의 공산당 요원들, 가장

---

59 Александр Ляховский, op. cit., 151-152.

뛰어나고 존경받는 이슬람 성직자들, 약 6,000~7,000명의 다게스탄인, 약 3,000명의 북오세티아인이 당국을 도와 일을 처리하였는데, 이는 체첸인의 저항을 최소한도로 줄이기 위한 일환이었다.61

그렇다면 공식 문서고에 나타난 이주의 전체 상황은 어떤 모습일까? 베리야는 2월 25일 스탈린에게 보낸 보고서에서 체첸인이 카라차이 민족과 공모하는 등 독일과 광범위하게 협력했으며, 이로 인해 체첸의 전체 민중이 비난을 받고 있다고 전했다. 강제이주 작전을 시작하기 이전에 이미 체포된 체첸과 잉구쉬인은 1,227명이었으며, 이 중 186명이 지역 공산당원 혹은 콤스몰 당원이었고 362명은 독일군이 퇴각하던 당시 이미 도주했다. 이러한 이유 때문에 당시 임박한 이주 작전을 앞두고 베리야는 지역 NKVD 요원과 지역 군대를 임시방편으로 활용하였다.62 2월 26일 베리야의 보고에 따르면 이주 실행은 순조롭게 진행되었으며, 2월 25일 저녁까지 특별열차에 탑승한 인원은 342,647명이었고 86개의 특별열차가 이용되었다.63

강제이주 조치는 어떤 측면에서는 폴란드의 유대인들을 강제 수용소로 이송하는 것과 유사한 행동으로 해석될 수 있다. 일종의 '인종 청소'(ethnic cleansing)로 받아들여질 수 있는 행위다. 스탈린은 실제로 베리야에 대한 명령문을 통해 '청소하다'(очистить)라는 단어를 사용했다.64 1944년 3월 1일 베리야가 스탈린에게 보낸 극비 보고문은 다음과 같다.65

---

60 ГАРФ. Ф. Р. - 9401, Оп. 2. Д. 64. Л. 164.

61 Alex Marshall, op. cit., 269.

62 Ibid., 270.

63 ГАРФ. Ф. Р. - 9401, Оп. 2. Д. 64. Л. 167.

64 Nikolai F. Bugai, I*kh nado deportirovat': Dokumenty, fakty, kommentarii* (They must be deported: Documents, facts, commentaries) (Moscow, 1992), 129.

체첸과 잉구쉬인의 이주 관련, 종합 보고입니다. 이주는 산악 지역의 고지대를 제외하고 대부분의 지역에서 2월 23일에 개시되었습니다. 2월 29일까지 특별열차편으로 478,479명이 탑승하였고, 이 중 91,250명이 잉구쉬인입니다. 177개의 특별열차가 이용되고, 이 중 154개의 열차에 탑승한 이들은 새로운 거주지를 향해 출발한 상태입니다. 오늘은 이번 작전을 수행한 전직 노동자 대표들과 종교 지도자들을 실은 특별열차가 출발하였습니다. 폭설로 인해 길이 끊긴 갈란토쥐 지역에서 6,000명 정도가 남아 있는데, 이들도 이틀 정도의 시간이 지나면 이주가 이루어질 것입니다. 작전은 조직적으로 시행되었고, 저항이나 다른 특별한 사건이 없이 이루어졌습니다. NKVD 소속 요원들이 숲으로 둘러싸인 험난한 길을 제거하는 작업을 하였습니다. 작전 수행 도중 반소비에트 요소를 지닌 2,016명의 사람을 체포했습니다.

이에 따르면 체첸 및 잉구쉬 정부의 지도자급 인사들이나 공산당 간부들도 이주 당했음을 알 수 있다. 이주 당일 그들 중 많은 이들이, 특혜를 받기는 했지만, 결국 중앙아시아로 이주되었다. 하지만 그들은 이주 과정에서도 좋은 대우를 받았다. 이주 작전의 첫째 주에 478,479명이 중앙아시아로 출발하였다. 사실 강제이주의 숫자를 정확하게 파악하기는 어렵다. 그 수가 자료마다 상이하기 때문이다. 알렉스 마셸은 493,269명으로 언급하는데, 열차 객차 내에서 장티푸스, 탈수, 영양실조 등으로 많은 이들이 사망했다고 보았다. 1945년 10월 중앙아시아 NKVD가 집계한 체첸-잉구쉬인의 이주민 수는 약 405,900명이었다. 1943~1949년 사이 체첸, 잉구쉬, 카라차이, 발카르인이 강제이주 도중에 사망한 수

---

65 ГАРФ. Ф. Р. - 9401, Оп. 2. Д. 64. Л. 166.

는 전체 184,556명으로 집계되었다.66 이는 자료마다 숫자가 다르게 나타난다는 것을 감안하더라도 매우 적은 인원이다. 그러나 후송 도중 혹은 정착 과정 중에서 많은 이가 사망했을 것으로 추정된다.

이주 작전 시 NKVD 호송부대 책임자 빅토르 보취코프(Виктор Бочков, Viktor Bochkov, 1900~1981)가 1944년 3월 21일 베리야에게 보낸 보고서에는 180개의 기차에 탑승한 이주자 493,260명으로 기재되어 있다. 이는 한 대의 기차에 평균 2,740명의 사람이 탑승한 것이다. 호송은 3월 20일에 완료되었으며, 기차별로 호송 기간이 9일과 23일 사이에 걸쳐 있으므로 평균 16일 정도 소요되었다.67 호송은 3월 20일에 마무리되었지만, 이주 작전은 1944년 3월 초에 완료되었다. 대부분의 체첸과 잉구쉬 평민들은 거주지와 가축 등을 상실했고 대부분의 소유품을 잃어버렸기 때문에 그들은 이국땅에서 처음부터 다시 시작해야만 했다. 연방 정부는 다게스탄의 중앙 지역에 거주하던 체첸-아킨인이 체첸계라는 이유로 강제이주를 단행했다. 그런데 다른 민족과 결혼한 체첸-잉구쉬인은 이주 대상에서 제외되었다. 붉은 군대에 소속돼 독일군과 전쟁을 한 체첸과 잉구쉬인 가족은 이주하지 않아도 되었고 체첸-잉구쉬를 제외한 다른 지역에서 거주가 가능했다. 그러나 이러한 원칙도 자주 위배되었으며 전쟁에서 돌아온 체첸인들이 카자흐스탄으로 이주하는 상황이 벌어졌다.

강제이주 작전 4개월 후인 1944년 7월에 스탈린에게 보낸 보고서에는 602,193명이 북캅카스에서 카자흐스탄과 키르기스스탄으로 강제

---

66 Alex Marshall, op. cit., 269.
67 William Flemming, "The deportation of the Chechen and Ingush Peoples: A Critical Examination," Ben Fowkes ed., *Russia and Chechnia: The Permanent Crisis Essays on Russo-Chechen Relations* (London: Palgrave Macmillan, 1998), 73.

이주 당했다고 한다. 이는 러시아 정부 문서 보고서에 있는데, 이 중 체첸인과 잉구쉬인이 496,460명, 카라차이계가 68,327명, 발카르 민족은 37,406명이었다.68 흐루쇼프는 이 작전으로 사망한 체첸과 잉구쉬인의 숫자를 약 78,000명으로 언급하였다.69 종합적으로 체첸-잉구쉬인의 강제이주 숫자는 50만 명에는 미치지 못한다. 발카르인은 37,107명이 카자흐스탄과 키르기스스탄으로 강제이주되었고, 최종 이주 숫자는 37,714명이었다. 이후 1945~1948년에 연이어 340명이 이주하였다.

소련 정부에 의해 강압적인 강제이주에 놀라 산악으로 피신한 수천 명의 체첸과 잉구쉬인은 군사 무장을 하였다. 정부는 군사 작전을 전개하였으나, 산악 지역의 군사 작전은 쉽지 않았다. 1944년 가을 직전 중앙아시아로부터 일련의 종교 책임자들이 체첸 산악 지역으로 왔다. 그들은 산악에서 게릴라 투쟁을 하던 체첸인에게 중앙아시아로 넘어오라고 설득하였다. 실제로 일부는 뒤늦게 중앙아시아로 이주한 경우가 있었다. 1944년 말 체첸 저항 세력은 분쇄되거나 흩어졌다. 이 기간 반정부 군사 행동을 전개한 사람 중에 232명이 제거되었다. 그러나 일부 군사 무장대들은 끝까지 저항했다.70 일반인뿐만 아니라 체첸과 잉구쉬의 모든 군인도 중앙아시아로 강제이주 당했다. 특별한 훈령이 모든 전선의 적격 심사위원들의 대표들에게 보내졌는데, 모든 카라차이, 체첸, 잉구쉬, 발카르인을 알마아타(현재의 알마티)로 이주시키고 카자흐공화국의 NKVD 특별 정착국의 감시를 받아야 한다는 내용이었다.71

---

68 ГАРФ. Ф. Р. - 9401, Оп. 2. Д. 64. Л. 160.
69 Anatol Lieven, op. cit., 319.
70 Александр Ляховский, op. cit., 157.
71 Н. Ф. Бугай, op. cit., 109.

5. 체첸 강제이주 과정 속의 인권 문제

일반적으로 공식 문서와 증인 인터뷰는 일치하지 않는 경우가 많은데, 체첸 강제이주도 그러한 경향에 속한다. 그중 두 가지가 일반적인데, 군인들이 주민들을 마을에서 기차역까지 이동시키는 과정에서 나타난 잔혹 행위 그리고 주민들이 강제이주되면서 당했던 기차 내에서의 열악한 조건에 관련된 경우다. 일반 평민들의 상황은 최악이었다. 증언자들에 따르면 기차역으로 가는 도중에 노인들과 아픈 이들이 군인들에 의해 살해 당한 사실이 있다고 했다. NKVD 자료에는 이러한 사건이 거의 언급되지 않고 있다. 산악 지역의 증언은 믿을 만하다는 것이 대체적 시각이며, 무엇보다도 주민들을 기차역까지 수송해야 하는 일이 가장 중요한 임무였기 때문에 병자들, 노인들이 살해 당한 사실은 신빙성이 있는 것으로 간주되었다.

체첸 자료에 따르면 저항하거나 도주 시도가 있을 때는 특별한 외침이나 경고 없이 즉결 사살되었고 의심스러운 인물들은 체포되었다. 운반수단을 이용할 수 없을 정도의 병자, 노인들 그리고 산악 지대가 너무 험해 접근하기 어려운 지역의 거주자는 베리야의 인가로 처형되었다는 기록이 있다. 일부 사람들은 기차를 타지 못했는데, 한겨울이었기 때문에 NKVD 요원들은 이들을 이슬람 성전으로 데리고 가서 즉결 처형했다. 병원 환자들도 많이 살해당했다. 체첸인도 산악에서 러시아 군인들을 향해 총을 쏘면서 공격하는 등 저항했다. 이러한 언급 자체가 1990년대 체첸 분리주의자들이 러시아를 상대로 체첸전쟁을 감행한 하나의 이유가 되었다.[72] 약 2천 명이 산악 지역에 남았으며 그들은 발견되는

---

72 Anatol Lieven, op. cit., 319.

체첸 강제이주(출처: Депортация чеченцев и ингушей   Википедия, wikipedia.org)

즉시 사살되었다. 베리야는 수송이 어려운 이들은 현장에서 제거되어야 한다는 입장이었으며, 이는 실행되었다.

문서로 전해지는 가장 참혹한 사건은 1944년 2월 27일 체첸 샤토이 지역 카이바흐(Khaibakh) 지구의 갈란토쥐(Galanchozh) 헛간에서 700명 정도의 체첸인이 산 채로 화장 당한 일이다.73 최연소자는 3살이었으며, 노인 중에는 100세 된 이도 있었다. 도로로 나오면 트럭으로 기차역까지 수송하도록 되어 있었는데, 이들은 걸어서 도로까지 나갈 수 없었다.74 헛간 안에는 방화 장치가 되어 있었고 안에 있는 모든 이가 사망했다. 베리야의 극동 지역 NKVD 행정 책임자이자 이주 작전 중 갈란토쥐의 책임자였던 미하일 그비쉬아니(Mikhail Gvishiani, Михаил Гвишиани, 1905~1966)는 방화를 명령했다. 이외에도 여러 잔혹 행위가 있었다.

---

73 Jeffrey Burds, op. cit., 306.
74 Д. Хожаев, op. cit., 33-48.

그로즈니 체첸 모스크(사진 제공: 김선래)

　우루스-마르탄(Urus Martan) 지역에서 병자들과 임산부들이 독살 당한 일도 있었다. 병원에서 62명이 살해되었다. 건강하지 않은 사람들은 기차에 타지 못하고 살해 당하는 어처구니없는 사건도 있었다. 말히스트이 마을에서는 동굴에 숨어 있는 사람들에게 발포했다는 기록이 있다. 노자이-루트토피키 지역의 옥수수 저장소에서는 집단 화형이 있었다. 베리야의 심복인 그비쉬아니의 보고서에 따르면 카이바흐 지역 살해 사건에 책임이 있는 이들은 NKVD 관리들이었다. 고지대 산악 거주민들이나 병약자들은 즉시 운송하기 어려웠기에 작전 성공을 위해 살인 행위가 저질러진 것이다. 베리야는 그비쉬아니에게 포상과 진급을 약속하겠다는 답신을 보냈다. 스탈린은 개인적으로 북캅카스에 대한 국가 책무를 성공리에 완수한 작전에 대해 축하 인사를 보냈다.[75] 스탈

---

75 Anatol Lieven, op. cit., 319.

린, 베리야, 그비쉬아니 3인은 모두 조지아인이었다.

강제이주 사건은 대부분 1990년대 초에 알려졌으며 어떠한 조사 행위도 이루어지지 않았다. 체첸 지역 자료는 정확하게 밝혀지지 않았으며 확증되지도 않았다. 이주 상황에 대해서도 공식 문서와 증언자의 증언은 완전히 다른 형태로 나타나는데, 이동 중에 사망자가 많이 발생했다는 증언이 많다. 베리야는 수송 시 "이주자들의 철도 수송"에 관한 훈령에서 몇 가지 점을 명시하였다.[76] 2항에는 각각의 객차에는 '편안한 수송'(human transportation)을 위한 설비가 갖추어져야 하며 2단 침대, 스토브 그리고 필요한 물품 등이 갖추어져 있어야 한다고 명시되어 있다. 3항에는 이주자를 위해 기차 사령관은 음식을 공급해야 한다는 내용이 있다. 그리고 기차에는 의사 한 명과 간호사 두 명이 할당되어야 하고 필요한 치료와 도구를 갖추고 있어야 한다는 점이 명시되어 있다. 그러나 공식적인 훈령, 자료와 증언자들의 증언은 상반된다. 객차는 승객용이라기보다는 가축이나 짐 수송 객차였다. 일부 객차는 너무 더웠고 난방이 전혀 안 된 객차도 있었다. 음식이 공급되었다고 증언한 이는 없었으며 도리어 객차 안에서 상당할 정도의 재난이 있었다는 증언도 나왔다. 소련공산당 북오세티아 지역위원회의 전 책임자였던 아가피예프의 증언은 다음과 같다.[77]

> 가축 객차에는 한계에 이를 정도로 사람들이 가득 찼으며, 빛과 물이 없이 우리들은 거의 1개월 동안 행선지도 모르는 방향으로 가고 있었다. 티푸스가 객차에 퍼졌다. 어둠 속에서 약간의 시간 동안 정차를 하

---

[76] ГАРФ. Ф. Р. - 9401, Оп. 2. Д. 37. Л. 65-66.
[77] М. Джургаев, *Круги ада* (Грозный: Книга, 1989), 14-15.

고 호송 군인들이 사망자를 눈 속에 묻었다.

강제이주의 성격을 어떻게 정의할 수 있을까? 가장 일반적으로는 스탈린이 테러 통치를 하면서 수백만 명의 개인에게 엄청난 탄압을 가했으며 심지어 민족의 전 구성원을 집단적으로 징벌을 내린 것으로 해석할 수 있다. 그 징벌과 응징은 2차 세계대전이라는 매우 엄중한 시기 독일군에 부역한 민족들을 대상으로 행해졌다. 그러나 일부 논자들은 이 행위를 민족 말살 행위의 하나로 받아들이는 경향이 있다.[78] 제정러시아는 캅카스전쟁이 종식된 이후 튀르키예와 중동으로 캅카스 거주민을 강제이주시킨 경험이 있다. 강제이주는 역사적 뒤풀이로 다시금 등장했다. 이는 군사적인 고려를 별개로 하고 이데올로기적인 논리로도 해석될 수 있는 영역이다.[79] 스티븐 카츠는 다음과 같이 언급했다.[80]

> 강제이주는 대량 사망을 통한 일종의 문화 말살 정책으로 해석된다. 결과적으로 소수 민족의 제거라는 엄청난 결과를 낳았다. 그러나 소련 당국은 소수 민족의 문화와 희망을 파괴하고자 하는 의도를 지니고 있었지만, 특정 민족을 말살하는 의도를 가지고 강제이주를 단행한 것은 아니었다.

카자흐스탄의 아크몰라로 강제이주 당한 체첸인의 증언을 통해서도

---

[78] M. Pohl, op. cit., 401-430.
[79] John Russell, "Terrorists, bandits, spooks and thieves: Russian demonisation of the Chechens before and since 9/11," *Third World Quarterly* vol. 26, No. 1 (2005): 103-104.
[80] ST Katz, "Mass death under Communist rule and the limits of 'Otherness'," Robert S. Wistrich ed., *Demonizing the Other: Antisemitism, Racism and Xenophobia* (Amsterdam: Harwood Academic, 1999), 280.

참혹한 실상을 알 수 있다. 가축을 싣는 기차 칸에서 있었던 일이다. 열차 내부의 여러 상황으로 밀폐된 열차 차량의 위생이 무너졌고 체첸인 사이에 발진티푸스가 발생하였다. 열차 내부는 매우 열악했다.[81]

철도 차량의 한가운데는 파이프가 달린 철 난로가 서 있었고 양쪽에는 판자가 깔려 있었다. 한 구석에 양동이가 있었다. 목축을 실어 나르는 칸은 이번에는 정착민 수송용으로 사용되었다. 하나의 철도 차량에 최대 열 가족이 타고 있었다. 기차로 18일 동안 이동하였다. 기차 안에는 남자와 여자, 소년과 소녀도 같이 있었는데, 이는 우리의 전통을 고려할 때 너무 잔인한 일이었다. 소녀들은 스스로 자신을 구제한다는 것이 불가능하다는 것을 깨달았다. 많은 이들이 여행 도중에 사망했다. 미혼 여성은 자신의 남편이 될 청년 앞에서 스스로 긴장을 풀 수 없었다. 그녀는 부끄러워하고 모욕감을 느끼고, 병으로 고통스러워했다. 그녀는 결코 양동이가 있던 곳으로 접근할 수 없었다. 이는 매우 무자비했다.

6. 결론

이 글은 북캅카스 소수 민족의 강제이주를 체첸-잉구쉬인을 중심으로 고찰한 내용이다. 강제이주는 특정 민족에 대해 철저하고 강압적으로 행해졌다. 통치자의 입장에서 강제이주는 성공적으로 완결되었다. 소련 통치자들과 NKVD는 철저한 기획을 가지고 이 사건을 다루었다.

---

[81] Anonymous interview, village Krasnaia Poliana, Akmola region, July 22, 2000. Tape 00-15. M Pohl, "It cannot be that our graves will be here," the survival of Chechen and Ingush deportees in Kazakhstan, 1944-1957, *Journal of Genocide Research* vol. 4, No. 3 (2002), 403에서 재인용.

체첸-잉구쉬인 약 45만 명 이상이 강제이주 당했는데, 대상 인원도 매우 많았다. 이 정도의 인구를 며칠 만에 강제이주시킨 사건은 역사적으로도 그 유례를 찾기가 쉽지 않다.

1944년 2월 23일 소련군은 체첸과 잉구쉬 민족의 소위 '재정착'(re-settlement)을 전개하기 시작했다. 마을을 봉쇄하고 통신선을 끊은 후 소비에트 당국자는 주민들을 철도 창고를 활용하여 수송했다. 카자흐스탄으로 3주간의 철도 수송이 시작되었다.[82] 소련 내무부 공식 통계에는 추방자의 1/4이 5년 이내에 사망했다고 언급되어 있다. 스탈린은 일부 특정 민족을 근절하면서 소련 시스템에 맞지 않는 민족, 즉 국제사회주의 프로젝트에 완벽히 통합되지 못하고 방해가 되는 민족의 문화적 관습과 전통을 파괴하는 행위를 자행했다. 당국은 체첸이 19세기 중반 제정러시아에 강제로 통합되었고 이슬람 신앙과 관련된 문화적 독특성 등으로 소련 당국에 저항한 민족으로 인식하였고, 앞으로도 그럴 가능성이 있는 민족으로 간주하고 강제이주를 단행했다.[83]

이 글은 스탈린이 1930년대 전대미문의 숙청을 통해 정치적 테러를 자국민들에게 가했듯이, 여러 자료를 제시하면서 강제적으로 특정 민족에게 유사한 정치적 테러를 가했다는 점을 부각시켰다. 이에 대해 더 철저한 역사적 고증이 필요하다. 체첸인의 관점에서 이 사건은 영원히 잊을 수 없는 역사적 기억이 될 것이다.

이러한 집단기억은 어떻게 해석되어야 할까? 소련제국은 소수 민족

---

82 Edward C. Holland, "To Think and Imagine and See Differently: Popular Geopolitics, Graphic Narrative, and Joe Sacco's Chechen War, Chechen Women," *Geopolitics* vol. 17 (2012), 118.

83 Brian Glyn Williams, "Commemorating 'The Deportation' in Post-Soviet Chechnya: The Role of Memorialization and Collective Memory in the 1994-1996 and 1999-2000 Russo-Chechen Wars," *History & Memory* vol. 12, No. 1 (2000), 104.

을 통치하는 과정 중에 집단적이고 역사적인 기억을 남겼다. 타민족에 대한 폭력적 행동은 제정러시아 시기뿐만 아니라 소련 시대에도 사라지지 않았다. 이 시기 체첸인의 생활환경은 좋지 않았다. 이는 러시아인에 비해 소수 민족의 삶이 개선되지 않았다는 것을 의미한다. 지역 발전도 러시아인에 비해 뒤떨어져 있었다. 당시 러시아공화국 내에서 유럽 지역에 속한 곳보다도 체첸 등 북캅카스 민족의 교육과 생활 수준은 열악했다.

소련 시기 민족들은 창조되었고, 이 과정 중에 민족 상호 간 긴장 관계가 발생하였다. 강제이주 이후 체첸인과 오세트인 그리고 체첸인과 러시아인 사이에 영토적 긴장 관계가 있었다. 역사적 사건 이후 민족 분쟁이 상존하였다. 지금도 체첸은 잉구쉬 민족이 거주한 땅이 과거에 체첸 땅이었다고 주장하며 그 땅에 대한 점유권을 강조한다.[84] 현대사에 소련 당국이 행한 전통적인 방식인 "강요된 행동"(coerce behavior)으로 인해 1990년대 체첸은 군사력으로 강경하게 맞섰다. 그것이 체첸전쟁이었다. 이는 전쟁이 아니라 러시아 책임자들에게는 내전으로 규정되었다. 그러나 민족과 민족 간의 민족 전쟁으로 이해되는 경우도 많다. 체첸전쟁은 역사적 유산으로 발발되었다. 역사는 이어지고 반복되는 것처럼, 북캅카스 지역 혹은 체첸 지역 내에서 민족과 민족 간에 정치적 갈등은 여전히 지속되고 있다.

캅카스전쟁을 넘어 체첸전쟁으로 연결되었으며, 지금도 이 지역 정세는 불안정하다. 외형적으로는 체첸 정세가 안정적으로 보이지만, 이는 강력한 친러시아 인사인 람잔 카디로프(Рамзан Кадыров, Ramzan Kadyrov)가 체첸 대통령으로 철권통치를 구사하면서 같은 동족인 체첸인에게

---

84 John B. Dunlop and Rajan Menon, op. cit., 106.

압박 정책을 지속하고 있기 때문이다. 정치적으로 해석해 본다면 람잔 카디로프는 독재자이며, 향후 이 지역의 정치적 행보가 어떻게 될지는 예측하기 어렵다. 체첸인의 러시아인에 대한 정치적 시각은 역사적으로 형성되어 왔다. 또한 강제이주 사건도 체첸인의 역사적, 정치적 경향에 일정한 영향력으로 남아 있다.

7장
1차 체첸전쟁은 캅카스전쟁의 데자뷔인가?
: 전쟁의 기원과 과정

1. 서론

1994년부터 러시아연방에서 벌어진 체첸전쟁은 1996년에 평화조약으로 종식되었지만, 1999년부터 다시 2차 체첸전쟁(1999~2002)이 시작되었다. '체첸전쟁'이란 용어 사용에 필자는 고심하였다. 체첸에서는 이를 체첸전쟁이라 하고, 러시아연방의 지도자들은 이를 전쟁이라 명명하지 않고 사태, 분쟁 혹은 테러리스트의 테러라고 부른다. 체첸전쟁은 북캅카스의 핵심 지역에서 발생한 분쟁이었다. 1999년 2차 전쟁 당시 푸틴 총리는 체첸전쟁을 테러리스트의 테러라고 강력히 비난하며 전쟁으로 인정하지 않았다. 푸틴은 자신이 직접 책임진 2차 체첸전쟁을 '대테러 작전'으로 불렀다. 이는 2022년 러시아-우크라이나 전쟁이 발발하였을 때 러시아에서 공식적으로 명명했던 '특별군사작전'과 유사한 명칭이다.

지금도 마찬가지다. 국가와 국가 간의 전쟁이 아니었기 때문에 이는 단지 테러에 불과하였다는 시각이다. 즉, 러시아와 체첸 간에는 전쟁에 대한 해석이 판연히 다르며, 이는 그만큼 러시아와 체첸 사이에 역사적 악연이 깊다는 것을 함의한다. 서방의 체첸전쟁 연구와 언론 기사에서도 전쟁, 분쟁 등 다양한 용어가 사용되었다. 필자는 러시아연방 내의 이 사건을 내전으로 부를 수도 있지만, 단순한 분쟁이 아니라 한때 특정 민족의 전면전 형식의 전투였다는 점에서 전쟁으로 사용하는 것이 더 합당하다고 판단하여 '전쟁'으로 표기한다.

푸틴은 2차 체첸전쟁 당시 총리였다. 그는 체첸전쟁에 적극 대처하면서 2000년 대통령으로 당선되는 데 결정적 기반을 다졌다. 1차 전쟁에서 가장 중요한 정치적 인물로 러시아연방에서는 보리스 옐친(Boris Yeltsin, Борис Ельцин, 1931~2007) 대통령, 체첸 측에서는 조하르 두다예프(Dzhokhar Dudaev, Джохáр Дудáев, 1944~1996) 대통령을 들 수 있다. 1994년 12월 옐친이 러시아연방 내 자치공화국이던 체첸에 전격적으로 군사 공격을 가하면서 전쟁이 발발되었다. 그 이전 1991년 두다예프는 체첸의 독립을 전격 선언함으로써 체첸전쟁의 원인을 제공하였다. 러시아 내 여론은 옐친의 군사 공격에 매우 부정적이었다.

1차 전쟁은 체첸 민족의 전면전이라고 할 수 있을 정도로 체첸인은 대동단결하여 전쟁에 임했다. 체첸은 러시아에 철저히 군사적으로 대항했다. 1996년 양측은 평화조약을 체결했는데, 실질적으로 체첸이 승리했다는 평가가 많다. 1994년부터 1996년까지 지속된 20개월의 전쟁으로 약 100,000명의 체첸인이 사망했다. 비극적인 전쟁이었다. 1차 전쟁 종식 시점에 체첸은 군사력이 강한 러시아군을 격퇴하기 위해 게릴라 전술을 선택했는데, 이는 성공적인 결실을 맺으면서 실질적 승리를 거두는 배경이 되었다.

체첸전쟁은 캅카스전쟁(1816~1864)의 데자뷔 성격을 지녔다. 19세기에도 제정러시아가 체첸과 다게스탄 등 북캅카스 소수 민족에 군사 공

격을 가했는데, 이것이 캅카스전쟁으로 이어져 반세기 동안 진행되었
었다. 체첸전쟁은 캅카스전쟁보다 훨씬 빨리 종결되었지만, 전쟁의 근
본적인 성격은 크게 변하지 않았다는 것이 필자의 관점이다. 캅카스전
쟁과 체첸전쟁은 체첸인의 자유와 독립을 위한 전쟁이었다고 본다. 캅
카스전쟁 때인 1834년에 이슬람 신정국가가 건국되었는데, 2차 체첸
전쟁에서도 체첸 지도자들은 이슬람 신정국가 건설을 강력히 주창했
다. 캅카스전쟁에서 제정러시아에 맞서기 위해 지하드 등 이슬람 요소
가 매우 강조되었듯, 체첸전쟁에서도 이는 매우 중요한 기능을 하였다.
근본적으로 민족의 자유와 독립을 위한 투쟁이라는 성격이 캅카스전쟁
과 체첸전쟁이 연속선상에서 벌어진 전쟁이었음을 방증한다.

학계에서 1차 체첸전쟁에 관한 연구는 전쟁의 원인과 성격을 중심으
로 연구되었으며,[1] 당시 전쟁을 둘러싸고 벌어졌던 연방 내 주요 요인
인 연방의 정치적 요소, 군사적 요소와 인권 측면 등을 중심으로 분석된
측면이 강하다.[2] 필자는 러시아-우크라이나 전쟁이 소련권의 대표적
전쟁이라는 전제하에 20세기 말 체첸전쟁의 정치적 함의, 러시아와 체
첸의 관계, 역사적 서사, 전쟁의 과정, 이슬람 요소 그리고 전쟁의 영향
을 전체적으로 조망하는 연구 작업이 시의적으로 적절하다고 판단하였
다. 따라서 7장에서는 우크라이나 전쟁과 비교되는 체첸전쟁의 정치적,
군사적 요소를 탐색할 수 있을 것이다.

2절에서 체첸 인문 지리의 특성, 3절에서 러시아-체첸의 역사적 관
계와 체첸의 지전략적 중요성, 4절에서는 1차 체첸전쟁의 정치적 서사

---

1 유의정, "체첸-러시아 분쟁에 관한 연구(1) — 제1차 전쟁(1991-1994)의 원인과 성격에 관하여," 「슬라브학보」 15-1 (2000).
2 고상두, "러시아연방주의 현실과 체첸분쟁," 「국제정치논총」 37-2 (1997); 정은숙, 『21세기 인권의 국제화와 유엔, 러시아의 체첸 군사작전 사례연구』 (서울: 세종연구소, 2002).

와 함의를 분석할 것이다. 5절은 1차 체첸전쟁의 발생 요인을 규명하고, 6절은 1차 체첸전쟁의 과정을, 7절에서는 전쟁의 결과와 영향을 이슬람 요소를 중심으로 서술할 것이다.

2. 체첸 인문 지리의 특성

체첸은 북캅카스의 동쪽에 위치해 있다. 남쪽은 캅카스산맥의 일부분을 구성하고, 북쪽은 테렉강과 쿠마강을 낀 평야 지역이다. 체첸공화국은 체첸어로 '노흐친 레스푸블리카'(Нохчийн Республика/Noxçiyn Respublika), 러시아어로 '체첸스카야 레스푸블리카'(Чеченская Республика)라고 한다. 체첸 내 인구의 대부분은 체첸인이며, 일부는 러시아인, 잉구쉬인, 기타 북캅카스계 민족이 혼재해 있다. 언어는 토착 언어인 체첸어와 러시아어가 모두 사용되는데, 체첸어는 캅카스 제어 중 북동캅카스어족으로 구분되는 언어 그룹에 속하고 이웃 잉구쉬인이 사용하는 언어와 매우 가깝다.[3]

평야는 흑토 지대로 풍부한 농업 생산의 기본 원천이다. 체첸은 100여 년 전부터 석유가 많이 생산되던 지역으로, 한때 연간 2천만 톤에 달하는 원유를 생산하기도 했다. 체첸이 러시아에 중요한 이유는 교통의 요지이기 때문이다. 체첸을 통해 러시아와 남캅카스 간에 철도가 운행되었으며, 체첸은 근동 지역으로 나아가는 교역 대상지이자 최대 무역 지대였다.[4]

체첸 민족의 기본적인 형성에 대해 알아보면 다음과 같다. 체첸 명칭

---

3 https://ko.wikipedia.org/wiki/%EC%B2%B4%EC%B2%B8_%EA%B3%B5%ED%99%94%EA%B5%AD(2023. 8. 1. 검색).

4 고상두, op. cit., 88-89.

그로즈니 시내(사진 제공: 김선래)

은 러시아인이 18세기 초에 사용한 것으로 알려졌다. 체첸인은 자신을 '나흐치'(Nakhchi) 혹은 '나흐추바'(Nakhchuva)라고 명명했다. 일부 학자는 체첸 민족이 B.C. 9~7세기에 아나톨리야 동부와 캅카스 남부를 통치한 우라르투(Urartu)족의 후손이라고 주장하지만, 이에 대한 객관적 근거는 없다. 체첸인이 사용하는 나흐치 언어는 캅카스-이베리아 민족의 나흐(Nakh) 계열이다. B.C. 4~3세기경 조지아, 아르메니아, 로마-그리스 문헌에서 체첸을 지칭하는 용어는 '가가르'(Gagar), '드루죽'(Drudzuk) 등이다. 체첸의 남쪽은 현재 러시아 남부에 속하며, 체첸의 절반인 남부는 캅카스산맥에 걸쳐 있다.[5]

A.D. 1세기 흑해 북부에서 알란(Alan) 부족 연맹체에 참여한 체첸인은 4세기경 훈족의 침략으로 캅카스 중부와 북동부로 이주하였으며 이

---

[5] Robert Seely, *Russo-Chechen conflict 1800-2000. A deadly embrace* (London, Portland: Frank Cass, 2001), 5.

지역의 정치적 주도 민족이 되었다. 이후 이곳으로 이주해 온 인도-이란 계와 문화적으로 융합하고 지금에 이르렀다. 이웃의 잉구쉬(Ingush) 민족과는 가장 가까운 친족 관계로 역사적 기원이 있다. 체첸인은 손님 접대는 잘하지만 매우 자존심이 강하며, 역사적으로 오랜 시기 외세 침략을 받았다.6

5세기 이전 체첸 민족은 이교도적 자연신을 숭배했다. 다양한 신과 자연신이 있었는데, 조상들의 우상적 믿음을 오랫동안 따랐다. 6세기 체첸 최초의 유일신 종교인 기독교가 전파되었다. 10~13세기 조지아 통치 시기에 기독교 영향력이 가장 강했고, 14~15세기 가톨릭 선교사들이 체첸에서 활동하면서 기독교 영향력이 쇠퇴했다. 하지만 체첸 부족의 이슬람 수용 이후에도 기독교 흔적은 계속적으로 영향을 미쳤다. 16세기 후반에야 이슬람은 체첸에 전파되었고, 초기에는 평화로운 모습을 보이며 사람들의 개종을 유도했다.7

이슬람은 순니파 이슬람의 형태로 북캅카스에 들어왔다. 체첸에는 이슬람 학교나 종교학자가 거의 없었지만 이슬람, 아랍어 지식은 매우 기초적이었기 때문에, 이슬람 전파는 학자와 이슬람 기관을 통해서 이루어지지 않고 이슬람 영감을 받은 신도들에 의해 전파되었으며, 이들을 중심으로 이슬람 신앙이 형성되었다. 18세기 후반에서야 체첸 부족 사이에서 공식 종교로 채택되었으며, 비로소 이슬람은 북동부 캅카스에서 지배적인 종교 체계가 되었다. 체첸 내 타 부족 사이에서는 여전히 기독교와 이슬람의 종교적 혼합이 있었지만, 이슬람 전파 과정에서 신비주의 수피즘이 지배적 역할을 담당했다.8

---

6 신양섭, "중앙아시아의 러-체첸 분쟁 연구," 「중동연구」 18-2 (1999): 28-29.
7 Katrien Hertog, "Self-fulfilling Prophecy: The Seeds of Islamic Radicalisation in Chechnya," *Religion, State & Society* vol. 33, No. 3 (2005), 242.

북캅카스 민족 그룹 중에서도 쿠믹, 노가이, 카라차이, 발카르 민족은 투르크계다. 이들은 중앙아시아 스텝 후손들이며, 약 1,500년의 역사를 가지고 있다. 이밖에 오세티아 민족 그룹은 50만 명 이상으로 고대 이란 민족 그룹에 속한다. 캅카스는 카스피해에서 흑해를 따라 북서쪽으로 600마일이나 펼쳐져 있다. 카바르노-발카르공화국에 있는 엘브루스산은 높이가 18,471피트,[9] 약 5,630m이다. 캅카스산맥의 북쪽 부분, 즉 북캅카스는 러시아연방에 속한다. 러시아인은 캅카스인의 '지키트' 정신(산악 전사)의 용맹함을 인정했지만, 체첸인을 '사악한 체첸인'이라는 부정적 형상으로 바라보는 경향이 있었다. 그들에 대한 귀신(bogeyman)의 이미지는 레르몬토프의 시 〈코사크 자장가〉(Cossack Lullaby)에 언급되어 있다.[10]

3. 러시아-체첸의 역사적 관계와 체첸의 지전략적 중요성

체첸은 북캅카스의 중앙에 위치하며 조지아와 북캅카스의 공화국인 다게스탄, 잉구쉬, 북오세티아 등 세 자치공화국과 국경을 접한다. 체첸은 도로망과 캅카스산맥을 통해 이 모든 공화국과 연결되어 있다. 지정학적 관점에서 체첸은 전략적 중요성을 지닌다.

첫째, 체첸은 러시아 정부에 (남캅카스를 포함한) 캅카스에서 반러시아 입장의 전략적 네트워크가 형성되지 못하도록 방어할 수 있는 전략적

---

8 Ibid.,

9 1피트(ft)는 30.48cm다.

10 "Cossack Lullaby" by Mikhail Lermontov, translated in L Kelly, *Tragedy in the Caucasus* (London: Constable, 1977), 207.

공간이다. 북오세티아는 이전부터 친러시아 자치공화국이었다. 잉구쉬공화국은 체첸과 다르게 러시아연방 정부에 협조적이다.

둘째, 이곳은 상대적으로 이슬람 원리주의, 민족주의, 분리주의 이데올로기가 이웃 자치공화국으로 유출될 가능성이 있는 지역이다. 혹은 반대로 인근 공화국에서 체첸으로 이러한 이념이 확산될 수도 있다. 러시아연방이 그 흐름을 막기에는 논리적으로 어려울 뿐 아니라 심지어 불가능하다.

셋째, 러시아가 체첸과 전투를 벌여야 하는 이유는 전쟁이 지속되거나 종식이 되지 않으면 유사한 분쟁이 조지아, 아르메니아, 아제르바이잔 등 남캅카스공화국에서 일어나 러시아의 정치적 영향력이 약화될 수 있기 때문이다.[11] 서방 관점에서 러시아는 과거 초강대국에서 지역 강대국으로 축소되었다는 입장이다. 그러나 러시아는 이 사실을 수용하지 않는다. 러시아가 중국과 전략적 관계를 지속하는 이유도 여전히 세계 강국이라는 사실을 주장하고 싶기 때문이다.

체첸전쟁 발발 당시 러시아 군대는 아르메니아와 조지아에 주둔하며 원유가 풍부한 아제르바이잔의 특정 시설을 이용하고 있었다. 체첸은 남캅카스로 이어지는 전략적 교차로이므로, 러시아는 체첸을 군사적으로 통제해야만 소위 '근외 지역'(near abroad)의 경제 전략 지대, 즉 자원이 풍부한 곳을 방어할 수 있다. 다시 말하면 체첸이 자유를 쟁취하는 경우 중앙정부는 완전한 전략 지대를 상실한다는 것을 의미한다.[12]

넷째, 러시아는 캅카스에서 역사적 라이벌인 튀르키예와 체첸이 잠재적 동맹을 맺을 것에 대해 우려하였다. 정치적, 문화적, 지정학적 유

---

[11] Omar Ashour, "Security, Oil, and Internal Politics: The Causes of the Russo-Chechen Conflicts," *Studies in Conflict & Terrorism* 27 (2004), 132.

[12] Ibid.

그로즈니 시내(사진 제공: 김선래)

대를 감안할 경우 체첸은 러시아-이란-아르메니아 축보다 미국이 지원하는 튀르키예-조지아-아제르바이잔 축에 합류하는 것을 전략적으로 더 선호할 수 있다는 것이다. 만약 튀르키예가 체첸의 수도인 그로즈니에 대사관을 설립한다면, 이는 러시아의 전략적 지대에 강국이 진입한다는 의미다.13

러시아의 대다수 엘리트들은 독립된 체첸공화국은 러시아의 장기적인 군사적, 지정학적, 경제적 이익과 배치되기에, 이는 전혀 수용할 수 없는 일이라고 주장한다. 1993년 '유럽안보협력기구'(OSCE) 회의에서 미국-러시아의 협상이 결렬되면서, 그 결과 러시아의 체첸 침공이 정해지고 실행되었다. 소련 해체 이후 동유럽 국가들은 러시아의 세력권에서 탈피하고 서방과의 전략적 협력을 모색했으며, 러시아 국경지대

---

13 Dominic Lieven, *Empire. The Russian Empire and its Rivals* (New Haven, London: Yale University Press, 2000), 85.

로 '나토'(NATO, 북대서양조약기구)가 전진했는데, 이는 2022년 러시아-우크라이나 전쟁이 발발한 직접적 요인이 되었다. 소련 해체로 러시아는 동유럽에서 완충지를 상실했다. 러시아가 남부 방어선의 전략 지대인 체첸을 상실한다는 것은 용납할 수 없고 상상하기 어려운 일이었다. 이미 조지아, 아제르바이잔은 'PfP'(평화를 위한 파트너십)에 가입하면서 서방과의 협력을 강력히 모색하고 있었다.14

7세기경 아랍 칼리프가 다게스탄 지역을 중심으로 이슬람을 전파함으로써 러시아 남부의 이슬람 역사는 시작되었다. 러시아의 중세 국가인 모스크바국 시대 러시아는 남부로 영토를 확장했다. 러시아는 북캅카스 무슬림 민족뿐만 아니라 동방의 페르시아, 터키 등과 매우 밀접한 역사적 관계를 가졌다. 러시아는 18세기 이후 북캅카스의 체첸과 다게스탄 등 현재 러시아연방에 속하는 소수 민족에 대한 정치적 지배권을 가지고 있었는데, 19세기 캅카스전쟁을 승리로 이끌면서 이 지역을 완전히 복속시켰다.15

제정러시아는 캅카스전쟁 종식 이후 중앙아시아 정복에 나섰다. 제정러시아에 있어 캅카스전쟁의 승리는 중앙아시아 정복의 계기가 된 것이다. 이미 19세기 중엽 러시아는 조지아, 아르메니아, 아제르바이잔 등 남캅카스 지역을 지배하고 있었다. 캅카스 국가들은 20세기 소비에트 체제에 포함됨으로써 러시아와 인연이 깊은 나라들이었다. 러시아가 캅카스 민족과 전쟁을 치렀다는 사실은 이 지역에서 러시아와 무슬림 민족 사이에 역사적 악연이 있다는 것을 의미하였다.16 즉, 포스트-

---

14 John Erickson, "Russia Will not be Trifled With Geopolitical Facts and Fantasies," *The Journal of Strategic Studies* vol. 22, No. 2/3 (1999), 260.

15 Moshe Gammer, *Muslim resistance to the tsar: Shamil and the conquest of Chechnia and Daghestan* (London: Frank Cass, 1994), 290.

소비에트 공간에서 종교적 상황은 역사적으로 뿌리가 깊은 테마이다.

체첸은 1917년 러시아 혁명 이전까지 테르스카야(Терская область) 구역의 일부분이었다. 볼셰비키 혁명 직전인 1917년 9월 다게스탄의 안디-아울에서 이슬람 지도자 총회가 개최되었는데, 셰이흐 나주무딘이 다게스탄, 체첸의 종교 지도자가 되었다. 그는 셰이흐 우준 하지와 연합하여 볼셰비키 적군에 속했다. 1919년 가을 우준 하지는 이 지역에 '북캅카스 연합 국가'를 선포하면서 1834년 건국된 이맘 샤밀의 신정국가와 같은 형태의 이슬람 국가 건설을 목표로 했다.

1920년 11월 '테르스키 인민의회'가 개최되었는데, 여기에서 체첸, 잉구쉬를 포함하는 '산악공화국'이 세워졌다. 그러나 볼셰비키 정권 세력이 강화되면서 소련 정부는 체첸에 대한 정치적 지배권을 가졌다. 소련은 제정러시아에 저항하던 체첸인에 대한 정치적 억압을 강화하는 방식을 택했다. 1922년 체첸은 소련 내 '러시아 소비에트연방 사회주의 공화국'(RSFSR)의 일부가 되었고, 이에 따라 1924년 산악공화국은 폐기되었으며 대신 그 지역에 잉구쉬 자치구가 형성되었다. 레닌은 1917년 볼셰비키 혁명에 성공한 이후 '꼬레니자찌야'(коренизация)라는 민족 정책을 내세웠다. 사회주의에 동의한다면 소수 민족의 문화, 종교를 보장하고 자치를 허용한다는 정치적 슬로건으로, 체첸은 이를 수용하고 동조하였다. 제정러시아의 지배를 받은 소수 민족은 새로운 소련 정권을 지지한다면 해방과 민족 자치를 쟁취할 수 있을 것이라는 기대감을 가지고 있었으며, 북캅카스 소수 민족도 민족 자치와 자립에 대한 열망이 있었다.[17]

---

16 Dominic Lieven, *Empire. The Russian Empire and its Rivals* (New Haven, London: Yale University Press, 2000), 206-208.

17 Ben Fowkes, "Introduction," Ben Fowkers ed., *Russia and Chechnia: The Permant crisis*.

소련은 세계 최초로 공산주의 국가를 출범시켰다. 그러나 볼셰비키 혁명 초기 소련은 국가 존립조차도 확신하지 못하는 상태였다. 혁명 이전 제정러시아는 1차 세계대전에 참전하고 있었기 때문이다. 결국 레닌은 1차 세계대전 참전 중단을 결정하였고, 이후 적군과 백군의 내전 상황으로 돌입했다. 볼셰비키 세력이 내전 승리로 1922년 소연방을 출범하면서, 러시아, 우크라이나, 벨로루시, 남캅카스 연합 국가 등 4개국이 소연방을 구성했다. 내전 시기 볼셰비키는 전시공산주의를 가동했었는데, 이후 소련은 '신경제정책'을 가동하면서 국가 재건에 나섰다. 1927년 스탈린이 정권을 완전히 장악하면서 강력한 공업 국가로서 첫발을 내디뎠다. 이때 스탈린이 행한 집단 농장화로 체첸은 큰 피해를 입었다. 체첸인의 생활 방식은 전통적인 방목으로, 이는 여름과 겨울에 이루어졌다. 그런데 그러한 생활양식도 반동으로 규정되었다. 1922년 여름부터 1930년 봄까지 볼셰비키는 체첸에 대한 '평정' 군사 작전을 시행하였고, 2차 세계대전까지 체첸인은 여러 형태로 볼셰비키 세력에 저항하였다.18

스탈린도 레닌의 민족 정책을 공식적으로 이어받고 각 민족의 자치를 인정하는 통치를 구사했다. 그러나 실제 각 민족의 자치는 원활히 구현되지 못했다. 개별 민족마다 자치권 행사의 방식은 달랐지만, 체첸 등 북캅카스 민족의 자유와 자치는 잘 이루어지지 않았다. 1930년대 스탈린은 체첸에 대해 탄압과 숙청으로 통치하였다. 1935년 체첸-잉구쉬 두 자치구가 합병하면서 '체첸-잉구세티아자치공화국'이 등장했는데, 스탈린 숙청 시기인 1936년 여름부터 1938년까지 이 자치공화국

Essays on Russo-Chechen relations (New York: St. Matin's Press, 1998), 5.
18 유의정, "체첸-러시아 분쟁에 관한 연구 — 체첸의 문화와 사회적 특징을 중심으로," 「슬라브 연구」 16-2 (2000): 70-71.

을 포함한 북캅카스에서 지식인들과 공산당 지부 간부 약 10만 명이 체포되어 일부는 처형되었으며 나머지는 강제 추방되었다. 1940년대 초 체첸, 잉구쉬인은 소련 정부에 저항했지만, 1942년 말에 진압되었다. 체첸과 잉구쉬 민족에 대한 박해는 2차 세계대전 말기에 재개되었다. 6장에서 살펴보았듯 강제이주 사건이 벌어진 것이다.[19]

캅카스전쟁 패배 이후 체첸인을 비롯한 북캅카스 거주민들이 터키와 중동으로 대규모 추방을 당했다. 1944년 2월 23일 스탈린은 체첸-잉구쉬인 약 48만 명에 대한 강제이주를 단행했다. 2차 세계대전 시기 체첸-잉구쉬인이 독일에 협력하였다는 것이 공식적인 강제이주의 이유였다. 대부분의 체첸인이 시베리아와 카자흐스탄으로 강제이주를 당했다. 한편으로 스탈린이 체첸의 전 국민을 강제이주한 이유는 군사적 고려 이외에 다른 이데올로기적 논리가 있다는 주장이 제기되었다. 스티븐 카츠는 "강제이주를 통한 완전한 문화적 개종에 대한 스탈린주의 프로그램은 직간접적으로 최대 500,000명의 삶에 피해를 초래했다. 따라서 이것은 대량 학살을 통해 조장된 민족 학살의 전형적인 사례다. 스탈린의 이러한 행위는 다양한 소수 민족의 민족 문화와 그 바탕하에 세워진 민족의 독립성과 자존심을 파괴하는 행위"라고 강조했다.[20]

스탈린의 이른바 '사회주의 문화'(socialist culture)는, 체첸이 그토록 오랫동안 저항하며 치열하게 싸운 러시아 문화의 위장된 버전으로 체첸인에게 수용되었다. 역설적으로 스탈린의 정책으로 체첸 자립을 유지

---

19 윤영미, "탈냉전기 러시아-체첸 분쟁의 양상: 테러와 반테러 갈등," 「평화연구」 13-1 (2005), 127.
20 ST Katz, "Mass death under Communist rule and the limits of 'Otherness'," Robert S. Wistrich ed., *Demonizing the Other: Antisemitism, Racism and Xenophobia* (Amsterdam: Harwood Academic, 1999), 280.

하는 데 도움이 된 체첸의 부족 시스템인 '타이프'(teip, 씨족) 구조는 더 강화되었다. 체첸인이 흐루쇼프 서기장 시기인 1950년대 복권되어 고향으로 귀환한 사건은 러시아와 체첸 관계를 궁극적으로 해결하는 데 실패했으며, 이후에도 러시아인은 여전히 소비에트 프롤레타리아트 규범에 대한 동화를 체첸인에게 요구했다. 그러나 체첸은 이에 맞서 '전통관습'(adat)과 명예를 복원하기 위해 줄곧 노력했으며,21 이러한 체첸의 민족 자치의 노력은 체첸전쟁의 역사적 동인으로 작용했다. 1762년 예카테리나 여제 시기 러시아가 북캅카스를 공략하고, 1816년 이후 직접적으로 촉발된 캅카스전쟁, 그 이후 러시아의 정치적 압박 등으로 체첸전쟁이 발생하였다. 이는 체첸을 비롯한 북캅카스의 전략적 가치가 매우 높아 발생한 것이었다.

1991년 12월 소련의 공식적 해체 선언 직전인 11월에 체첸은 스스로 독립을 선언했다. 이로써 사실상 독립의 길을 선택한 체첸의 지도자인 두다예프는 "체첸뿐만 아니라 조지아, 아제르바이잔, 아르메니아를 포함하는 코카서스(캅카스)공화국을 건설"할 계획이라고 과감하게 선언했다.22 이러한 언사는 과거 강대국이던 러시아의 안보에 대한 위협 행위로 간주되었고, 러시아는 2022년 우크라이나 전쟁처럼 안보 위협을 체첸 침공의 주요한 구실로 삼았다.

---

21 John Russell, "Terrorists, bandits, spooks and thieves: Russian demonisation of the chechens Chechens before and since 9/11," *Third World Quarterly* vol. 26, No. 1 (2005), 104.

22 Irina Mukhina, "Islamic Terrorism and the Question of National Liberation, or Problems of Contemporary Chechen Terrorism," *Studies in Conflict & Terrorism* vol. 28, No. 6 (2005), 517.

4. 1차 체첸전쟁의 정치적 서사와 함의

체첸전쟁은 체첸의 역사적이고 핵심적인 사건이다. 이 전쟁은 단순히 종교전쟁으로 해석할 수 없다. 그렇다고 정치적 요소와 경제적 요인으로만 파악할 수도 없다. 체첸전쟁은 명백히 역사적 기원이 있다. 이 전쟁에는 러시아연방 지도자의 정치적 요소가 많이 개입되었는데, 이는 다분히 강제적 방식이었다. 러시아는 전통적으로 팽창 정책을 구사해 왔는데, 식민주의 정책이 그에 근거하고 있다. 그런데 체첸 민족은 캅카스전쟁부터 러시아에 역사적으로 항쟁해 왔으며 체첸전쟁 때도 그러했다. 이는 체첸인의 역사적, 정치적 서사이며 사회적 통합으로 이해된다.

러시아는 전횡적 통치를 펼쳐온 국가였다. 체첸인의 관점에서 체첸전쟁은 자유 획득의 전쟁이었지만 잃은 것이 너무나 많았다. 캅카스전쟁 때도, 체첸전쟁 때도 동일했다. 체첸인은 전쟁을 통해 자유를 완전히 획득하지 못했다. 누가 자신의 목숨을 강력한 국가 혹은 강력한 이들로부터 뺏기는 상황을 원하겠는가? 누구도 살해당하고 싶지 않았을 것이다.[23] 체첸은 강대국에 의해 철저히 압박받았고 고통스런 역사적 시간을 보냈다.

체첸의 집단적 민족 정체성의 형성과 변형에 영향을 미친 요인은 부족, 소비에트(계급 기반), 종교, 민족, 민족주의, 성별, 농촌 또는 도시 등이다. 소련 시기 가장 강조한 부분은 소비에트 시민사회의 정체성이었다. 이는 국가 경영에 매우 필요한 국가 정체성이었으며 가장 두드러진

---

[23] The Ministry of Foreign Affairs of the Chechen Republic of Ichkeria, "The Russian- Chechen tragedy: the way to peace and democracy. Conditional independence under an international administration," *Central Asian Survey* vol. 22, No. 4 (2003), 494.

단일 정체성이었다. 민족 정체성은 일반적인 사회 정체성과 중복되는 경우도 있고, 그 중요도는 특정 상황에 따라 무시되거나 달라질 수 있다.24 예를 들면 민족주의 정체성은 인구 통합을 위해 식민주의 과거를 극복하거나 영토 주권에 대한 명백한 위협을 극복하기 위한 권력자의 행동에 따라 쇠퇴하기도 하며 그저 지나가 버릴 수도 있다.25

러시아는 캅카스전쟁을 기점으로 체첸 등 북캅카스를 완전히 정복했다. 식민화된 민족이 강대국의 통치를 어떻게 수용하는지는 민족의 운명이 걸려 있는 문제다. 소수 민족은 거대 강국에 대처하는 삶의 방식을 나름대로 구축해 놓아야 한다. 제정러시아라는 강대국이 출현함으로써 체첸인의 삶은 새로운 정치적 통일체 내에서 통제되었다. '집단기억'(Collective memory) 관점에서 보면 캅카스전쟁 시기 러시아는 피정복 민족에 대한 잔혹한 행위를 펼쳤다. 캅카스전쟁에도 체첸전쟁과 유사한 행동 유형이 많았다. 캅카스전쟁의 역사적 경험과 이후 제정러시아, 소련의 정치적 지배가 계속 유지됨으로써 체첸의 민족 정체성이 강력히 형성된 측면이 있다.

특정 민족에게 있어 잔혹한 기억은 영원하다. 그것이 특별히 피해를 받았다는 민족의 공통 인식으로 간주된다면, 이는 잊어버릴 수 없는 '한'(恨)의 기억이 될 것이다. 스탈린이 체첸인을 중앙아시아로 강제이주시킨 사건도 동일하다.26 체첸 민족 정체성은 매우 명확했다. 캅카스전쟁, 강제이주 등의 뚜렷한 집단기억은 오랫동안 체첸인의 내면에 자리

---

24 G. W. Lapidus, "Ethnonationalism and political stability: the Soviet case," *World Politics* vol. 36, No. 4 (1984), 560.

25 J. Philp, D. Mercer, "Politicised pagodas and veiled resistance: contested urban space in Burma," *Urban Studies* vol. 39, No. 9 (2002), 1599.

26 Michael Fredholm, "The prospects for genocide in Chechnya and extremist retaliation against the West," *Central Asian Survey* vol. 19, No. 3-4 (2000): 321-322.

잡았다. 소련 해체로 공산주의 이데올로기는 사라지고 체첸에는 새로운 정신적 가치 체계로 민족주의와 이슬람이 등장했다. 전쟁과 강제이주의 집단기억이 체첸인 내면에 존재하고 있었기 때문에 체첸전쟁은 전쟁사의 직접적인 승계로 해석될 수 있다. 러시아는 캅카스전쟁 종식 이후 150년 이상 체첸인을 지배했다.

1991년 8월 모스크바에서 일어난 보수파들에 의한 쿠데타 사건 이후 체첸에서는 분리주의적 '민족-급진주의자들'(national-radicals)이 세력을 차지했다.27 체첸 내부에서 정치 경쟁은 멈추었다. 민족주의 세력이 정치 분야에서 지배적 위치를 차지하였으며 민족 정체성의 생산자 혹은 담론자 역할을 맡았다. 1991년 11월 9일 두다예프가 체첸자치공화국 대통령으로 선출되었다. 그 이전 1991년 11월 1일 그는 체첸의 독립선언을 주도했다.28 두다예프는 1944년 잉구쉬공화국에서 출생하여 카자흐스탄에서 13년간 거주했으며, 모스크바공군학교를 졸업한 후 전투기 조종사로 아프가니스탄전쟁에 참전하였고 공군 소장으로 예편했다.

두다예프는 1차 전쟁의 핵심 인물이었다. 그는 체첸에 거주한 적이 없었으며 러시아 여성과 결혼했다. 그는 러시아 국가보안위원회(KGB) 본부를 습격하여 각종 무기를 탈취하며 1차 전쟁을 이끌다가, 1996년 4월 21일 그로즈니에서 러시아 공군의 미사일 공격을 받고 전사했다. 두다예프는 사회적, 정치적 정당성에서 의심을 받았지만, 체첸인의 광범위한 지지를 받았다. 소련 정부가 선포한 정치·경제적 봉쇄 조치에 대한 반발도 그가 인기를 얻는 데 한몫했다. 그러나 옐친 행정부가 간섭

---

27 Т. Музаев, *Чеченская республика, органи и политические сили* (Москва: Понорама, 1995), 159.

28 https://en.wikipedia.org/wiki/Dzhokhar_Dudayev.

체첸 두다예프 대통령(출처: https://www.gazeta.ru/politics/2024/02/15/18277891.shtml)

을 지속하고 두다예프도 체첸을 강력히 통제하지 못함으로 사회적, 정치적 분열이 심화되었다. 무정부 상태와 폭력 행위가 늘어났으며 체첸의 범죄화도 심화되었다.29

소련 내 많은 구성 공화국이 독립을 선포했지만, 체첸은 러시아공화국 내의 자치공화국이었고, 다른 공화국들은 대부분 소련 내 구성 공화국으로 독립 선포 이후 독립 공화국으로 출범한 국가들이다. 소련 해체 이후 체첸은 러시아연방 내 자치공화국이 되었다. 처음에는 소련 시기처럼 체첸-잉구세티아자치공화국이었다. 소련 해체 당시 러시아인은 소련의 붕괴를 수용할 준비가 되어 있었지만, 새로 출범한 러시아연방 해체는 원하지 않았다. 1992년 러시아연방은 새로운 헌법을 작성하고 있었는데, 체첸은 이미 대통령과 의회가 통치하는 세속 국가로 정의하

---

29 Aurelie Campana, "The Effects of War on the Chechen National Identity Construction," *National Identities* vol. 8, No. 2 (2006), 133.

는 헌법을 채택했다. 옐친은 이러한 상황을 무시했고, 결국 1994년 12월 체첸 독립운동을 반군의 봉기로 선언하고 무력 공격을 개시했다.[30]

1990년대 초 옐친 정부가 채택한 '충격 요법'(shock therapy) 정책은 가격자유화 정책으로 체첸인을 빈곤 상황으로 내몰았다. 이 시기 러시아는 경제적으로 매우 힘든 시기를 보내고 있었는데, 1차 전쟁 동안 그로즈니가 파괴되면서 경제 위기가 더욱 악화되었다. 이러한 주장을 펼치는 논자들은 비참한 경제 상황에 직면한 많은 체첸 남성들이 마약 거래, 강도, 테러리즘에 가담하는 것 외에 다른 선택이 없었다고 강조한다.

체첸 내에서도 이미 러시아화된 정치, 문화, 과학 지식인들과 일반 민중 사이의 격차가 벌어졌다. 전통적인 견해의 지지자들은 체첸의 현대화 지지자들과 관점을 달리했다. 독립주의자들은 러시아연방의 범위 내에서 자치권을 얻자고 주장하는 사람들의 반대에 부딪혔다. 1993년 두다예프 정권이 권위주의 통치를 감행하면서, 1991년 체첸 통합을 꿈꾸던 희망에 비해 많은 실망감이 나타났다. 두다예프 정부 초기 권력자들은 도리어 권력을 상실하기 시작했다. 1994년 옐친은 체첸 정권을 두다예프와 그의 '산적 조직'(bandit formations)이 행사하는 불법적 독재 통치라고 강하게 비판했다. 이는 두다예프에 반감을 갖는 체첸인에 대한 러시아 정부의 공식 선언이었다.[31]

두다예프 반대 세력은 러시아 측이 지원하던 야당에 합류하기도 했다. 분리주의 운동의 구조적 취약성, 두다예프 정부의 잘못된 통치 방식, 체첸 지식인 간의 치열한 경쟁 등으로 체첸 사회 내 분열이 심화되

---

30 Anne Speckhard and Khapta Akhmedova, "The New Chechen Jihad: Militant Wahhabism as a Radical Movement and a Source of Suicide Terrorism in Post-War Chechen Society," *Democracy and Security* vol. 2 (2006), 105.

31 Omar Ashour, op. cit., 131.

었고 다양한 견해가 대두되었다. 이는 캅카스전쟁 시기에도 유사한 형태로 나타난 측면이 있다. 당시에도 제정러시아와 전쟁을 치르지 말고 공존 혹은 평화를 창출하기를 주장한 무슬림 지도자들이 많았다.

옐친 대통령은 분리 독립을 외치던 체첸을 공격했다. 체첸 지역의 거대한 전투는 1990년대에만 발생한 사건이 아니었으며, 캅카스전쟁 이후 130년 만에 다시 등장한 사건이었다. 캅카스전쟁의 연속선상에서 체첸전쟁이 있었던 것이다. 물론 130년이 짧은 기간은 아니었지만, 그 시기는 제정러시아가 체첸 등 북캅카스 사회를 점령한 기간이었고, 볼셰비키 혁명 이후 체첸은 러시아공화국에 속했다. 옐친은 예상치 못한 상황에서 침공을 자행했다.

5. 1차 체첸전쟁의 발생 요인

체첸 관점에서 체첸전쟁은 총력전(total war)이었다. 민족 정체성은 이 전쟁을 통해 등장했다. 소련 해체 이후 러시아연방이 새롭게 출범했지만, 체첸은 러시아연방과 전혀 타협의 여지를 가지지 않았고 전쟁으로 이어졌다. 그렇다면 체첸전쟁의 발생 요인은 무엇일까? 많은 학자들은 체첸 테러의 지속성을 설명하는 일련의 해석을 제시한다. 하지만 설명 자체는 상호 배타적이지 않다.[32]

첫째, 정치적 이유이다. 연방 정부는 체첸의 독립을 인정한다면 러시아연방 내 다른 자치공화국들이 독립할 것이라는 소위 도미노 이론의 현실화를 염려했다.[33] 체첸 독립을 인정하는 순간 다른 자치공화국에

---

32 Irina Mukhina, op. cit., 515.
33 Alec Rasizade, "Chechnya: The Achilles heel of Russia — Part Two," *Contemporary Review* 286, Issue 1672 (2005), 277.

서도 독립을 요구하는 일들이 벌어질 가능성이 있었고, 러시아는 이러한 사태를 수용할 수 없었다. 옐친은 독립과 분리주의를 선언하거나 주장하던 체첸의 독립을 허용하지 않기 위해 군대를 보냈다. 러시아 지도부는 북캅카스 상황이 다양한 이유로 국가 안보에 위협이 된다고 판단했다. 이는 연방 내 자치공화국의 민족주의자들이 체첸 분리주의자들이 선택한 경로를 따를 수도 있다는 위기의식의 발로였다. 러시아 남부의 핵심 공화국이던 타타르스탄공화국 내에서도 강력한 독립 요구가 소련 해체 이후 제기되었다. 이런 상황에서 연방 정부는 체첸 분리주의 운동을 엄격히 통제할 필요가 있었다. 1994년 2월 15일 러시아 지도자들은 타타르스탄공화국과 양자 조약을 체결하면서 체첸전쟁과 유사한 방식의 분쟁을 피했다.34

둘째, 러시아 정부의 대 체첸 정책에도 기인한다는 해석이 있다. 카스피해의 대규모 석유 단지가 체첸 내에 있었는데, 체첸은 러시아의 전략적 요충지이며 송유관이 통과하는 지역이었다. 경제적 관점에서도 러시아가 체첸 독립을 허용하기는 쉽지 않았다. 일단의 학자들과 저널리스트들은 체첸 경제의 붕괴, 끝없는 전쟁의 황폐화, 사회 기반 시설 파괴를 전쟁의 원인으로 적시하였다.35 이 지역은 원유 매장량이 풍부한 카스피해에서 멀지 않은 곳에 있다. 원유는 수도인 그로즈니를 통과하고 러시아의 흑해 항구인 노보로시스크(Новороссийск, Novorossiysk)로 수송되는데, 이는 서유럽 시장으로 수송하는 최단 경로였다.

셋째, 안보적 측면이다. 러시아 정부는 체첸 독립을 국가 안보의 위협적 요소로 판단했다. 그 이유는 북캅카스, 특히 체첸의 지정학적 위치

---

34 Omar Ashour, op. cit., 131-132.
35 Ibid.

때문이었다. 이 지역은 유럽과 아시아를 연결하는 전략적 요충지이다. 역사적으로 러시아 군사 분석가들은 그 전략적 중요성을 이해했다. 저명한 군사 이론가인 파데예프(R. Fadeev) 장군은 "러시아는 흑해, 카스피해를 지배해야만 남부 방어선을 보호할 수 있다"고 강조했다.36 그런데 러시아의 강력한 군사 공격을 받던 체첸 사회 내에 분권화, 폭력의 확산, 군벌주의 등의 변화가 생기기 시작했다.

1차 전쟁의 전략적 요인은 국가 안보와 지정학이라는 두 가지 영역으로 살펴볼 수 있다. '지정학적 위치'(geopolitical position)의 자치적 단일 요소는 국가 안보에 위협을 줄 것인지, 위협이 되지 않을 것인지의 여부를 결정하는 독립 변수이다. 예를 들면 중요한 지정학적 위치를 가진 체첸이 독립 공화국으로 분리된다면, 정부 정책 결정권자들의 입장에서 이는 러시아의 영토 보전과 국가 이익의 위협 요소로 판단된다.

체첸은 자유와 독립을 쟁취하기 위해 이 전쟁이 필수적인 사회적, 정치적 요소임을 인정했다. 러시아 군대가 체첸 영토에 진입하면서 체첸 대중에게 독립 전쟁으로 수용되었으며, 전쟁 수행을 위한 대규모 동원이 이루어졌다. 이는 침공에 대한 거대한 반발이었고, 두다예프 정권을 위한 동원도 아니었다. 전쟁은 체첸 국가 건설 과정을 결정적으로 중단시켰다. 체첸 내에서는 다양한 외부적 요인이 형성되면서 정부 권력이 분열되었다.37

넷째, 이 전쟁은 러시아-체첸의 오랜 역사적 기원에서 배태되었다는 설명이다. 제정러시아의 통치자가 결정한 제국주의 방식은 전쟁이었다. 18~19세기 러시아는 체첸인의 거주지로 군대를 보냈고 캅카스

---

36 Aleksander Belkin, "War in Chechnya: The Impact on Civil-Military Relations in Russia" (1998), http://www.amina.com/article/chapter2.html.

37 S. A. Cornell, "Chechen State?," *Central Asian Survey* vol. 16, No. 2 (1997), 202.

전쟁이 발발했다. 두 민족 간 역사적 충돌과 갈등이 있었다. 체첸 민족주의자들은 18세기 후반 러시아에 강제적으로 점령당하면서 겪었던 정치적, 경제적 차별을 강조했다. 이들은 지속적으로 고통을 당했다는 민족적 상처의 이미지를 드러내면서 체첸인을 반러시아 투쟁으로 이끌었다.38 18세기 이후로 양측의 문제는 역사적 경험에서 장기적으로 형성되어 쉽사리 해결되기 어려웠다. 러시아는 체첸, 다게스탄 지역으로 군대를 보내고 군사적 공격을 감행했고, 체첸인은 러시아의 지배와 공격에 저항하였다. 민족 간의 장기적인 갈등이 전쟁의 요인이었다. 러시아가 오랜 기간 체첸의 독립과 자유를 허용하지 않아 체첸의 저항을 불러일으킨 것이다.

캅카스전쟁 시기 체첸인은 가장 용맹하고 뛰어난 군사력을 지닌 민족으로 알려져 있었다. 1806년 러시아의 쿠도비치 장군이 이 지역을 최초로 공격하면서, "체첸인이 군사 행동을 멈추지 않는다면 반드시 전멸될 각오를 하라"는 식의 경고를 보냈다. 메시지 자체는 명확했다. 항복하든지, 죽든지 선택하라는 것이다. 1816년 북캅카스 총독 겸 사령관으로 알렉세이 예르몰로프(Aleksey Yermolov, Алексей Ермолов, 1777~1861)가 부임하자마자 캅카스전쟁이 발발했다. 제정러시아가 북캅카스를 완전히 점령한다는 전략적 차원에서 예르몰로프는 강력한 군사 작전을 펼쳤다. 그는 러시아에 저항한다면 그 어떤 사람도 절멸한다는 강력한 소신을 가지고 모든 반대 세력에 대해 잔인한 공격적 행동을 서슴지 않았다.

체첸전쟁에 대한 역사적 기원은 매우 신중한 접근을 필요로 한다. 러시아는 캅카스전쟁 때 폭력을 행사해 강제적 점령을 시도했는데, 이는 근대사에서 대부분의 제국이 행하던 방식이었다. 러시아는 강력한 군

---

38 Robert W. Schaefer, op. cit., 49.

사력을 활용하면서 소수 민족들을 점령하였다. 러시아는 캅카스전쟁 때 엄청난 인적, 물적 손실을 안았지만, 다른 제국처럼 피지배 민족에 대한 정복을 쟁취하였다.[39]

러시아 관리들은 체첸인을 부정적으로 바라보았다. 이러한 경향은 '아브레크'(abrek, абрек)라는 단어에 함축적으로 표현되어 있다. 러시아의 19세기 '금 시대'(golden age, золотой век) 대표 시인 미하일 레르몬토프(Mikhail Lermontov, Михаил Лермонтов, 1814~1841)는 1830년대 북캅카스에서 러시아의 군인 겸 관리자로 근무하였는데, 그에 의해 이 용어는 "러시아의 통치에 대항하는 고독하게 무장한 무법자"의 의미로 해석되었다. 즉, "손에는 총을 들고 언덕 위에 달을 등지고 늑대처럼 윤곽만이 보이는 존재"로 그려졌다.[40] 20세기 초 이 용어는 '거룩한 강도'(noble robber)라는 부정적 의미였다. 체첸인은 볼셰비키 혁명 시기 소비에트 체제에 매우 격렬하게 저항했다. 2차 세계대전 때 독일이 침공했을 때 체첸이 독일을 도와주었다는 혐의를 받던 시기에 이 용어는 '국가의 적'을 의미했다.[41]

크든 작든 체첸인이 느꼈던 감정은 러시아에 대한 증오로 발전했다. 전쟁 발발 이후 일부 체첸인은 러시아 민족에 대한 혐오 감정을 품었다. 민간인 살해와 같이 러시아가 체첸에 행한 일은 무자비한 측면이 있었다. 군인들에 의해 전개된 잔학 행동과 그 양태는 거대 국가인 러시아가 마치 쥐, 독거미, 늑대를 박멸하듯이 체첸 민족을 파괴하는 행동으로 인식되었다. 그렇기 때문에 체첸인의 저항은 자기 보호의 자연스러운 감정이었다.[42]

---

39 Robert Seely, op. cit., 20-21.
40 http://www.abrek.vov.ru/.
41 John Russell, op. cit., 102.

6. 1차 체첸전쟁의 과정

1) 체첸 독립 선포 이후 체첸전쟁까지의 과정

1990년 11월 25일 '체첸 민족위원회'(National Congress of the Chechen People)가 조직되었다. 체첸은 위원회를 구성하면서 독립 의지를 표명했다. 이틀이 지난 11월 27일 체첸은 최초로 독립을 선언하였다. 이는 1991년 11월 대통령에 의한 공식적인 독립 선언과는 그 성격이 다른 측면이 있는데, 바로 체첸 민족위원회가 주동이 되어 독립 선언을 하였다는 것이다. 체첸-잉구세티아자치공화국은 주권 선언, 즉 독립을 공표했는데, "주권은 곧 독립이다"라는 입장이었다. 이 선언은 "체첸-잉구세티아 국가주권에 대한 선언"으로 명명되었다. 공화국의 최고 소비에트가 표방한 선언문이었다. 체첸은 공화국 명칭 자체도 스스로 '체첸공화국'으로 변경하면서 '체첸-잉구세티아공화국'이라는 이중 공화국 체제에서 벗어나고자 했다. 체첸은 스스로 더 이상 러시아연방사회주의공화국 소속의 자치공화국이 아니라는 것을 천명했다.43

소련 정부의 공식 인정은 아니지만 체첸-잉구세티아공화국은 여전히 존속하였다. 1991년 3월 체첸은 러시아공화국의 국민투표를 거부하면서 독립 의지를 강력히 보였다. 두다예프를 비롯한 체첸 지도부는 체첸의 통일된 국민국가로의 발전을 방해하는 다른 모든 문제를 무시하고 있었기 때문에 독립은 낙관적인 시나리오처럼 수용되었다.44

---

42 Л. Толстой, *Хаджи-Мурат* (Москва: Художественная Литература, 1965), 110.
43 김인성, "러시아연방에서의 '주권의 불가분성'에 대한 고찰: 타타르스탄과 체첸 사례를 중심으로," 「슬라브학보」 22-2 (2007), 159.
44 Mike Bowker, "Russia and Chechnya: the issue of secession," *Nations and Nationalism* vol.

그로즈니 시내 체첸 문화궁전(사진 제공: 김선래)

1991년 7월 10일 러시아공화국 대통령으로 선출된 옐친은 체첸 독립을 승인하지 않았다.45

체첸 독립에는 체첸 민족위원회의 역할이 결정적이었다. 이 위원회는 실질적인 통치 그룹으로 부상하며, 1991년 6월 두 번째로 개최되었다. 두다예프가 주도하여 체첸은 소련에도 속하지 않고 러시아공화국에도 포함되지 않는다고 선언하였으며, '이치케리아 체첸공화국'(the Republic of Ichkeria)의 명칭으로 공식적으로 독립을 선언한 이날은 소련 해체 직전인 1991년 9월 6일이었다.46 두다예프는 1991년 10월 27일 85%의 지지율로 대통령에 당선되었고, 1992년부터 4년간 러시아와

10, No. 4 (2004), 465.

45 Jacob W. Kipp, "Putin and Russia' wars in Chechnya," R. Dale Herspring ed., *Putin's Russia. Past Imperfect, Future uncertain* (New York, Oxford: Rowman & Littlefield Publishers, 2003), 184-185.

46 Alec Rasizade, op. cit., 278.

군사적으로 대치하면서 독립운동의 영웅으로 평가받게 되었다.47

엘친 대통령이 체첸에 여러 차례 강력하게 경고하고 체첸 대선을 불법화로 규정하면서, 1991년 11월 8일 체첸-잉구세티아공화국에 비상계엄이 선포되었다.48 체첸과 러시아 간에는 전쟁 분위기가 형성되고 있었다. 그날 러시아는 약 2,500명의 KGB군을 투입하였다. 그러자 두다예프는 주민 총동원령으로 맞섰고 15~50세 연령대에 이러한 조치를 내렸다. 옐친은 소련 해체 직전이라 군사력을 투입할 준비가 갖추어지지 않은 상황이었고, 옐친과 대립 관계에 있던 러시아공화국 의회는 군사 작전에 반대하며 협상을 통해 갈등이 해결되기를 원했다. 국내외 여론이 나빠지면서 러시아 의회는 옐친이 내린 비상사태를 126:21의 표결로 부결시켰고, 11월 11일 병력은 철수되었다. 그런데 잉구쉬 민족은 1991년 11월 30일 국민투표를 통해 러시아공화국 잔류를 선언했다. 이로써 체첸-잉구세티아공화국은 실질적으로 분리되었다.49

소련 해체 이후인 1992년 3월 1일 체첸은 러시아가 채택한 연방 조약과 연방 헌법에 대한 조인을 반대하고 국민투표에 불참하였다. 3월 12일 체첸에서는 자체 헌법으로 의회, 행정부, 대통령 체제가 공식 조인되었다. 1992년 12월 러시아 의회는 정치적 타협에 나서 체첸-잉구세티아자치공화국의 분리를 승인했다. 이로써 체첸공화국과 잉구세티아공화국은 두 자치공화국으로 공식 분리되었다.

러시아연방 군대는 직접적 무력 개입 방안을 가지고 있었다. 체첸 내에서도 두다예프 반대 세력이 형성되고 있었으며, 러시아 지도부가 간접적인 지원을 하고 있었다. 그러나 이는 별 효과가 없었다. 그러자 러

---

47 https://en.wikipedia.org/wiki/Dzhokhar_Dudayev.
48 유의정, op. cit., 334.
49 손영훈, "체첸-러시아 전쟁의 전개 과정과 국가테러," 「한국중동학회논총」 31-3 (2011), 34.

시아 내에서 군사 공격 등의 강공책을 구사하자는 분위기가 고조되었다. 전쟁이 발생하기 훨씬 전인 1993년 중반까지 러시아는 이미 체첸을 포함한 캅카스에 군인 주둔을 상당히 구축해 놓은 상태였지만,[50] 옐친은 러시아연방 내 의회와 행정부의 반대 세력에 맞서 힘든 시기를 보내고 있었다. 러시아 내의 더딘 경제 발전으로 인해 그로즈니에서 대규모 군중 시위가 발생하면서 수세적 분위기에 몰렸다.

1993년 10월 옐친 정부는 보수파가 장악하던 의회를 강제 해산하였으며, 12월에 러시아연방 신헌법을 승인하면서 체첸에 대한 군사 공격의 길을 열었다. 1993년 12월 정부는 러시아연방 헌법에 근거하여 체첸자치공화국을 연방 내 21개 공화국에 포함시켰다. 체첸은 1991년 9월 독립 선언부터 1994년 12월 1차 전쟁이 발발할 때까지 사실상 독립 상태였다. 러시아 정부는 안보 위협 등 내부 문제에 더 신경을 썼는데, 1992년 발생한 타지키스탄 내전 이슈가 체첸 문제보다 더 큰 위협이라고 간주했기 때문이다. 체첸은 1993년까지 신 러시아 헌법 서명을 줄곧 거부했고, 1994년에 들어 옐친은 비로소 체첸 문제에 주의를 기울일 수밖에 없었다.[51] 1994년 8월부터 11월까지 친러시아 세력이 추진한 두다예프 정부 전복 시도는 실패로 돌아갔다.[52]

2) 1차 체첸전쟁 발발과 그 과정

1994년 11월 26일 그로즈니시 중심부의 대통령 건물 앞에 정체를

---

50 Marie Bennigsen, "Chechnia: political developments and strategic implications for the North Caucasus," *Central Asian Survey* vol. 18, No. 4 (1999), 539.
51 John Russel, op. cit., 105.
52 장병옥, "체첸-러시아 분쟁의 원인과 전개과정," 「중동연구」 29-1 (2010), 46.

알 수 없는 탱크가 출현했는데, 체첸군은 이 탱크를 파괴했다. 두다예프는 이 상황을 러시아의 음모로 단정했다. 11월 28일 연방안보회의에서 옐친이 서명한 제2138s호가 승인되었는데, 체첸에 비상사태를 선언하는 내용이었다. 11월 29일 옐친이 체첸 저항파가 외국 용병을 고용하고 있다고 주장하면서 양측에 긴장감이 고조되었다. 전쟁 개시는 1994년 11월 말 옐친에 의해 이미 서명된 상태였다. 12월 1일 "북캅카스에서 법질서 강화에 관한 몇 가지 수단" 제하의 러시아 대통령령이 발표되었고, 불법 무기 소지자는 그해 12월 15일까지 무장해제를 자발적으로 시행하라는 명령이 내려졌다. 정부가 무력 동원을 최종 결정한 날은 12월 7일 연방안보회의였다.53

1994년 12월 11일 러시아군이 체첸 국경을 침입했다. 러시아는 체첸으로 향하는 길목의 자치공화국인 다게스탄과 잉구세티아를 가로질러 장갑차와 군용차량을 동원하였다. 옐친은 '헌법 질서 회복'을 위한다는 목적으로 본격적인 지상 및 공군 공격을 시작하였다. 정부는 "체첸공화국 영토의 합법성과 질서 회복을 위한 조치"라고 명명했다. 이런 상황은 새해 전날 그로즈니에 대한 무차별 공격으로 절정에 달했다. 국방부 장관 파벨 그라초프(Pavel Grachev, Павел Грачёв,1948~2012)는 체첸을 침공하면 즉각적인 승리를 거둘 것으로 확신했다. 두다예프도 전쟁 개시를 전후해 저항 군인들과 비 캅카스 자원병을 자신의 '국제 여단'(International Brigade)에 포함시켰고,54 이외에 러시아의 제국주의 전쟁에 반대하는 사람들을 끌어들였다.55

---

53 현승수, "체첸 독립운동의 형성과 전개: 두다예프 집권기(1991-1996년)의 정치 과정과 이슬람의 역할," 「국제지역연구」 13-2 (2009), 492.

54 Abd Al-Rahman, *Mahmoud. Tarikh Al-Ququz (The History of the Caucasus)* (Beirut: Dar AlNafaas. 1999), 144.

러시아 군대는 초토화 전략을 펼쳐 1994년 12월부터 그로즈니를 완전히 파괴할 때까지 3개월 동안 무차별 폭격을 감행했다. 양측 군인들의 희생은 생각보다 컸다. 러시아군은 많은 체첸 군인을 섬멸하였고 체첸 호송대를 습격하면서 부대 전체를 전멸시키기도 했지만, 러시아 군인들의 희생도 뒤따랐다. 이후 체첸 반군의 테러가 이어지면서 러시아군은 심각한 타격을 입었다.56 러시아군은 다게스탄, 잉구세티아, 북오세티아 접경지역에서 체첸을 공격했다. 전쟁 직후 많은 민간인(무기 없는 여성과 노인)은 길 건너편에 서서 탱크 진입을 막았으며, 체첸과 다게스탄 사이 국경 근처에서 탱크가 지나가는 길을 막고 60명의 군인을 생포했다. 러시아 군대는 우세한 장비에도 그로즈니 점령에 약 한 달 정도가 걸렸다.57

체첸, 러시아 시민 인질극 등 게릴라 활동

군인 피해가 증가하면서 정부는 이를 상쇄하기 위해 무차별적인 폭격 형태로 공격했고, 그로즈니는 폐허 상태가 되었다. 이때부터 체첸은 게릴라 작전으로 선회하면서 전략적으로 그로즈니를 포기하였다. 체첸 군대는 산악 지대로 이동하여 게릴라 항전을 펼쳤고 테러 전술을 활용하였다. 1995년 체첸전쟁에서 가장 큰 테러 공격이라고 할 수 있는 부됴노프스크(Budyonnovsk, Будённовск) 마을 인질극이 있었는데,58 1995년 5

---

55 John Dunlop, *Russia Confronts Chechnya: Roots of a Separatist Conflict* (United Kingdom: Cambridge University Press, 1998), 140.
56 Alec Rasizade, op. cit., 278.
57 Anne Speckhard and Khapta Akhmedova, op. cit., 108.
58 Yagil Henkin, "From tactical terrorism to Holy War: the evolution of Chechen terrorism, 1995-2004," *Central Asian Survey* vol. 25, No. 1-2 (2006): 193-203.

월 산에서 봉쇄되고 항복할 대안도 없었던 체첸 반군은 게릴라전을 계속하거나 체첸에서 러시아로 전쟁 장소를 옮기기 위한 목적을 가지고 테러 전술을 활용했다.

6월 14일 체첸 사령관인 샤밀 바사예프(Shamil Basayev, Шамиль Басаев, 1965~2006)는 체첸 전사들과 함께 러시아로 향했고, 부됴노프스크의 한 병원을 점거하고 환자 등 2,000여 명의 인질을 붙잡아 6일간 대치극을 벌였다. 체첸 반군 입장에서 이 사건은 성공적으로 끝났다. 바사예프는 체첸을 떠나 러시아 영내로 들어갈 때 러시아군 초소에 뇌물을 주고 통과했다고 주장했다. 무고한 희생자 145명이 목숨을 잃었으며 이들 중 다수는 병원 환자였다. 이 테러 사건은 러시아 정부와 체첸 사이의 긴장 관계를 증폭시켰다. 그러나 옐친은 1996년 중반까지 무력 충돌 중단과 군대 철수를 맹세했다.59 러시아 군대는 1995년 그로즈니와 주요 체첸 요충지를 점령했지만, 그 과정까지 매우 험난한 전투를 벌여야 했고 체첸의 테러 전술에도 대처해야만 했다.

부됴노프스크 병원 테러 공격의 지도자 중 한 명인 살만 라두예프(Salman Raduyev, Салман Радуев, 1967~2002)는 1996년 1월 9일 다게스탄에 대한 기습을 시도하고 키즐야르(Kizlyar, Кизляр) 마을의 산부인과 병원에서 인질극을 벌였다. '고독한 늑대 그룹'으로 알려진 약 300명의 체첸 반군 그룹이 약 3,000명의 민간인 인질을 잡고 대치했다. 반군은 인질을 이용하여 페르보마이스키(Pervomaysky, Первомайский)로 물러났다. 인질범들과 러시아 정부의 협상 실패 후 체첸군 약 300명 중 200명 이상이 죽거나 투옥되었다. 러시아 측에서도 78명의 인질이 사망하는 큰 손실이 있었다.

---

59 *Izvestiia*, 12 October 1955.

러시아 공공 여론, 러시아 정부에 부정적

두 건의 인질 사건 이후 옐친은 테러리스트들을 추적하겠다고 강력히 천명했다. 그러나 다음 날 옐친은 34억 달러의 정부 자금을 전쟁 이후 황폐화된 그로즈니 복구 자금으로 지원하는 결정을 내렸다. 체첸에 대한 첫 번째 재정 지원 약속은 양측의 전쟁 휴전이 시작되는 첫걸음이 되었다. 평화적 해결이 가능했던 이유에는 러시아 여론의 변화도 크게 작용했다. 언론에서는 평화 협정에 대한 긍정적 내용이 제기되었으며, 설문 조사에 의하면 러시아인의 62%가 체첸과의 평화 회담을 지지했다.[60]

공공 여론은 러시아 정부에 매우 부정적이었다. 명분으로 내세운 시민들을 구출한다는 미명하에 자행된 공격은 국제사회 미디어에 부정적으로 등장하였으며, 소위 체첸 '언더독'(underdog)에 대한 지지가 확산되었다.[61] 옐친은 체첸 정권을 '범죄자', 저항군을 '도적', '테러리스트', 두다예프를 '미친 사람'으로 낙인찍으려고 시도했다. 그러나 이는 자국민들에게도 공허한 수사처럼 들렸으며 러시아인 약 70%가 전쟁에 반대했다. 체첸 전사들은 러시아어를 구사하며 연방군보다 서구 언론인, 인권 운동가들 그리고 러시아인들에게 훨씬 더 수용적 자세로 나왔다. 반군은 언론 미디어를 통한 '선전 전쟁'(propaganda war)에서 승리했다.[62]

옐친은 이 전쟁으로 초래되는 국제적 관심을 원하지 않았기 때문에 1995년 여름까지 전쟁 개시 칙령 자체는 공식적으로 공표되지 않았다. 전쟁 요인에는 '러시아 민족주의' 또는 '러시아 제국주의'가 발현되었다.

---

60 Diana Draganov, "Peace or Perpetual War in Chechnya?," *A Journal of Social Justice* vol. 17 (2005), 318.
61 John Russel, op. cit., 105.
62 Ibid.

전쟁 개시 2개월 만인 1995년 2월 19일 두다예프는 언론에 성명을 내고 "러시아 도시에서 전쟁을 진행할 것이다"[63]라고 맹세했고, 사실상 이는 실현되었다. 그 시점에 체첸에서 5만 명 이상의 민간인이 사망하고 약 15만 명이 부상 당했다. 1995년 7월 3~4천 명의 체첸군과 5만 명 이상의 러시아군이 8개월간의 전쟁 끝에 평화 협상에 도달했지만, 결국 실현되지 못했다.

1996년 8월 양측의 평화조약 체결

옐친은 체첸에 국제 테러가 있었고 이로 인해 전쟁에서 승리할 수 없었다고 선언했다.[64] 1995년 7월 31일 러시아 정부와 두다예프는 휴전을 위한 군사 의정서에 서명했다. 두다예프는 완전한 휴전을 대가로 전투를 중단하고 수많은 테러 조직을 무장 해제하는 데 도움을 주겠다고 약속했다.[65] 1996년 3월 체첸 전사들은 3일간 그로즈니를 점거했지만 다시 산으로 피신했다. 3월 러시아연방 대선을 앞두고 러시아는 체첸과 평화 협상에 나섰다. 두다예프는 러시아에 대한 게릴라 작전을 지휘하던 중 1996년 4월 러시아군의 공격을 받고 사망했다.

러시아는 특히 자국 영토 내에서 대규모 인질 작전이 벌어지는 과정에서 전쟁 의지를 잃었다. 심지어 체첸 전투기가 러시아 도시에 침투하는 상황도 벌어졌다. 옐친은 체첸과 휴전을 제의하고 체첸이 러시아연방 내에서 특별 지위를 차지할 용의를 내비쳤다.[66] 1996년 8월 체첸 반

---

63 Michael R. Lucas, "The War in Chechnya and the OSCE Code of Conduct," *Helsinki Monitor* 2 (1995).
64 Anne Speckhard and Khapta Akhmedova, op. cit., 108.
65 Irina Mukhina, op. cit., 517.

군은 테러리스트의 테러 공격과 더불어 군사 반격에 나섰고, 체첸은 그로즈니를 되찾는 성과를 얻었다. 체첸 전사들이 그로즈니를 점령한 상황에서 마침내 평화 협정이 합의되었다.

러시아 측에서 전쟁 중재에 나선 이는 러시아 안전보장이사회 사무총장 알렉산드르 레베드(Aleksander Lebed, Александр Лебедь, 1950~2002)였다. 레베드는 1996년 러시아 대선 후보로 참여할 예정이었으며, 체첸전쟁을 강력히 비판하던 퇴역 군인으로[67] 아프가니스탄에 참전한 바 있는 전쟁 영웅이었다. 체첸 측에서는 당시 체첸군 참모총장이던 아슬란 마스하도프(Aslan Mashadov, Аслан Масхадов, 1951~2005), 젤림한 얀다르비예프(Zelimkhan Yandarbiyev, Зелимхан Яндарбиев, 1952~2004)가 협상에 나섰다.

1996년 8월 31일 양측은 다게스탄의 하사유르트(Khasavyurt, Хасавюрт)에서 '하사유르트 평화조약'을 체결하였다. 체첸의 최종 지위, 즉 독립 논의는 2000년까지 유보한다는 결정이 내려졌고,[68] 1996년 12월 31일까지 러시아 군대가 체첸에서 철수한다는 내용도 합의했다. 1차 전쟁으로 체첸 반군은 약 4,000명, 러시아군은 약 7,500명이 사망했으며, 민간인 35,000명이 희생되었다.[69]

---

[66] Alec Rasizade, op. cit., 278.
[67] Matthew Evangelista, *The Chechen Wars will Russia go the way of the Soviet Union?* (Washington, D.C.: Brooking Institution Press, 2002), 42.
[68] 윤영미, "탈냉전기 러시아-체첸 분쟁의 양상: 테러와 반테러 갈등," 「평화연구」 13-1 (2005), 130.
[69] Alec Rasizade, op. cit., 278.

7. 전쟁의 결과와 영향: 이슬람 요소를 중심으로

전쟁의 일반적 요소에는 종교적 요인도 무시할 수 없다. 1차 전쟁 전후 체첸 지도자였던 두다예프는 특별히 종교적인 사람은 아니었지만 이슬람 신앙에 반대하지 않았으며 종교를 저항의 도구로 활용했다. 체첸전쟁의 종교적 요소는 역사적 요소와 밀접히 연결되어 있다. 캅카스 전쟁 시기 샤밀 등 이맘들은 이슬람을 투쟁의 수단으로 활용하였는데, 신정국가를 건설하고 지하드를 주창하였으며, 이는 매우 강력한 이슬람 요소였다. 당시 체첸과 다게스탄 민족 그룹은 이슬람 정신으로 제국 러시아에 끈질기게 저항했다. 이는 군사적 저항과 더불어 북캅카스 소수 민족이 영적, 정신적으로 단결하는 토대가 되었다.

18세기 이래 체첸 무슬림 인구의 대다수는 이슬람 신비주의 전통을 따르는 수피 종단에 속해 있었다. 분리 독립운동의 초기에 그로즈니 중앙 광장에서 '지크르'(zikr)로 알려진 전통 수피 춤을 추는 장면이 자주 목격되었는데, 이 춤은 '독립의 춤'(independence dance)으로도 불리는 종교 의식이었다.70 두다예프는 전체적으로 세속 국가를 선호하는 입장에 있었다. 그는 일부가 주장하던 샤리아 법정의 도입은 운동의 연속성에 도리어 장애가 된다며 반대했다.71

그렇다면 1차 전쟁 이전에 체첸 이슬람은 어떤 역할을 하였을까? 러시아 일부 언론인들과 정치인들은 체첸에서 이슬람 근본주의 운동이 봉기할 수 있다고 경고했다. 그러나 소련 해체 초기 체첸 내에서 급진적인 이슬람 동기의 증거는 많지 않았다. 체첸 1대 대통령인 두다예프와

---

70 Scott Radnitz, "Look Who's Talking! Islamic Discourse in the Chechen Wars," *Nationalities Papers* vol. 34, No. 2 (2006): 237-256.
71 Tracey C. German, *Russia's Chechen War* (New York: Routledge Curzon, 2003), 31.

지지자들은 이슬람 공화국의 건설을 계획했다는 비난을 받았지만, 두다예프는 명시적으로 이를 배제했다.72 1991년 가을 두다예프는 체첸 내에서 이슬람 원리주의 현상은 아직 위험하지 않으며, 도리어 러시아의 적대적인 행동이 체첸 민족주의를 극단적인 이슬람으로 이끌 위험이 있다고 경고했다.73 그렇다고 해서 이슬람 요소가 전혀 무시된 것은 아니었다.

그로즈니 시내 이슬람 중앙 모스크(사진 제공: 김선래)

두다예프는 체첸에서 이슬람이 차지하는 위치와 잠재적 역할을 분명히 알고 있었지만, 처음 몇 년 동안은 이슬람을 정치와 분리하는 모습을 보였다. 그렇지만 전쟁 이전에 이미 정치적 이슬람의 징후가 남아

---

72 Anatoli Lieven, *Chechnya: Tombstone of Russian Power* (New Haven, London: Yale University Press), 363.

73 B. Henze, *Islam in the North Caucasus: The Example of Chechnya* (Santa Monica, Rand, 1995), 37.

있었다. 이슬람은 소련 시기 종교 탄압 정책에도 불구하고 결국 체첸 사회에서 살아남았다. 체첸 이슬람은 급진적이지 않은 순니파였다. 이에 대한 안나 젤키나(Anna Zelkina)의 언급은 매우 인상적이다. 그녀는 두다예프가 캅카스에서 갈등 상황에 놓여 있는 소수 민족 사이의 중재자 역할을 했고, 이는 통치적 동기 부여가 되었으며, 이슬람 지역의 기독교인을 하나로 통합하려는 야심이 있었다고 말했다.74 결과적으로 두다예프는 종교나 민족을 포함하여 잠재적으로 붕괴될 수 있는 모든 요인과 투쟁하기를 원했던 정치인이었다. 그는 체첸의 역할을 "동방 이슬람과 캅카스의 서방 기독교 사이의 연결다리" 정도로 간주했다.75

1차 전쟁의 실질적인 승리자는 체첸이었다. 이는 마치 아프가니스탄에서 소련군을 몰아낸 '무자헤딘'(Mujahideen)을 연상케 했다. 무자헤딘은 아프가니스탄 반군 게릴라 단체들을 지칭하는 용어로 이슬람 전사(戰士) 그룹이다. 이들은 작고 덜 무장된 군대였지만 큰 승리를 획득했었다. 1차 전쟁 당시에는 신정국가 건설과 같은 주장은 없었으며, 그러한 주장은 2차 전쟁 때 등장하였다. 1차 전쟁 이후 지도자로 부상한 이는 이슬람 원리주의자로 신정국가 건설을 주창한 샤밀 바사예프였다. 그는 1차 전쟁 때만 하더라도 이슬람 원리주의인 '와하비주의'(wahabism)의 영향력을 받지 않았다. 이는 당시 대통령이던 두다예프도 마찬가지였다.76

1995년 봄 두다예프는 샤리아 법정 설립을 위한 조사 위원회를 구성했지만, 공화국의 세속법 체계는 그가 사망할 때까지 지속되었다. 체첸

---

74 Anna Zelkina, "'Islam and politics in the North Caucasus'," *Religion, State and Society* vol. 21, No. 1 (1993), 122.
75 Ibid.
76 Anne Speckhard and Khapta Akhmedova, op. cit., 105.

은 1차 전쟁에서 종교 관련성보다는 독립을 위한 민족 투쟁의 정신으로 나아갔다.77 이슬람 요인을 체첸전쟁에 대입해 보자면, 1차 전쟁 당시 분리 독립을 주창하던 시기 이슬람 역할은 그렇게 강력하지 않았다. 체첸 테러에 대한 가장 일반적인 설명은 체첸 테러리스트들이 종교적 전사라는 점이다. 그러나 이는 2차 체첸전쟁 때 많이 부각된 것이었고, 1차 때는 이슬람 요소가 강력히 작동되지 않았다. 전쟁 시기에는 이슬람도 급진적 형태로 나타나는 경향이 있었으며, 이것이 일종의 국가 정체성으로도 이어졌다. 즉, 종교적, 민족적 요소가 합쳐진 형태로 러시아에 저항하였다.78

하지만 1차 전쟁 당시에도 이슬람 구호는 있었으며, 샤리아 법정처럼 엄격한 이슬람법을 집행해야 한다는 주장도 많았다. 18세기 말 체첸인은 이슬람을 본격 수용한 이후 이교도에 대한 전쟁을 선포하는 지하드에 크게 의존해 왔다. 전문가들은 지하드의 이데올로기가 최소한 덜 종교적이고 더 무자비한 목표를 은폐하는 역할이 있으며, 실용적 지도자들은 젊고 종교적으로 헌신하는 카미카제를 조종하는 수단으로 지하드를 이용하고 있다고 주장했다.79

8. 결론

이 글은 전체적으로 1차 체첸전쟁의 과정과 성격을 중점으로 분석하였다. 1차 전쟁은 왜 발생했으며, 전쟁의 과정이 어떻게 진행되었는지,

---

77 Kristin M. Bakke, "Help Wanted? The Mixed Record of Foreign Fighters in Domestic Insurgencies," *International Security* vol. 38, No. 4 (2014), 168.
78 Katrien Hertog, op. cit., 245.
79 Vladimir Ustinov, *Obviniaetsia terrorism* (Moscow: Alma-Press, 2002), 98.

전쟁의 정치적, 역사적 함의와 서사 그리고 전쟁의 이슬람 요소 등을 서술하였다. 또한 전쟁 요소로서 러시아와 체첸의 역사적 관계의 특징을 규명하는 내용도 포함되었다. 1차 전쟁은 민족 독립적 성격이 강했기 때문에 캅카스전쟁의 연속선상에서 이해할 수 있다. 8장 이후 이슬람 요소가 2차 전쟁 때 더 강하게 부각되었다는 사실을 적시할 것이다.

  2차 전쟁은 1999~2002년까지 이어졌다. 체첸과 러시아가 맺은 평화조약은 폐기되었다. 러시아와 체첸은 매우 오랜 시기 역사적 관계를 이루어 왔는데, 18세기부터 러시아가 체첸의 일부 영토를 점령하면서 시작된 양측의 관계는 역사적, 정치적으로 우호적 관계가 지속되지 않았고 전쟁, 테러, 분쟁, 분열 등의 단어가 탄생하였다. 2차 체첸전쟁이 2002년에 종식되었는데, 2025년 현재까지 체첸 내에는 친러시아 정부가 구성되어 있다. 소위 '체첸화'가 진행되면서 러시아연방은 실제적으로, 실효적으로 체첸 지역에 대한 지배권을 가졌다. 이 와중에서 많은 이들이 살상 당했으며 앞으로도 그런 일들이 일어날 가능성이 높다. 체첸전쟁의 기원은 19세기 전반 캅카스전쟁이다. 향후 두 민족은 과거와 현재의 역사적, 정치적 관계에서 상호 관계가 구성될 것으로 전망된다.

/ 4부 /

2차 체첸전쟁(1999~2002)과 성전(聖戰)

8장
2차 체첸전쟁과 신정국가 선포 그리고 지하드

1. 서론

1차 전쟁의 특성이 체첸의 전 민족적 저항이었다면, 2차 전쟁은 그 성격을 달리한다. 중동 아랍으로부터 체첸으로 유입된 '와하비주의'(Wahabism)라는 이슬람 극단주의, 군사주의 이념으로 체첸 반군이 러시아에 저항했다는 점에서 이슬람 특성이 매우 강했다. 2차 전쟁 전후로 와하비주의가 강력한 세력을 형성한 계기는 소련 해체에 따른 직접적인 결과였다. 북캅카스 이슬람은 슬라브인의 믿음 체계인 러시아정교와는 변별적 요소를 가지고 있었다. 특히 이슬람을 강력히 수용하던 체첸 민족과 러시아정교를 신봉하던 러시아의 분쟁은 여전히 캅카스에 대한 종교적, 정치적 갈등이 상존한다는 것을 증명하는 사건이다. 와하비주의는 18세기 사우디아라비아에서 태동된 순수하고 깨끗한 이슬람을 강조하던 이슬람 이념으로 초기 칼리프 시기의 순수한 이슬람이었다. 북캅카스 와하비주의는 군사적 형태를 지니면서 전방위적 전쟁의 이념으로 등장했다.

제정러시아 시기부터 러시아는 북캅카스 소수 민족의 저항을 진압하는 군사적 교리를 형성했다. 러시아의 전통적인 점령 방식은, 체첸전쟁에 임하는 러시아 안보 정책에도 포함되어 있는데, 일종의 군사 독트린이었다. 체첸 반군을 지지하는 체첸 마을과 가족에 대한 집단 처벌, 잔혹한 무력 사용, 광범위한 인권 유린 등이 체첸전쟁 시기에 있었다. 이외에도 정부는 반군의 테러 공격에 대응하기 위해 체첸 민간인을 군사 공격의 표적화로 대응하였다. 이는 19세기 캅카스전쟁 시기에도 있었던 현상이다. 19세기에는 제정러시아가 캅카스전쟁에서, 20세기 말에는 러시아가 체첸전쟁에서 군사적 공격 방식을 택했다.

2022년 러시아-우크라이나 전쟁으로 유라시아는 급격한 혼돈의 시기를 맞았다. 서방은 우크라이나 전쟁에서 재정과 무기 공급을 통해 우크라이나에 대한 군사 지원을 하고 있다. 러시아는 1994년 체첸을 침공했다. 체첸전쟁에서 체첸은 서방으로부터 지원을 전혀 받지 않았다. 일부 중동 아랍 국가로부터 용병이 참전해서 체첸 반군을 지원했지만, 우크라이나 전쟁 이후 서방이 우크라이나를 지원한 것과 같은 광범위한 지원을 받지 못했다. 그런 점에서 우크라이나 전쟁과 체첸전쟁은 대비된다. 체첸은 러시아연방 내 자치공화국이라는 점에서 우크라이나와 확연히 구별된다. 또한 1차 전쟁에서 체첸은 실질적인 승리를 거두었다는 평가를 받았으나, 2차 전쟁에서는 러시아가 체첸 반군에 완전한 승리를 거두었다. 1, 2차 전쟁은 변별력 있는 전쟁의 형태를 보인다.

체첸전쟁에 관련하여 해외 학자들은 왜 체첸이 타타르스탄과 달리 강력히 독립을 선언했는지,[1] 러시아가 왜 정치적 해결책 대신에 군사적 해결책을 선택했고 이 군사 갈등의 근원이 무엇인지,[2] 북캅카스 전체

---

1 Gulnaz Sharafutdinova, "Chechnya Versus Tatarstan. Understanding Ethno politics in Post-Communist Russia," *Problems of Post-Communism* vol. 40, No. 2 (2000): 13-22.
2 Anatoly V. Isaenko and Peter W. Petschauer, "A Failure that Transformed Russia: The

문제에 접근한 러시아의 방식에 대해 논증해 왔다. 그리고 전쟁에 관한 언론 미디어 태도가 1차 전쟁으로부터 2차 전쟁의 과정까지 어떤 변화를 보였는지3 분석하는 내용이 있다. 서유럽 사회는 체첸이 전쟁에서 반응한 이유 그리고 체첸의 독립 선언에 대한 관점이 어떠했는지, 체첸의 인권 침해에 관련된 내용을 규명하였고,4 국내에서는 주로 전쟁 과정, 전쟁의 정치적 요소, 군사적 요소, 사회적 요인 등을 중심으로 연구가 이루어졌다.5 8장은 이슬람 이념 부분을 분석하면서 극단주의 이슬람의 형태인 와하비주의와 체첸 반군의 테러를 중심으로 그 내용이 전개된다.

2. 체첸의 신정국가 선포와 2차 체첸전쟁 과정

2차 체첸전쟁의 과정은 어떻게 전개되었을까? 먼저 아슬란 마스하도프(Aslan Maskhadov)가 1997년 1월 27일 체첸공화국의 대선에서 당선된 것이 매우 중요한 사건이 되겠다. 반군 사령관이자 극단적인 이슬람주의자, 와하비주의자인 샤밀 바사예프는 마스하도프의 정치적 라이벌

1991-1994 Democratic State Building Experiment in Chechnya," *International Social Science Review* vol. 75, No. 1/2 (2000): 3-15.

3 John Russell, "Mujahedeen, Mafia, Madmen: Russian Perceptions of Chechens During the Wars in Chechnya, 1994-96 and 1999-2001," *Communist Studies and Transition Politics*, Special Issue: Russia After Communism Vol. 18, No. 1 (2002): 73-96.

4 Boris Kagarlitskii, "Chechnya — Preliminary Results. The Chechen War and Public Opinion," *Russian Social Science Review* vol. 40, No. 4 (1999): 30-47.

5 고상두, "러시아연방주의 현실과 체첸분쟁,"「국제정치논총」37-2 (1997); 홍완석, "험난한 여정, 러시아의 체첸 분쟁: 원인과 경과 그리고 전망,"「한국정치학회보」39-3 (2005); 황성우, "北카프카즈 지역갈등의 사회문화적 요인 — 체첸공화국을 중심으로,"「슬라브연구」22-1 (2006).

이었고 대선 경쟁자였다. 마스하도프는 온건파로서 약 69%의 지지를 얻어 승리했다. 둘은 다른 정치적 노선을 걸었다. 마스하도프는 러시아와 여러 분야에서 협력을 시도하였지만, 체첸공화국은 자치권을 확보해야 한다는 입장을 가졌다. 1997년 5월 그는 모스크바를 방문하여 러시아 정부와 협상을 벌였고, 옐친 대통령과의 회담 이후 "평화와 상호관계 원칙 조약"(Treaty of Peace and Principles of Mutual Relations)을 체결했다. 이 조약에 따라 체첸은 실질적으로 주권 국가로 인정받았다.

마스하도프는 대통령직을 수행하면서 실용주의 노선을 채택하였으나, 그의 통치는 원활하지 않았다. 마스하도프 정부는 내각에 반군 지도자들을 영입하였고, 바사예프는 총리로 임명되었다. 부족 사회 전통의 체첸에서는 전쟁을 계속해야 한다는 분위기가 강하게 형성되고 있었다. 정부 지도자 중 일부는 대통령의 통제가 미치지 않는 범위에서 러시아와 전쟁을 불사한다는 의지를 가졌다.[6] 체첸 독립운동은 소련 쇠퇴기에 민족주의 투쟁으로 등장했었다. 소련 해체 직전인 1991년 가을 민족주의 지도자였던 두다예프가 지도자로 집권하면서 체첸 독립을 선언하고, 이후 러시아 중앙정부와 수년간의 협상을 벌였지만 실패하면서 1차 전쟁이 발발했다. 1996년 1차 체첸전쟁이 종식되었을 때 실제적으로 체첸은 독립했다.

1999년 8월 샤밀 바사예프, 신정국가 선포

1999년 8월 바사예프가 다게스탄의 마을에 들어가 신정국가를 선

---

[6] Alec Rasizade, "Chechnya: The Achilles heel of Russia — Part Two," *Contemporary Review* vol. 286. Issue 1672 (2005), 279.

체첸 대통령 아슬란 마스하도프(출처: 위키피디아)

포했다. 러시아 내무장관 블라디미르 로샤일로(Vladimir Rochaylo)는 체첸인들, 즉 "도적의 무리"가 연방 공화국을 통제하는 이러한 사건은 러시아 역사상 처음이라고 비판했다. 그는 체첸 반군이 지정학적인 영향력 확대를 목표로 삼았다고 언급했다.7 이후 2차 전쟁은 1999년 9월 모스크바의 아파트 폭탄 테러가 네 건 연이어 자행되면서 시작되었다. 이 사건은 '검은 9월'(Black September)로 명명되었으며 약 300명의 시민이 목숨을 잃었다. 러시아는 당연히 이 사건을 체첸 테러리스트의 소행으로 간주했다. 체첸의 동쪽에 있는 다게스탄공화국의 부이낙스크

---

7 Ahmad Qamha, "Al-Sira' Fi Shamal Al-Ququaz(The Conflict in North Caucasus)," *Al-Siyasa Al-Dawliya* vol. 139 (2000), 171.

(Buinaksk)시 그리고 남부의 볼고돈스크(Volgodonsk, 로스토프주)에서 테러 점거 사건이 벌어졌다.

러시아 여론은 1차 전쟁과는 다르게 체첸에 매우 불리해졌다. 체첸은 위험한 적이라고 낙인찍혔고 러시아인이 빈번히 사용하는 용어로 소위 '강도 국가'(bandit state)라고 했다.8 폭탄 테러 사건 이후 러시아 내부에서는 체첸 문제를 완전히 해결하지 않고서 안전 보장은 어렵다는 여론이 강하게 형성되었다.9 푸틴 총리는 이 기회를 활용하여 1999년 10월 1일 2차 전쟁을 감행했다. 그는 "테러리스트들을 화장실에서 처리한다"(to trash them all in latrines)라는 슬로건을 내걸고 2000년 대선에서 승리했다.10 푸틴은 테러 사건을 테러가 얼마나 나쁜 것인지를 홍보하면서 2차 전쟁의 정당화로 활용했다. 1차 전쟁에 체첸의 투쟁을 호의적으로 받아들이고 옐친 침공에 대해 비판 논조였던 러시아 언론도 아파트 폭탄 테러 사건 등에 영향을 받으면서 체첸에 대해 비판 입장으로 돌아섰다.

1차 전쟁 시 러시아연방 내무장관직을 수행한 아나톨리 쿨리코프(Anatoly Kulikov)는 2차 전쟁 직전인 1999년 7월 "러시아연방 내에 어떤 하나의 국가(체첸을 지칭)가 존재하는데, 러시아연방법을 인정하지 않고 러시아의 통합성과 안보를 위협한다"고 체첸의 분리주의 운동을 비판했다. 그리고 러시아의 목표는 분리주의 경향을 극복하고, 연방을 강화

---

8 Alec Rasizade, op. cit., 280.
9 Ibid.
10 Aine Cain, "Vladimir Putin quotes that offer terrifying insights into his mind," *Businessnsider*, 18 June 2017. https://www.businessinsider.in/9-vladimir-putin-quotes- that-offer-terrifying-insights-into-his-mind/articleshow/59195352.cms; RT, "Putin on 'wasting terrorists in the outhouse': wrong rhetoric, right idea," 15 July 2011. https://www. rt. com/ russia/putin-honesty-president-magnitogorsk/.

그로즈니 체첸 대통령궁(사진 제공: 김선래)

하며, 캅카스 전체에서 러시아의 정치적, 군사적 전략적 위치를 강화하는 것이라고 강조했다.11 또한 분리주의를 극복하고 이를 주장하는 세력을 퇴치하는 전략적 목표는 체첸의 궁극적인 독립 목표와 모순되기 때문에 러시아는 모스크바에서 자행된 아파트 폭탄 공격이 없었더라도 체첸을 재차 침공했을 것이라고 주장했다. 마스하도프는 러시아의 침공에 맞서 체첸의 전 민중이 참전하기를 요청했다. 체첸은 역사적으로 러시아의 침공이라는 민족의 위기 앞에서 부족을 초월해 단결한 적이 있으며, 캅카스전쟁도 그러한 경우였다. 바사예프 총리와 군사령관들의 입장도 변하기 시작했고 마스하도프의 통솔을 따르겠다는 자세를 취했다. 마침내 마스하도프 대통령과의 화해가 이루어졌다.

---

11 Anatoliy Kulikov, "Troubles in the Northern Caucasus," *Military Review* (July-August 1999), 43.

2차 체첸전쟁의 전투 상황

1999년 10월 1일 러시아군이 체첸을 침공하며 2차 체첸전쟁이 발발했다. 2차 전쟁의 핵심 인물은 푸틴 총리였으며, 그는 1차 전쟁의 패배를 되풀이하지 않기 위해 전략적으로 전쟁을 준비했다. 참전 군인도 10만여 명으로 1차 전쟁 때보다 큰 규모였다. 푸틴은 러시아 군대를 테렉강까지 진군시키겠다고 했다. 테렉강은 체첸공화국 북쪽의 3/4 정도에 속하는 지역이었는데, 러시아 군대는 쉽게 북쪽 평지에 도달했으며 곧 테렉강에 도착했다. 이 지역은 카자키가 많이 거주했는데, 이는 인구가 많은 북쪽 평지 지역을 우선적으로 통제하겠다는 의도였다.[12]

러시아 군대는 테렉강 유역에만 머무르지 않고 강을 지나 남쪽 그로즈니까지 진군하였다. 러시아는 철저히 전쟁에 임하는 자세를 보였다. 1차 전쟁에서 여러 전략적 실패를 경험했기 때문이다. 푸틴은 체첸 반군이 단일한 저항 체제를 갖추지 못하고 있다고 판단했고 민족주의 세력, 이슬람 근본주의 세력으로 분리되었다는 점에 착안하여 먼저 체첸 민족주의 세력을 내세워 친러시아 체첸 정부를 전격 수립했다. 체첸 반군 조직이 분할된 셈이다.[13]

러시아 군대는 1차 전쟁 때와 다르게 매우 강력한 결집력을 보였다. 1차 전쟁 당시 국방부 장관인 파벨 그라초프(Pavel Grachev)는 조직적 훈련을 받지 못한 신병을 그로즈니 전투에 투입시켰다. 당시 그는 전쟁에서 패퇴했다는 것을 인정했고, 반군은 전쟁 기술, 용기, 정신적 측면에

---

12 Alec Rasizade, op. cit., 281.
13 Jacob W. Kipp, "Putin and Russia' Wars in Chechnya," Dale R. Herspring ed., *Putin's Russia. Past Imperfect, Future Uncertain* (New York, Oxford: Rowman & Littlefield Publishers, 2003), 194.

서 독립의 열망을 보여주었다. 러시아 군대의 전략은 탱크 등으로 개인적인 군사 장비를 운반하고, 참호에 둘러싸인 체첸 반군에게 중무기 등 우월한 군 장비를 동원하여 공격함으로 러시아 군대의 손실을 최소화하는 것이었다.14

체첸은 굴복하지 않고 맹렬히 저항했다. 러시아가 점령하던 그로즈니에 지뢰를 설치하고 옥상에 기관총을 배치했다. 체첸군은 그로즈니 이외 지역에서도 강한 군사력으로 맞섰다. 러시아군도 막대한 피해를 입었다. 러시아는 목표를 달성하기 위해 민간인을 공격하는 불법적인 행동도 서슴지 않았다.15 체첸인은 우월한 장비를 가진 측이 도시 전투에서 반드시 승리한다는 보장이 없다는 것을 증명했다. 체첸 민병대는 기술적 우위가 전부가 아니라는 것을 주장하듯, 대전차 미사일, 지뢰, 기관총으로 근접전에서 러시아 군대를 위협했다.

2차 전쟁을 감행한 러시아 정부의 전략적 목표는 무엇이었을까? 오마르 아쉬오르에 따르면 러시아 정부는 1차 전쟁과 유사한 전쟁 목표를 설정했다. 첫째, 러시아연방 내 다른 자치공화국이 '체첸 경로'(Chechen path)를 따르지 못하도록 방해한다. 둘째, 지정학적 중요성을 가지는 체첸에 대해 완전한 군사적 통제를 행사한다. 셋째, 역사적 경쟁자인 튀르키예가 체첸 독립을 통해 북캅카스에서 상당한 정치적 영향력을 획득하는 것을 방지한다. 넷째, 체첸 민간 민병대가 분리 독립운동에 부여했던 잠재적인 병참, 정치, 군사, 도덕적 지원이 중단되도록 한다.16 이러한 목표 중 일부는 2차 전쟁이 시작된 1999년에 공식 선언되었다.

---

14 Alec Rasizade, op. cit., 281.
15 Ibid.
16 Omar Ashour, "Security, Oil, and Internal Politics: The Causes of the Russo-Chechen Conflicts," *Studies in Conflict & Terrorism* vol. 27 (2004), 135.

3. 2차 체첸전쟁 시 와하비주의와 지하드

지하드는 정치적 질서와 연관되며 전 세계적 분쟁의 개념으로 인식되었다.17 북캅카스에서는 위험이 커질수록 폭력이 지속적으로 이어질 가능성이 있었다. 러시아는 체첸의 군사주의자에 강하게 대처해 나갔으며 친러시아 체첸인에 더 많은 권력을 부여했다. 1991년 독립 이후 북캅카스는 안정성을 가져오는 효과적인 국가 전략을 구사하지 못했으며, 이 지역의 근본적인 문제가 무엇인지 정확하게 인식하지 못했다. 러시아 정치인들은 남부 전선에서의 불안정을 단지 극단적인 이슬람주의자들 때문으로 간주하는 경향이 있었다.

지하드는 어떤 의미일까? 지하드는 이교도에 대한 성전 선포이다. 여기에는 18세기 사우디아라비아의 와하비주의, 18세기와 19세기 초 서부 아프리카 운동 그리고 19세기 초 수마트라의 지하드 운동 등이 있다. 지하드는 유럽 국가의 식민지 건설에 반대하면서 유럽인에 대항해 일어났다. 이러한 운동에는 남아시아의 와하비주의자, 캅카스의 샤밀, 알제리의 압델 카디르(Abdel Qadir), 리비아의 세누시스(Senussis) 등이 있다.18 2차 전쟁 전후에 등장한 와하비주의는 지하드와 연관되어 있다. 와하비주의는 이슬람 국가에서 나타난 지하드 운동의 이념적 요소였으나, 그 자체는 지하드의 가장 강력한 근원이 아니며 사우디아라비아의 건국 이념과 매우 긴밀히 연결되어 있다. 그 대신 지하드는 이교도들과의 '거룩한 전쟁', 즉 '성전'(聖戰)의 의미로 이해된다. 또한 무슬림 사회의

---

17 Жили Кепель, *Джихад. Экспансия и закат исламизма* (Москва: Ладомир, 2000), 20.
18 Nikki R. Keddie, "The Revolt of Islam, 1700 to 1993: Comparative Considerations and Relations to Imperialism," *Comparative Studies in Society and History* vol. 36, No. 3 (1994), 467.

그로즈니 내 체첸의 역사적 영웅 공원(사진 제공: 김선래)

현실적 상황과도 일정 부분 결부된다.19

체첸이 러시아에 저항했지만, 북캅카스의 모든 민족이 그러했던 것은 아니었다. 다게스탄공화국에는 여러 산악 민족이 거주했는데, 다게스탄인 중에서 체첸의 지하드를 반대하는 그룹이 있었다. 또한 일부 체첸인들도 지하드를 반대했다. 소련 초기, 무슬림과 러시아정교회에 대한 종교 탄압 이후 1944년 '북카프카스 무슬림협회'(North Caucasian Spiritual Board)가 설립되었다. 소련 당국은 2차 세계대전을 유리하게 이끌기 위해 이 협회를 통해 무슬림을 활용하는 정책을 추진했다. 전시 상황으로 종교 탄압은 일시 중단되었다.20

억압 받는 무슬림 해방을 위해 와하비주의 추종자들은 지하드 참여

---

19 Ibid., 468.
20 Kimitaka Matsuzato and Magomed-Rasul Ibragimov, "Islamic Politics at the Sub-Regional Level in Dagestan: Tariqa Brotherhoods, Ethnicities, Localism and the Spiritual Board," *Europe-Asia Studies* vol. 57, No. 5 (2005), 756.

를 주장했다. 체첸에서도 이는 저항적 방식과 방법으로 제시되고 있었다. 하지만 체첸의 지하드 형태는 전 세계적인 지하드가 아니라 러시아로부터의 독립을 위한 민족주의적 성격의 지하드라는 특성이 있었다. 체첸 와하비주의자는 활발히 대외 활동을 벌이면서, 급진적이고 전투적인 형태의 새로운 이슬람을 공개 지지하는 모스크를 건설하기 시작했다. 체첸인은 1차 전쟁 이후 투쟁으로 힘들게 얻은 독립이 오래가지 못할 것이라고 예상했다.[21]

체첸 와하비주의의 유입과 형성

체첸에서 와하비주의가 유입된 시기는 대략 1996년쯤이었다. 1차 전쟁이 종식된 1996년과 2차 전쟁이 발생한 1999년 사이 와하비주의는 급속히 전파되었다. 체첸에서 전쟁 분위기가 다시 고조되어 가던 시점은 1997년이었다. 1차 전쟁이 끝나던 시기만 하더라도 체첸 사회에서는 전통적 종교 정체성인 이슬람 본질에 대한 시민의 관심이 축적되어 있었고 이슬람의 기본 이념과 근간을 이해하는 분위기가 팽배했다. 해외에서 자금도 자유로이 흘러들어왔고, 특히 사우디아라비아 등의 지원금이 지하드 운동을 뒷받침하는 데 결정적 역할을 하였다. 중동 아랍 등 군사 투쟁 경험이 많은 이슬람 전사(戰士)와 아랍 무슬림 선생이 와하비주의 전파를 주도하였고, 체첸에서는 군사적 이슬람, 즉 지하드가 서서히 뿌리를 내리며 새로운 개념으로 급부상하였다.[22] 이러한 분

---

[21] Anne Speckhard and Khapta Akhmedova, "Wahhabism as a Radical Movement and a Source of Suicide Terrorism in Post-War Chechen Society," *Democracy and Security* vol. 2 (2006), 108.
[22] Ibid., 109.

위기 속에서 2차 전쟁이 발생했다. 19세기 캅카스전쟁 시기 이슬람은 러시아에 대한 저항 수단이었고, 그러한 인식은 20세기 말 체첸 사회에서도 강하게 형성되었다. 체첸의 일부 지도자와 동조자의 저항 수단은 지하드 이데올로기였다.

체첸의 와하비주의자는 심지어 온건한 입장을 지닌 무슬림 신앙을 이교도로 규정할 정도로 극단주의 성향을 지니고 있었으며, 2차 전쟁 전후 체첸 내에는 원리주의 이슬람이 매우 강하게 퍼져 있었다. 체첸 학자인 야부스 아흐마도프(Yavus Akhmadov)는 와하비주의에 대해 다음과 같이 기술했다.

> 와하비주의는 체첸의 독립적인 역사적 경험을 거부하면서 소위 '오리지널' 이슬람을 신봉하는 체첸인을 극단주의 경향으로 방향을 전환하는 이념으로 작동했다. 중동의 이슬람 원리주의자들은 사회적, 정치적 삶에서 체첸인을 극단주의 이슬람의 원칙, 기준, 실행을 통해 적용하고자 시도하며, 이는 그들의 주요한 목표이다. 그러므로 체첸 전통주의자들은 와하비주의를 전통적인 종교적 관습과 정체성에 대한 위협으로 간주하였다.[23]

2차 전쟁에서 와하비주의자에 의해 지하드가 선포된 이유가 무엇일까? 바로 러시아에 대한 정서적 반발이 매우 강했기 때문이었다. 민족을 초월한 이데올로기, 그것이 이슬람 지하드였다. 특별히 청년들이 지하드 정신으로 전쟁에 급격히 참전하는 경향이 강했다. 폭력의 순환고

---

23 Yagil Henkin, "From tactical terrorism to Holy War: the evolution of Chechen terrorism, 1995-2004," *Central Asian Survey* vol. 25, No. 1-2 (2006), 196 재인용.

리였다. 청년 그룹은 자신들의 아버지와 어머니가 죽었다는 사실 때문에라도 복수전에 나설 세대이며, 엄마와 누이가 성폭력을 당했다는 사실 때문에 정서적 분개를 가지는 세대이다. 지하드는 복수처럼 작용했으며 청년 세대를 지배하는 정치적, 이념적 요소가 되었다.24

러시아 민족주의 역사관을 지닌 소련 역사학자들은 체첸인의 저항을 폄하하는 태도를 보였다. 체첸인이 경제적 이유로 러시아와 군사적 충돌을 벌이고 있으며, 결코 독립 전쟁이 아니라는 입장이었다. 북캅카스의 다른 소수 민족보다도 체첸인은 이슬람을 비교적 늦게 수용한 편이었다. 이전에는 전통적 관습법인 '아다트'(adat)가 전통 사회 내에 깊숙이 작동했으며, 근대 이전에는 이러한 구조 속에서 피의 복수와 인질 행위가 벌어졌다.

현대 사회에 러시아 내에서 발생한 갈등, 분쟁, 전쟁은 민족과 민족 간, 특정 세력 간에 상호 연합을 이룬다는 것이 얼마나 큰 난제에 속하는 것인지를 보여주었다. 민족 분쟁은 전쟁이라는 극단적 상황으로 발전되었으며, 캅카스는 소련 해체 이후 분쟁의 현실상을 증명한 공간이었고, 지역 거주민은 이슬람을 종교 정체성으로 강조해 왔다. 체첸, 다게스탄 민족 그룹은 이슬람 영향력이 매우 강한 곳이며, 이 지역에서 멀지 않은 조지아는 조지아정교가 기본적인 종교 정체성이지만, 조지아로부터 분리 독립을 선포한 자치공화국인 아브하지아공화국은 이슬람 정체성이 강한 지역이다. 2008년 러시아-조지아 전쟁 직후 아브하지아, 남오세티아는 독립을 선포하였고, 러시아는 이를 강력히 지원해 주면서 이 공화국들의 독립 선포를 용인했다. 아브하지아와 남오세티

---

24 Emil Souleimanov and Ondrej Ditrych, "The Internationalisation of the Russian-Chechen Conflict: Myths and Reality," *Europe-Asia Studies* vol. 60, No. 7 (2008), 1220.

아는 조지아로부터 완전한 독립을 쟁취하는 것을 목표로 하지만, 조지아는 이들의 독립을 영토의 통일성이라는 명목하에 절대 용납할 수 없다는 입장이다.

러시아가 2차 전쟁에서 거의 승리한 2000년대 초반 러시아 정부 및 친러시아 체첸 세력의 전술도 어느 정도 변경되면서, 대규모 군사 소탕 작전에서 야간 납치, 강제 구금, 즉결 처형을 목표로 하는 전술이 시행되었고 많은 체첸 반군이 실종되었다. 군사 무장을 한 러시아 군인들은 위장 장갑차를 타고 작전을 벌였다. 체첸 입장에서 1차 전쟁의 최고 목표는 민족 독립 혹은 분리 독립이었다. 그런데 1, 2차 전쟁 사이 체첸 지도자들은 이슬람 국가의 수립을 언급하기 시작했고, 2차 전쟁에서 이러한 사고의 전환은 널리 퍼졌다.[25] 한편 전쟁 과정에서 일련의 다른 입장도 있었다. 저항 운동의 일부 지도자들은 '민족주의와 자결권'(nationalism and self-determination)을 가장 중요시 여겼으며, 이를 투쟁의 핵심으로 간주했다.

1, 2차 전쟁 사이에 러시아연방의 대 체첸 정책도 불안정하였으며, 이는 체첸인으로 하여금 테러 전술을 구사하도록 만들었다. 체첸 군벌 간에 권력 투쟁이 촉발되었고, 체첸 사회에도 여러 부족 조직이 구성되었다. 이러한 부족 전통은 권력의 분열에도 영향을 미쳤다. 체첸 반군 내 각각의 무장 그룹은 전쟁 중에 생성된 새로운 충성심뿐만 아니라 전통적 연대에도 의존하였다.[26] 2차 전쟁 이후 체첸 반군은 궁지에 몰리게 되었고, 이런 상황에서 투쟁적인 이슬람주의자들이 반군의 핵심을 이루었다. 이들은 투쟁의 확대가 광범위한 무슬림 투쟁으로 이어질 것

---

[25] Anne Speckhard and Khapta Akhmedova, op. cit., 111-112.
[26] Aurelie Campana, "The Effects of War on the Chechen National Identity Construction," *National Identities* vol. 8, No. 2 (2006), 133.

으로 판단하였고, 이는 지하드로 수용되었다.

러시아연방의 대테러 작전

2차 전쟁 당시 러시아의 기본 정책은 '대테러 작전'이었다. 러시아 당국은 러시아 헌법이 이 지역에서 지속적으로 작동된다고 주장했다. 즉, 체첸 상황은 분쟁이며 전쟁은 아니라는 주장이다. 이는 푸틴의 일관된 자세였다. 푸틴도 체첸에서 벌어지는 일이 전쟁이 아니라고 여러 차례 강조했다. 그저 연방 내부의 문제일 따름이라는 것이다. 체첸 내에서 계엄령이나 비상사태가 발동되지도 않았다. 그는 인터뷰에서 체첸의 독립은 캅카스의 상실로 이어질 것이기 때문에 결코 독립을 허용하지 않을 것이라고 선언했다. 그리고 체첸이 다게스탄에 개입했다고 주장했다. 푸틴에게는 북캅카스의 불안정한 안보 및 분쟁 사태를 차단하는 것이 가장 중요한 목표였다.27

2차 전쟁 이후 와하비주의가 전쟁의 핵심 이슈로 등장했다. 급진적인 와하비주의 추종자들은 이슬람을 공개적으로 언급하면서 지하드 정신을 강조했다. 1차 전쟁 전후 체첸 사회의 전문가들과 과학 지식인들이 체첸을 떠나면서 새로운 분위기가 형성되고 체첸 내 새로운 지도자들이 등장할 여지가 생겼다. 1차 전쟁 종식 후 체첸 사회 내에 중앙집권적인 강력한 권력은 결여되었으며 폭력 행위가 일상적으로 빈번하게 등장했다. 전쟁으로 체첸 사회의 전통성은 손실되었다.28 핸트 브라이어스는 "폭력은 자아에서 타자로의 이동에서 발생하는 것이 아니라 어

---

27 Omar Ashour, op. cit., 135.
28 Ibid.

쩌면 자신과 타인을 구분하는 경계를 묘사하려는 바로 그 시도에서 발생한다"29고 언급했는데, 이는 체첸 사회에 타당하게 적용될 수 있다. 1차 전쟁 이후 일상적인 폭력이 개인 및 집단 수준에서 지속적으로 체첸 정체성의 형성을 강화했고 경쟁적 담론이 점차 급진화로 이어졌다.

소련 해체에 따라 많은 체첸인은 이전의 소비에트 시민처럼 이슬람 신앙의 뿌리에 대해 무지한 관계로 이슬람을 더 알기 원했다. 과거 무신론 정책은 소련 해체 이후 완전히 해제되었고 국경을 넘어 급진적 형태의 이슬람 이념도 급속히 유입되었다. 과도하게 급진적인 성향의 이슬람 원리주의의 분위기가 흐르고 있었다. 소련 해체라는 엄청난 정치적 격변이 몰려들고 새로운 사상의 유입으로 체첸은 무장 분쟁의 대상이 되었다. 전투적이고 급진적인 이슬람 원리주의에 대한 관심이 증폭되면서 시민적 취약성이 야기되었다.[30]

4. 2차 체첸전쟁과 체첸 반군의 테러

체첸 반군은 국가의 독립과 자유를 명목으로 테러 활동을 자행하였다는 입장을 표명했는데, 이는 신빙성 없는 주장은 아니었다. 1991년부터 2차 전쟁이 종식된 2002년까지의 모든 테러 행위 중에서 1차 전쟁이 끝난 시점과 2차 전쟁이 시작되던 1997~1999년 사이 테러 행위가 최고조였다. 그런데 이 시기는 양측의 평화 협정이 유효하게 진행되던 때로 비교적 가장 평화로운 시기였다. 2차 전쟁은 1999년 10월에 벌어졌는데, 그 직전인 8~9월의 테러 행위가 체첸 인근에서 모스크바

---

29 De Hent Vries and S. Weber, *Violence, Identity and Self-Determination* (Stanford: Stanford University Press, 1998), 2.
30 Anne Speckhard and Khapta Akhmedova, op. cit., 105.

와 상트페테르부르크를 포함한 러시아 주요 도시로 확장되었다는 것은 특이한 점이다. 체첸 반군이 모스크바 아파트에 대한 강력한 폭탄 공격을 자행한 것이 2차 전쟁의 직접적인 원인이 되었고, 2차 전쟁 발발 이후 테러 행위는 다시 국경 지역으로 국한되었다. 2002년 2차 전쟁이 끝나면서 테러 행위는 러시아의 심장부로 되돌아갔다.

체첸 반군 입장에서 테러는 어떤 정치적 함의가 있을까? 도쿠 우마로프(Doku Umarov) 휘하의 지배적 지도자 그룹과 분파에서 체첸전쟁은 이슬람 신정국가 건설을 위한 광범위한 투쟁의 일부로 간주되었다. 체첸은 이 목표를 성취하기 위해 전술적 혁신을 가지고 있었으며, 체첸 국경 밖의 대규모 테러 공격이 전술상 핵심이었다. 그러한 전술이 1차 전쟁에서 없었던 것은 아니었다. 하지만 2차 전쟁에서 테러 행위는 일정한 목적을 가지고 진행되었다. 1차 전쟁과 확연히 달랐던 점은 자살 테러리즘, 즉 자살 폭탄 공격으로의 전환이 적극 수행되었다는 점이다. 체첸 저항 운동의 전술은 시간이 지남에 따라 변화하였다. 민간인이 폭력의 표적이 되었는데, 이는 급진적인 전술의 변화였다.[31] 이 테러는 와하비주의 전투적 이념과 매우 깊은 연관성을 지녔으며, 이처럼 테러도 와화비주의 이념과 연동되었다는 것이 그 특징이다.

체첸전쟁으로 극단적 형태의 폭력이 수반되었다. 러시아는 재래식 전쟁이나 게릴라 전술로 패배하지 않는 강대국이다. 그런 점에서 테러가 확산될 수밖에 없었다. 체첸인은 절망적인 상황에 처한 개인 혹은 민족이 정치적 변화를 유도하는 가능성을 테러 행위로 정당화했고, 그것이 전쟁의 형태로 발현되었다.[32] 1996년 5월 1차 전쟁은 공식적으로

---

[31] Kristin M. Bakke, "Help Wanted? The Mixed Record of Foreign Fighters in Domestic Insurgencies," *International Security* vol. 38, No. 4 (2014), 165.

[32] Emil Souleimanov, "Momentous shifts in the ideology of the Chechen resistance,"

종식되었다. 러시아의 알렉산더 레베드(Aleksander Lebed) 장군이 체첸 지도자들과 갈등을 종료하기로 협상한 이후였다. 평화 협정은 1996년 8월 30일 러시아군이 체첸 영토에서 철수하고 체첸군과 체첸 반군이 무장해제를 하는 조건으로 타결되었다.33

그러나 이 협정이 이행되기 전인 1996년 6월 모스크바의 툴스카야(Тульская)역 지하철 차량 내에서 폭탄이 터져 5명의 승객이 사망하고 12명이 부상 당했으며 범인은 체포되지 않았다. 또한 1996년 7월 모스크바에서 두 대의 버스 안에 폭발물이 터지는 사건이 벌어졌다. 그리고 러시아 도시들, 볼고그라드(Volgograd), 보로네쥐(Voronezh), 스몰렌스크(Smolensk), 아스트라한(Astrakhan), 사마라 비타 베커(Samara Vita Bekker)에서도 폭탄이 터졌다.34 2차 전쟁 직후인 1999년 11월 상트페테르부르크 지하철에서 폭탄이 터져 2명이 죽고 23명이 부상 당했다. 남부의 파티고르스크(Pyatigorsk)에서 폭탄을 설치한 체첸인은 그 자리에서 체포되었지만, 폭탄이 터지는 것을 막지 못했다. 그는 잡히고 난 이후 '고위층' 명령에 따라 테러 공격을 조직했다고 자백했다. 당시 이 고위층의 존재에 대해서는 밝혀지지 않았는데, 러시아 당국은 이러한 폭발의 형태가 바사예프의 행위를 답습한 것으로 파악했다.35

2차 전쟁 발발 이후 러시아연방 전임 총리 빅토르 체르노미르딘(Viktor Chernomyrdin)은 테러 종식을 위한 러시아 군대의 활동을 강력히 지지한

Contemporary Review vol. 288, No. 1682 (2006), 299.

33 Irina Mukhina, "Islamic Terrorism and the Question of National Liberation, or Problems of Contemporary Chechen Terrorism," *Studies in Conflict & Terrorism* vol. 28, No. 6 (2005), 518.

34 "Putin, CIS Security Chiefs in Town To Talk Terrorism," *The St. Petersburg Times*, 28 October 1999.

35 Irina Mukhina, op. cit., 518.

다고 밝혔다. 그는 반군에 대해 "도적들"(bandits)이라는 표현을 사용하면서 이들의 군사 행동을 강력히 비판하고,36 도적들이 완전히 파괴될 때까지 적들과 비타협적 투쟁을 지속해야 한다고 주장했다. 대테러 작전은 정당성이 있으며, 작전의 목적은 질서 회복, 테러리즘 종식, 도적들 제거다. 그는 러시아가 서방의 도움 없이 스스로 병을 고칠 수 있다고 확신했고, 체첸은 병자이며 러시아는 치료자라고 했다.37 그는 「아구멘트 이 팍트」 신문에서 다음과 같이 언급했는데, 체첸공화국은 러시아의 일부라는 점이 상기되었다.38

오늘, 이 현실은 매우 아픈 것이지만, 러시아는 이 '병든 공화국'(sick republic)을 일으켜 세우기에 충분한 힘과 자원을 가지고 있다. 우리는 우리의 집을 질서를 가지고 유지할 위치에 있으며, 미국과 나토(NATO)의 도움이 필요하지 않다. 발칸의 비극은 더 이상 필요하지 않다. 이들, 즉 '이슬람의 수호자'들은 고대 종교의 이상적인 사명에 대해 관심이 없다. 그들은 구체적인 이익, 노예무역으로 인한 이득, 마약에 관심이 있다.

체르노미르딘은 러시아가 체첸전쟁을 지원하는 또 다른 이유로 일반 체첸인과 러시아인의 복지와 이익 때문이라는 점을 강조했다. 그리고 분리주의 세력은 민족의 이익보다 사사로운 사욕을 위해 투쟁하고

---

36 Sirke Makinen, "Russia's Integrity: Russian Parties of Power and the Yabloko Association on Russo-Chechen Relations, 1999-2001," *Europe-Asia Studies* vol. 56, No. 8 (2004), 1162.
37 Виктор Черномырдин, "Мы разберемся с Чечней без помощи НАТО," Аргумент и факты, 8 декабря 1999.
38 Ibid.

있다고 비판했다. 그는 체첸을 두 가지 옵션으로 분류했다. 첫째, 러시아의 통제 아래 있는 그룹이며, 둘째, 러시아에 투쟁하는 체첸 정권이다. 첫째 옵션은 질서, 민주주의, 법, 인권이 작동되는데, 둘째 옵션은 개인적 이익, 노예 거래, 마약 밀매와 연관되어 있다.39

당시 푸틴 총리의 지도 아래 러시아 정부는 테러와의 전쟁이라는 관점에서 체첸의 행위를 폭력과 연결 지었다. 반군은 급진적 이슬람 단체 및 국제 테러 네트워크의 지원을 받았다. 러시아 정부는 정보 조작과 표적 암살 방식으로 이에 대처하고자 했으며 적절한 군사력을 사용했다. 정부는 홍보전을 가동하여 미묘한 방식으로 심리적, 문화적으로 체첸을 공격하였다. 2차 전쟁은 체첸인이 테러 행위를 저질렀다는 가정하에 진행되었다. 푸틴이 체첸전쟁을 개시한 것은 러시아연방법의 내용을 근거로 하였으며, 연방법에는 테러 활동에 관해 기술되어 있다.40 푸틴은 실제로 '대테러 작전'(counter-terrorisot peration)이 러시아를 구원했다고 확신했다.

> 체첸공화국 국면이 어려운 상황인데, 러시아에 대한 국제 테러리즘의 확장은 체첸이 교두보 역할을 하였다. 연방 내 영토 문제도 어려운 상황이다. 가장 큰 난제는 이 지역에서 국가의 부재이다. 1999년 체첸은 과거 실수를 다시 저지르고 있다. 현재 러시아의 붕괴를 위협하는 테러에 맞서는 전략만이 국가 존엄성을 보호하고 국가 통합성을 유지할 수 있다.41

---

39 Ibid.
40 Sirke Makinen, op. cit., 1158.
41 http://www.kremlin.ru/text/appears/2000/07/28782.shtml(2023. 8. 4. 검색).

5. 결론

1917년 제정러시아가 러시아혁명으로 무너지고 난 이후에도 소련의 핵심 민족은 러시아였고, 러시아와 무슬림의 관계는 제국주의와 피제국주의 관점으로 해석될 수 있다. 러시아 슬라브인은 이슬람을 동방의 종교로 인식하였다. 러시아 지식인들 사이에는 동양을 위대한 문명의 결정체로 인식하기보다는 많은 부분 동방의 세계를 교화해야 하는 공간으로 인식하는 분위기가 역사적으로 존재했다.42 러시아에 있어 북캅카스 민족도 그러했다. 19세기 이래 이곳을 정복한 러시아는 체첸인을 피정복지 민족으로 상정하고 소련 시기에도 정치적 압박 정책을 지속했다. 이 와중에 소련이 해체되면서 체첸전쟁이 발생했다.

1차 전쟁은 1994~1996년 동안 발발했고, 1996년 하사유르트 평화협정으로 공식적으로 종결되었다. 겉으로는 평화 형식으로 종식되었지만, 실질적으로 끝난 것은 아니었다. 러시아 정부는 체첸 이외에도 연방으로부터의 분리 독립을 주장하던 타타르스탄공화국 등 자치공화국에 강력한 메시지를 보냈다. 전쟁을 통해 개별 민족의 독립은 전혀 이루어질 수 없는 꿈이라는 사실을 확실하게 각인시킨 것이다. 소수 민족에게 독립은 먼 나라의 이야기였다.

역사적, 전통적으로 러시아 이슬람은 7세기에 북캅카스로 아랍 군대에 의해 최초로 전해졌다. 그런데 러시아 중세 역사의 왕조인 '키예프루시'의 동방정교 수용으로 러시아인의 정교도화는 러시아사에 매우 중요한 함의를 지니게 되었다. 러시아 종교문화사에 있어 매우 두드러

---

42 정세진, "러시아정교의 민족주의에 관한 소고 — 모스크바 제3로마이론, 러시아정교와 이슬람의 관계를 중심으로,"「노어노문학」 21-4 (2009), 685.

진 현상은 러시아는 '거룩한 러시아'로서의 정체성을 지니고 있으며, 이는 비잔틴으로부터 동방정교를 수용했기 때문이라는 것이다.43 당시 러시아 남부 초원 지역에서는 유목 민족들이 지역 패권을 놓고 정치적, 민족적 투쟁을 벌이고 있었다. 소위 '포스트소비에트' 공간의 많은 지역은 원래 러시아와 소련의 땅이 아니었다. 정복으로 쟁취한 땅이 현재의 러시아연방 내 이슬람 지역이다. 러시아는 이슬람 문화권이 아니다. 그들은 이슬람 지역을 많이 정복했을 뿐이다. 종교적으로 이질적 정체성을 소유하고 있던 지역은 북캅카스였다.

종교를 혁명과 사회 정의 추구를 위한 외침으로 사용하는 방식은 새로운 형태가 아니다. 세계적으로 종교적 수사학은 종종 정치적 이득을 위해 사용된다. 이슬람도 다른 종교와 마찬가지로 정치적, 군사적 동원을 위한 도구로 사용되는 경우가 많다. 캅카스전쟁 시기 샤밀과 그를 따르는 무슬림 전사들도 동일했는데, 당시 이슬람은 외부인과 압제자로 여겨지는 국가와 사람들에 대해 저항의 연대를 촉구하는 집결 세력으로 활용되었다. 16세기경 이슬람이 다게스탄 민족의 선교사들에 의해 체첸으로 전해진 측면이 있는데, 캅카스전쟁 때 이슬람은 항쟁의 수단으로 작동했다. 당시에도, 체첸 2차 전쟁 때도 저항의 수단은 지하드였다.

---

43 Thomas Garrigue Masaryk, *The spirit of Russia. Studies in history, literature, and philosophy* (London, New York: The Macmillan Company, 1919), 9-10.

9장
2차 체첸전쟁과 러시아의 대응
: 바사예프 사령관의 지하드 항쟁과 푸틴의
대테러 작전을 중심으로

1. 서론

2차 체첸전쟁은 체첸인이 테러 행위를 저질렀다는 가정하에 진행되었다. 그렇다면 2차 전쟁에 대한 러시아의 대응을 파악하는 것도 매우 중요한 일일 것이다. 푸틴이 공격을 감행한 것은 러시아연방법 내용을 근거로 하였는데, 이는 연방법에 기술되어 있는 테러 행동과 연관되어 있다.[1] 푸틴은 실제로 이 '대테러 작전'(counter-terrorisot peration)이 러시아를 구했다고 확신하였다. 체첸공화국의 상황이 복잡해지면서 러시아 대상의 국제적 테러리즘이 등장했다는 것이 러시아 정부의 시각이었다. 가장 큰 난제는 체첸에서 국가 통치가 부재했다는 점이다. 1999년 체첸은 과거의 실수를 다시금 되풀이했다는 평가가 있다. 러시아 정부

---

1 Sirke Mäkinen, "Russia's Integrity: Russian Parties of Power and the Yabloko Association on Russo-Chechen Relations, 1999-2001," *Europe-Asia Studies* vol. 56, No. 8 (Dec., 2004), 1158.

는 러시아의 붕괴를 위협하는 테러에 맞서는 전략만이 국가 존엄성 보호와 국가 통합성 유지를 가능케 한다는 인식을 가졌다.2

2차 전쟁은 러시아 지정학 논쟁의 하나의 사례다. 특히 유라시아주의에 관한 담론이 그것이다. 러시아의 지정학적 담론은 광범위하게 논의되어 왔는데, 찌간코프는 유라시아주의가 동질적이지 않고 다양하다고 밝혔다. 즉, 서구 친화적 버전에서 공개적으로 고립주의 및 팽창주의에 이르기까지 매우 다변적이다. 그에 따르면 러시아의 다수는 국내 문제와 체첸 분쟁 등 주변 지역 갈등이 대부분 본질적으로 지정학적 문제라는 전제를 공유하고 있다.3 체첸-러시아 관계도 러시아 지정학의 하나의 사례. 2차 전쟁도 1차 전쟁과 마찬가지로 치열하게 전투가 벌어졌다. 체첸 군대는 1차 전쟁처럼 산악 지역으로 들어가 게릴라 전투를 벌였고 테러 작전이 여러 차례 시행되었다. 특히 바사예프 사령관의 지하드 항쟁은 강력했으며, 이에 대한 러시아의 대테러 작전도 푸틴의 지도하에 치열하게 전개되었다.

2. 2차 전쟁 이전 체첸 이슬람의 상황과 그 역할

체첸의 종교 의식 속에서 이슬람과 민족 간 공생의 힘은 체첸 저항에서 중요한 역할을 한 '디크르' 의식이다. 디크르는 예배의 한 일종으로 알라의 이름을 끊임없이 반복하여 부르는 외면적 형태를 말한다. 디크르는 집단을 종교적 열광의 상태로 이끌며 사회질서 유지의 역할을 하며, 이는 러시아에 대한 전투적 저항으로 전환되었다. 그래서 소련 당국

---

2 http://www.kremlin.ru/text/appears/2000/07/28782.shtml.
3 A. P. Tsygankov, "Mastering Space in Eurasia: Russia's Geopolitical Thinking After the Soviet Break-up," *Communist and Post-Communist Studies* Vol. 36 (2003): 101-127.

도 종교와 민족주의의 공생이라는 맥락에서 디크르를 두려워하였으며 잠재적 위협으로 등장한 디크르 의식을 탄압하였다. 이 의식 속에서 무슬림과 체첸인은 서로를 강화하였고, 이는 매우 엄격한 명예와 존엄의 규범으로 연결되어 그들만의 특별한 정신력을 형성하였다. 체첸 전사들은 이 정신력으로 용감하게 러시아에 대항하였으며, 이들의 전투 기술은 적군에게도 찬사를 받을 정도로 정교화된 모습이었다.

체첸 전사의 대부분은 어떤 식으로도 디크르 의식과 연결되었으며, 이러한 의식들, 특히 이슬람의 핵심 가치와 절대자에 대한 복종을 심화시키는 디크르 의식에 참여하여 열성적이며 극단적인 모습을 창출하였다. 체첸 내 이슬람은 점차 급진적인 형태로 변화되기 시작했고, 1차 전쟁 시기 두다예프 대통령 역시 저항의 수단으로 이슬람의 중요성을 존중하며 국가를 위한 결집력으로 이슬람 역할을 인정했다. 하지만 두다예프는 이전 지도자처럼 자신을 종교적, 정치적, 군사적 지도자로 내세우지 않았고, 전통과 이슬람을 분리하며 기존의 급진적인 모습에 완충적 역할을 하였다.

소련 해체에 따라 많은 체첸인은 이전의 소비에트 시민처럼 이슬람 신앙의 뿌리에 대해 무지한 관계로 신앙 지식을 더 알기를 원했다. 그러나 종교 표현을 금지하던 소비에트 정책이 완전히 해제됨으로 국경을 넘어 급진적인 이슬람 신앙도 유입되었다. 체첸은 종교적으로 취약한 상태에 놓였다. 소련 해체라는 엄청난 정치적 격변이 몰려들고 새로운 사상이 유입되면서 체첸은 무장 분쟁의 대상이 되었다. 이는 전투적이고 급진적인 이슬람 원리주의 형태에 대한 관심을 증폭시키면서 시민적 취약성을 야기했다.[4] 기도, 할례, 축일 기념 등과 같은 의식 관행은

---

4 Ibid.

여전히 은밀하게 행해지지만 신앙을 행하는 일은 위험을 무릅쓰는 일이었다. 이 기간 동안 많은 모스크가 파괴되었으며 매우 용감한 노인들만이 모스크에서 감히 기도하거나 자신의 신념을 외적으로 표명하고 진술할 수 있었다.

1차 체첸전쟁 직전 러시아의 대부분 지역에서 종교의 부흥 혹은 부활이 시작되었다. 러시아정교의 부흥도 당연히 따랐지만, 소련 해체 이후 러시아연방의 인구 약 1억 4천5백만 명 중에서 상당수를 차지하는 무슬림에 의한 이슬람 부흥도 시작되었다. 북캅카스 이슬람 부흥은 개인의 삶과 사회 전체에 일정한 역할을 미쳤다. 그러나 소련 해체 이후 초기 이슬람은 특별한 역할을 하지 못했으며 이슬람의 합법화는 1990년에 이루어졌다. 체첸은 초기에 이슬람을 국가 종교로 선포하지 않았다.5 1992년 초 완성된 체첸의 국가 구조에도 이슬람 형태와 이슬람식 조직은 없었다. 체첸은 정식으로 독립하지 않은 국가였음에도 불구하고 체첸 헌법을 제정했다. 헌법에 종교적인, 민족에 관련된 특별한 언급은 없었다. 물론 '전능자'(Almighty)와 같은 표현은 있지만, 이슬람에 관한 특별한 언급은 없었다. 헌법 4조는 다음과 같다.

> 체첸공화국의 민주주의는 정치적, 이데올로기적으로 다원화된 사회이다. … 어떠한 이데올로기도 공식 이데올로기로 성립될 수 없다. 인종적, 민족적, 사회적, 종교적 혹은 계급 증오를 선전하는 정치적 정당과 공공 조직에서는 폭력에 의존하는 정당, 조직체도 금지되어 있다.

---

5 B. Henze, *Islam in the North Caucasus: The Example of Chechnya* (Santa Monica, RAND, 1995), 37.

독립을 선포한 체첸공화국에는 두 개의 종교 정당이 있었지만, 매우 제한된 추종자만 이 정당을 지지했다. 1990년 비슬란 간테미로프(Bislan Gantemirov)는 '이슬람 길'(Исламский путь, Islamic Path)이라는 정당을 결성했는데, 이 정당은 이슬람 가치의 성취 목적보다는 설립자의 개인적 이익과 야망에 더 충실했다. 그런데 아이러니하게도 샤리아(이슬람법)와 아다트(관습법)의 융합, 이슬람 국가 창설, 중동의 이슬람 국가들과의 관계 증진 등의 정당 프로그램이 외면적으로 설정되어 있었다. 이 정당은 '국민의회'(National Congress)의 틀 내에서 기능했지만, 정치 과정은 부적절한 것으로 판명되었다. 이슬람을 토대로 구성된 정치 정당은 대부분 사업가로 구성되었으며 일부 구성원은 정치적 목적을 달성하기 위해 폭력적인 행동을 계획하는 급진파였다. 두 번째 정당은 '이슬람 부흥당'(Islamic Revival Party, Исламская партия возрождения)인데, 공식 등록은 되지 않았다.6

체첸인은 그들의 권리 전쟁을 지속하였고 러시아의 위협에 직면했을 때 그들의 민족과 문화 속에 이슬람이 강력한 관계를 형성했다는 사실은 체첸 저항의 역사에서 특별하다. 체첸 이슬람은 러시아군에 대한 저항에 중요한 역할을 했으며, 특히 민족적 의식과 더 나아가 문화적, 국민적 신념 등으로 나타났다. 체첸이 이슬람 국가로 선포되면서 이슬람은 더욱 정치화되었다. 서로 다른 이해관계의 경쟁자들은 자신의 권력과 정당성을 추구하기 위해 전념하였다. 러시아와의 전쟁이 결과적으로 체첸에서 이슬람의 급진화와 정치화가 이루어진 유일한 이유는 아니었지만, 분명히 연관성은 있었다. 전쟁으로 체첸 내 종교 상황화는

---

6 Katrien Hertog, "Self-fulfilling Prophecy: The Seeds of Islamic Radicalisation in Chechnya," *Religion, State & Society* 33-3 (2005): 240-241.

분명한 특성을 지니고 있었지만, 체첸 사례는 전쟁이 사회에 미치는 종교적 극단주의에 대해 분명히 보여주었다.

1994년 벌어진 1차 체첸전쟁이 장기화되면서 러시아 군대는 승리 이외에도 체첸을 붕괴시키고 체첸의 독립 의지를 종식시키겠다는 결의가 매우 강해졌다. 러시아 군대가 강력히 전쟁을 수행하면서 체첸인의 손실과 공포도 늘었다. 이는 체첸인으로 하여금 급진적 이슬람주의로 스스로 무장하는 상황으로 이끌었다. 체첸인은 러시아인을 향해 더 강력한 저항의 움직임을 가졌다. 체첸전쟁이 주는 교훈이 무엇일까? 그것은 전쟁이라는 분쟁, 갈등 과정 속에서 이슬람의 역할이 변화하였다는 점이다. 즉, 와하비주의로 무장해서 더 강력히 이슬람 정신으로 러시아에 저항했다는 사실이다. 체첸 저항의 역사는 전 세계의 분쟁지에 다양한 유사점을 보여준다. 또한 어떤 점에서는 통찰력 및 교훈을 준다.7

전쟁에서는 인명 살상 이외에 여러 상황이 벌어진다. 특히 2차 전쟁에는 체첸 반군에 용병이 참여하였다. 1980년대 이후 이슬람권 전쟁을 살펴보면 용병이 출현하는 경우가 있었는데, 체첸전쟁에 용병의 출현은 매우 특이한 사건이라고 하겠다. 1980년대 아프가니스탄 무자헤딘은 소련에 대항해 무슬림 전투 정신을 보여주었는데, 중동 아랍으로부터 용병들이 전쟁에 참여했고 타지키스탄, 보스니아 등에서의 전쟁에도 용병이 출현했다. 체첸전쟁에서도 여러 동기로 말미암아 용병들의 전투 참가가 벌어졌다.8

용병들이 해외 전쟁에 참전하면서 과거 전설적인 인물의 서사를 전쟁에 활용하는 모습이 등장했다. 예를 들어 반러시아 구호가 등장했는

---

7 Ibid., 239-240.
8 Cerwyn Moore and Paul Tumelty, "Foreign Fighters and the Case of Chechnya: A Critical Assessment," *Studies in Conflict & Terrorism* 31 (2008), 414.

데, 여기에 역사적 인물이 사용하던 상징적인 글이 활용되었다. 1차 전쟁 후반부터 중동 아랍 단체들은 이러한 반러시아 서사를 사용했다. 1979년 소련이 아프가니스탄을 침공한 이후 용병들은 캅카스전쟁 시기 전설적 인물인 이맘 샤밀의 이름을 따서 북부 아프가니스탄 지방의 이슬람 연합 기관 명칭으로 활용하면서 작전 그룹을 구성했다.9

일종의 초국가적 이슬람 정체성이었다. 오사마 빈 라덴(Osama bin Laden)은 아프가니스탄에서 반 소비에트 항쟁이 승리했다고 평가했으며 동시에 체첸인도 반러시아 저항에서 승리하였다고 칭송하였다. 용병 사례는 아프가니스탄보다는 체첸의 경우 더 적확하게 나타나는데, 이는 매우 독특한 사례다. 체첸전쟁에서 용병에 관련해서는 크게 세 가지로 정리할 수 있다. 첫째, 요르단 디아스포라 공동체가 용병 활동을 벌였다는 점, 둘째, 이 요르단 공동체가 어떤 방식으로 자원 용병 그룹을 구성할 수 있었는지의 여부, 셋째, 토착 공동체의 급진적 요소가 그들을 어떻게 수용하였는지 그리고 이러한 관련성이 1차 전쟁 이후 어떠한 변화를 도정했는지 등이다.10

그런데 아프가니스탄전쟁 시기 소련과 싸운 수천 명의 아프가니스탄계 아랍인들이 동질적인 집단이 아니며 많은 사람들이 아랍인이 속한 아프간계를 방어하기 위해 노력했다는 점을 인식하는 것은 중요하다. 이들은 무슬림 형제들과 무슬림 영토에서 무신론인 러시아 군대를 추방하는 신념으로 자신의 경험에 영감을 받은 과거의 '독트린' 지하디스트(doctrainaire jihadis)는 아니었다. 이들은 서방을 공격하는 데도 큰 관심을 가지지 않는 그룹이었다. 초국가적 무슬림 정체성은 초국가적 살

---

9 Ibid.
10 Ibid.

라피 지하드 운동을 광범위하고 대담한 방식으로 등장시켰다. 해외 용병의 콘셉트는 사회적 네트워크 내 이중적 역할로 나타나는데, 네트워크 내 이데올로기, 경제자원, 펀드를 창출하는 이들이 포함되며 자원봉사자들의 리크루트 역할을 맡은 이들도 있다.

3. 바사예프 사령관의 지하드 항쟁

먼저 1차 체첸전쟁의 핵심 인물인 조하르 두다예프(Johar Dudaev)의 저항에 대해 살펴보자. 그는 1차 전쟁 중에 사망했는데, 원래 체첸에 거주해 본 적이 없었던 인물이다. 1991년 10월 '체첸 민중의 민족위원회'(National Congress of the Chechen People)를 출범시켰으며, 그가 대통령으로 당선된 이후 러시아와 전쟁이 벌어졌다. 1차 전쟁의 핵심 인물은 보리스 옐친(Boris Yeltsin)과 두다예프였는데, 전 소련 장군이며 아프가니스탄에 참전한 바 있는 두다예프는 체첸공화국의 초대 대통령이 되고 나서 독립을 전격 선언했다. 당시 소련 정부는 체첸-잉구세티아공화국의 독립을 인정한다면 소련 연방, 특히 러시아공화국 내에 다른 자치공화국이 독립할 것이라는, 소위 도미노 이론의 현실화를 염려하던 상황이었다.11

소련 정부는 체첸의 독립 선언을 받아들이지 않았고, 옐친 역시 체첸 독립을 승인하지 않았다. 카스피해의 대규모 석유단지가 체첸 내에 있었으므로 체첸은 러시아의 전략적 요충지였다. 소련 해체 이후 러시아는 체첸을 포기할 수 없었다. 이에 두다예프가 실력 행사에 나섰는데,

---

11 Alec Rasizade, "Chechnya: The Achilles heel of Russia — Part Two," *Contemporary Review* Vol. 286. Issue 1672 (May 2005), 277.

러시아 국가보안위원회(KGB) 본부를 습격하여 각종 무기를 탈취했고, 1991년 9월 6일 '이치케리아 체첸공화국'(the Republic of Ichkeria)의 독립을 선언하였다.

1994년 1차 전쟁이 터지자 러시아는 적은 손실로 빠른 승리를 기대했지만, 그로즈니를 즉각 점령하기가 어렵다는 것을 인식했다. 그에 따라 러시아군은 전술을 바꿨는데, 자국 군인 1명이 사망할 경우 25명의 체첸인을 죽이고, 1명이 부상 당할 경우 10명의 체첸인을 희생시킨다는 전술적 목표를 정했다. 이는 기괴한 군사 전술 방식이었다. 바사예프는 테러 전술을 활용하며 체첸군 사령관으로서 강력히 저항했다. 그는 러시아 군대 전술과 동일한 방식을 활용하고자 했다. 1차 전쟁 중 부됴노프스크병원에서 인질극을 벌이던 당시 그는 러시아 방식대로 인질을 처리하겠다고 천명했다. 2차 전쟁이 종식될 무렵 체첸 테러리스트들은 2002년 모스크바의 두브로프카 극장, 2004년 북오세티아의 베슬란에서 대규모 인질극을 벌였다. 당시 테러리스트들은 자기들 중 1명이 부상 당한다면 10명을 살해하겠다고 러시아 정부에 경고했다.

1차 전쟁 시에도 테러 점거 사건이 있었다. 부됴노프스크 인질 테러 사건 때 두다예프는 테러리스트를 추적하겠다는 기존의 약속을 지키지 않았고 테러는 계속됐다. 1995년 11월 바사예프는 러시아 기자들에게 자신의 부하들이 모스크바의 이즈마일로보(Izmailovo)공원에 폭발물을 은폐했다고 밝히면서, 공원 근처의 사람들을 쓸어버릴 만한 충분한 폭발물을 숨겨 놓았다고 강조했다. 이 소식에 호기심 많은 기자들은 바사예프가 인용한 정확한 위치를 확인하고 14.5파운드(lb)에 달하는 폭발물을 찾아냈다.[12]

---

12 Barton Gellman, "Arrest Shifts Focus to U.S. Sources of Atomic Isotopes," *The Washington*

그로즈니의 이슬람 모스크 전경(사진 제공: 김선래)

바사예프는 1차 전쟁을 통해 영웅으로 등장했다. 그는 체첸의 많은 세대로부터 존경받는 군사 지도자였다. 특히 어린 소년들과 남성들이 그를 흠모하였는데, 그가 강력한 지도력으로 러시아 군대를 격퇴했다는 사실에 강한 자부심을 가졌다. 바사예프는 1차 전쟁이 발발하기 이전부터 체첸 지도자들에게 체첸에서 시작된 독립운동이 캅카스 전역으로 확대될 것을 상기시켰다.13 체첸 투쟁을 구조적으로 설명한다면, 1990년대 초 러시아의 많은 지역에서 감행된 민족들의 소위 '주권 퍼레이드'(parade of sovereignties)와 유사한 민족주의 투쟁이었다.14

Post, 11 June 2002.

13 Anne Speckhard and Khapta Akhmedova, "The New Chechen Jihad: Militant Wahhabism as a Radical Movement and a Source of Suicide Terrorism in Post-War Chechen Society," *Democracy and Security* vol. 2 (2006), 105.

14 Kristin M. Bakke, "Help Wanted? The Mixed Record of Foreign Fighters in Domestic Insurgencies," *International Security* 38-4 (2014), 165.

1차 전쟁에서 바사예프는 가끔 테러 작전에 참여하는 뛰어난 사령관으로 알려졌으며 그의 군대는 여성 인질을 죽이지 않았다. 1차 전쟁 기간 그에 의해 자행된 대규모 테러 작전은 두 건이었다. 전쟁의 몇 달 동안 체첸에 의해 살해된 인질 수는 15명을 넘지 않았으며 거의 모두가 러시아 군인과 경찰이었다.[15] 주목할 만한 예로 1996년 체첸 인질범들이 러시아의 페르보마이스코예(Pervomayskoye) 마을을 포위했을 때 이들은 지뢰밭을 통과했는데, 이때 체첸인이 먼저 통과하였고 일부는 지뢰에 의해 사망했다. 이후 인질들은 지뢰가 없는 길을 통해 움직일 수 있었다. 석방된 후 인질들은 납치범보다 러시아 당국에 더 분노했다. 일주일 동안 인질로 잡혀 있던 디마 알렉산드로비치는 납치범들이 "아무도 쏘지 않았다"고 밝혔고, "그들은 우리를 학대하지 않았습니다. 사실 그들은 저주조차 하지 않았습니다"[16]라고 말했다.

바사예프는 체첸에 특별한 아우라를 창출하는 인물이 되었다. 그는 전통적, 비전통적 전쟁 행태로 정치적, 사회적 영향력을 지녔으며 체첸 사회의 정체성 담론을 창출하는 핵심 인물이었다.[17] 전쟁의 핵심 인물인 바사예프는 점진적으로 이슬람을 활용하는 정치적 수완을 발휘했다. 그는 자신의 지위 강화를 위해 급진적인 이슬람 이념을 차용하였다. 1996년 평화 협정 이후 여전히 러시아연방이 대 체첸 정책을 강경하게 이끌어 나가면서 마스하도프의 대통령 권력도 약화되었다. 바사예프는 더 큰 정치권력을 획득하고자 했고, 일부 군벌들은 와하비주의를 급속

---

15 Carlota Gall and Thomas De Waal, *Chechnya Calamity in the Caucasus* (New York: New York University Press, 1998), 270.

16 *AFP*, 18 January 1996.

17 Aurelie Campana, "The Effects of War on the Chechen National Identity Construction," *National Identities* vol. 8, No. 2 (2006), 133.

하게 수용하며 이들에게 정치적 장이 열리기 시작했다.

2차 전쟁의 여파는 잉구세티아공화국에 매우 중요했다. 소련 시기 체첸, 잉구쉬 민족은 단일 영토 체제로 묶여 있었으며 체첸-잉구세티아공화국이었다. 체첸이 1991년 독립을 선포하면서 잉구세티아는 단일 공화국 체제에서 떨어져 나가 '잉구세티아공화국'이 되었다. 이러한 정치적 지역 구분은 1992년 6월 법으로 성문화되었다. 1996년 체첸은 러시아와의 평화조약 이후 불법 및 밀수를 자행하였고, 반군은 잔학 행위를 일삼았다. 당시가 경제적으로 매우 어려운 상황이었기 때문이다. 또한 1차 전쟁 기간 중 주요 산업 시설들이 파괴되었던 것도 큰 이유였다.

체첸 남성의 약 90%가 직업을 가지지 못했으며 그들은 체첸 정부를 불신하였다. 정부는 경제 재건에 실패했으며 악명 높은 체첸 마피아를 통제할 수 없는 상황에 이르렀다. 체첸은 좋은 표현으로는 '실패한 국가'였지만, 아주 나쁜 표현으로는 '마피아가 지배하는 갱의 나라'(a mafiocratic gangland)로 명명되었다. 이런 와중에 바사예프와 이슬람 원리주의 강경파들은 샤리아법이 부과되는 이슬람 신정국가를 주장하면서 마스하도프의 사임을 촉구했다. 1999년 2월 마스하도프는 이에 굴복하고 샤리아법을 선포했다.[18]

2차 체첸전쟁이 발발하기 직전인 1999년 6월 러시아 총리 세르게이 스테파신(Sergei Stepashin)과 군 참모총장 아나톨리 크바쉬닌(Anatoliy Kvashnin) 등은 다게스탄공화국의 수도인 마하치칼라에서 회동했다. 당시 체첸 반군이 다게스탄으로 침입한 사건에 대처하기 위해서였다. 그들은 반군 침입 사건이 매우 심각한 일이며 다게스탄의 사회정치적 문제를 해결하지 않으면 러시아가 북캅카스에서 자치공화국을 상실할 수

---

18 Alec Rasizade, op. cit., 279.

있다는 의견에 동의했다.19 스테파신 총리는 바사예프가 다게스탄에 개입해 들어오기 이전에 체첸의 테렉강까지 차단하고 봉쇄할 계획이었다.

이에 대한 샤밀 바사예프의 입장은 무엇이었을까? 그는 당연히 다게스탄으로의 침입을 정당화했다. 바사예프는 러시아 정부를 신뢰하지 않았다. 19세기 전반 캅카스전쟁 시기 이맘인 1834년에 샤밀이 '이슬람 신정국가'(the Imamat: Islamic North Caucasus state)를 건설했다. 그는 러시아 군대에 체포되던 1859년까지 신정국가를 유지했다. 2차 전쟁의 체첸 지도자인 바사예프도 165년 전의 샤밀처럼 1999년 다게스탄에서 신정국가를 선포했다. 사우디아라비아에서 체첸으로 용병들이 왔는데, 그 핵심 인물은 지하드를 주장하던 하탑(Khattab)이었다.

요르단인인 하탑은 1996년 이후 이슬람 전사들을 양성할 목적으로 많은 훈련 캠프를 설치했고 체첸 반군에 게릴라 훈련을 가르쳤다. 그는 북캅카스의 청년들에게 종교 훈련과 무기 사용법을 가르쳐주었다. 일부 아랍인들이 꾸준히 이 지역으로 모여들었고 현지 무슬림들과 네트워크를 형성했다. 이들은 하탑이 운영하는 훈련 캠프의 주요 멤버가 되었다. 그들 중 많은 이들이 현지 여성과 결혼했는데, 이는 자신들의 행동을 합법화했기 때문이다. 이러한 행동은 2차 전쟁까지 연결되어, 이슬람 신정국가는 체첸 반군의 가장 최고의 목적이요 비전이 되었다.

2차 전쟁 전후 바사예프와 더불어 마스하도프도 매우 중요한 인물이었다. 1996년 평화 협정 이후 1997년 마스하도프는 소위 세속적인 정치 목표를 내건 공약으로 체첸 대통령 선거에 나서 승리했다. 그의 강력

---

19 Igor Timoviev, "Nar Al-Ussuliya Tahriq Al-Itihad Al-Russi (The Fire of Fundamentalism is Burning the Russian Federation)," *AlWasa* 394, 22 August 1999, 11-13.

한 라이벌은 반군 사령관이자 극단적인 이슬람 원리주의자였던 샤밀 바사예프(Shamil Basaev)였다. 마스하도프는 바사예프와 다른 노선을 걸었다. 그는 러시아와 정치적, 경제적으로 협력을 시도했고 동시에 체첸의 자치권을 주장했다. 초기에는 실용주의 노선으로 체첸을 잘 이끌고자 시도했지만, 쉽지 않았다. 1997년 그는 정부 내에 바사예프를 총리로 하는 반군 지도자들을 영입하였다. 그러나 체첸이 부족 기반의 전사들에 의해 대거 통치되던 시스템이었기 때문에 이들은 마스하도프의 통제 바깥에서 계속 전쟁을 수행하고자 했다.[20]

마스하도프는 와하비주의가 체첸의 정치적 질서에 혼란을 초래하였다고 하며, 이를 해외로부터 수용한 체첸 내 극단적인 이슬람 군사주의자들을 비난했다.[21] 바사예프와 하탑이 중심이 되어 이슬람 신정국가가 선포되었을 때 마스하도프는 기습적인 신정국가 선포를 예상하지 못했다. 그 결과 1996년 평화조약 자체가 위태해졌고 러시아와의 관계도 급격히 악화되었다. 체첸 내부에서도 샤리아에 입각한 통치에 염증을 느낀 이들이 많았으며 점차 마스하도프가 이끄는 중앙정부를 외면하였다. 그의 노력에도 불구하고 중앙정부의 권위는 회복되지 않았다. 바사예프가 사실상 군 권력을 가지고 있었기 때문에 그의 통치 자체는 한계가 있었다. 러시아연방도 체첸의 이슬람 신정국가 선포와 다게스탄으로의 군사적 움직임을 연방 체제에 대한 도전으로 간주했다. 러시아는 이에 강력한 군사 세력으로 반군의 세력을 와해시켰다.

마스하도프 대통령은 이슬람주의자의 강력한 반대에 부딪혔다. 급진적 이슬람주의자들, 특히 와하비주의자는 체첸이 샤리아에 근거한

---

20 Alec Rasizade, op. cit., 279.
21 Shireen T. Hunter, *Islam in Russia. The Politics of Identity and Security* (Armonk, New York, London: M. E. Sharpe, 2004), 88.

이슬람 국가를 건국해야 한다고 공격적으로 주장했다. 체첸 대통령의 영향력은 높지 않았고, 도리어 과격주의자들, 요르단 출신의 체첸인들 그리고 아랍의 이슬람 전사들을 중심으로 하는 소위 삼두정치가 이루어졌다. 체첸의 새로운 통치자들은 체첸 사회가 급속히 분열되는 어지러운 상황을 이용했다. 그리고 소련 해체 이후 체첸인이 여전히 경제적으로 빈곤한 상태에 빠지자, 이를 이용하면서 자신의 권력을 형성하기 시작했다. 특히 와하비주의를 받아들이면서 외부로부터 재정 후원을 얻게 되었는데, 와하비주의의 단순한 메시지는 복잡한 관습법과 수피 전통과 대비되어 무척 간결하고 호소력이 있었다.[22]

바사예프는 이전부터 2001년 체첸의 독립에 관련된 양측의 협상을 러시아가 원하지 않으며 원천적으로 방해하기 위해 1999~2000년 사이에 러시아 정부가 재차 체첸에 대한 군사적 공격을 단행할 것으로 판단했다. 즉, 러시아 정부와 체첸 지도자들은 서로의 전략적 목표를 이해하고 상대편을 실제적 위협으로 인식했다. 2차 전쟁 발발의 원인에는 양측의 인식이 현저히 달랐고 전반적으로 서로 불신하고 있던 상황도 한몫했다.

그렇다면 당시 체첸 내부는 어떠한 상황이었는가? 여러 논쟁이 있었는데, 모두 체첸 저항 지도자의 역할과 관련된 것이었다. 젤림한 얀다르비예프(Zelimkhan Yandarbiyev)는 1990년대 초반 분리주의 운동의 창시자 중 지도자였으며 분리 독립운동의 첫 번째로 선출된 리더로 짧은 기간 지도자 역할을 맡았다. 그는 두다예프가 1996년 러시아의 미사일 공격을 맞고 전사하자 9개월간 임시 대통령직을 맡았다. 그는 인터뷰에

---

[22] Enver Kisriev and Robert Bruce Ware, *Dagestan. Russian Hegemony and Islamic Resistance in the North Caucasus* (Armonk, New York, London: M. E. Sharpe, 2010), 92-93.

서 "러시아인이 캅카스에 있는 날은 얼마 남지 않았으며 곧 끝날 것이다"23라며 강경한 어조로 러시아에 대항할 것을 시사했다.

아슬란 마스하도프는 1차 전쟁에 사령관으로 복무하다가 1997년 대통령으로 선출되었다.24 그는 전면전을 회피하기 위해 러시아 정부에 회담을 제안했지만, 1999년 당시 총리서리 푸틴은 이를 거부했다. 푸틴은 마스하도프를 더 이상 합법적인 체첸 대통령으로 인정하지 않았다. 옐친은 러시아 정부가 영토 통합성을 위해 마스하도프와 협상을 벌여야 한다는 입장을 보였지만, 푸틴은 마스하도프가 체첸을 실질적으로 통제하지 못하고 있다는 점을 들었다. 그리고 마스하도프의 선택은 오직 항복 이외에는 없으며, 이 외에는 그 어떤 협상도 있을 수 없다는 점을 강조했다.25 2차 전쟁은 공식적으로 2002년에 종식되었고, 마스하도프는 2005년 러시아군의 공격을 받고 사망했다.

1999년 9월 러시아 아파트 건물 폭탄 테러가 연이어 벌어졌다. 러시아는 당연히 이 사건이 체첸 테러리스트들이 자행했다고 간주했다. 그렇다면 바사예프의 입장은 무엇이었을까? 그는 이 폭탄 테러가 체첸인에 의해 벌어졌다는 것을 부인하며 이 사건에는 러시아 내 리더십이 포함되었다고 주장했다. 그는 도리어 러시아 대통령 선거가 2000년 초에 예정되어 있었다는 사실을 예로 들며, 이는 러시아 내부에서 벌어진 사건이라고 강조했다.26 바사예프의 주장에도 불구하고 2차 전쟁이 촉발된 직접적 원인은 아파트 폭탄 테러였다. 러시아 여론도 체첸에 매우

---

23 Jala Al-Mashta, "Ma'arik Dariya Fi Daghestan Wa Firka Islamiya Li 'Mu 'aqabat' Putin (Heavy Battles in Daghestan and An Islamic Brigade to 'Punish' Putin)," *AlHayat*, 15 September 1999, 1.

24 Kristin M. Bakke, op. cit., 164.

25 Alec Rasizade, op. cit., 281.

26 Ibid., 280.

그로즈니 이슬람 모스크(사진 제공: 김선래)

불리해졌다.

    1999년 10월에 시작된 2차 전쟁으로 체첸의 테러리즘은 점점 더 잔인해졌다. 여성과 어린이를 포함한 민간인이 표적이 되었고, 여러 차례 사형이 집행되었으며, 달아나는 인질들이 등에 총을 맞고 죽어갔다.27 체첸인은 2차 전쟁을 전후해 러시아연방 내 혹은 북캅카스에서 여러 테러 행위를 일으켰다. 2004년 북오세티아 베슬란 테러 사건 때 참여한 여성 반군의 언급을 보면 체첸인의 테러 경향을 이해할 수 있다. 그녀는 "러시아 군인들이 체첸의 우리 아이들을 살해했다. 그래서 우리는 너희들의 아이들을 죽이기 위해 이곳에 왔다"28고 말했다. 그런 식의 모토였다. 베슬란 테러 사건을 기획한 바사예프는 한 인터뷰에서 "학교를 점령

---

27 Yagil Henkin, "From tactical terrorism to Holy War: the evolution of Chechen terrorism, 1995-2004," *Central Asian Survey* 25(1-2) (2006), 193.

28 *The Guardian*, 9 July 2004.

한 결과와 러시아군의 손에 수많은 아이들이 사망한 일은 유감스러운 일이다. 그러나 나는 학교 점거를 후회하지 않는다. 그 학교에서 불과 100km 떨어진 곳에서, 어떤 종류의 규칙과 국경도 없는 전쟁이 벌어지고 체첸인에 대한 공개적인 대량 학살이 지속되고 있다"[29]며 러시아를 비난했다.

  1차 전쟁 때 러시아군으로부터 그로즈니를 탈환하는 작전을 주도한 사령관 바사예프는 러시아 보안군에 의해 살해당할 때까지 체첸의 실질적인 지도자 역할을 했다. 그는 러시아 내의 테러 작전을 지휘하다가 2006년 7월 10일 러시아군의 특수작전으로 사망했다. 그 몇 시간 전 그는 반러시아 저항군의 새로운 두 전선 조직을 지명했다. 테러 위협에 대응하기 위해 러시아 정부와 친러시아 주요 군사 기관은 대테러 작전을 시행해 왔는데, 그 과정에서 바사예프 살해에 성공했다. 마스하도프는 체첸의 3대 대통령이었지만, 2005년 러시아연방보안국(FSB) 특수요원의 공격을 받고 암살되었다. 마스하도프의 후계자인 압둘-할림 사둘라예프(Abdul-Halim Sadulayev)는 권력을 쟁취한 지 1년 만에 자살했다. 바사예프가 사망한 이후 2006년부터 도쿠 우마로프는 체첸 반군 운동의 지배적인 이슬람 분파(Islamist branch) 지도자로 활동했다. 그리고 2007년부터 아흐메드 자카예프(Akhmed Zakayev)는 체첸 분리주의 운동의 민족 지부(nationalist branch) 지도자로 활동했다.

---

29 *PrimaNews*, 1 November 2004.

4. 2차 체첸전쟁의 정치적 함의 그리고 푸틴의 대테러 작전

전쟁이 길어질수록 러시아 군대에는 전쟁 승리뿐만 아니라 체첸 전체를 붕괴시키겠다는 결의가 더욱 강해졌다. 러시아 군대의 강력한 대테러 작전 수행으로 체첸인의 손실과 공포도 증가했으며, 이는 체첸인으로 하여금 급진적 이슬람주의로 자신을 무장하는 상황으로 발전했다. 체첸인은 저항의 움직임을 강하게 가졌다. 체첸전쟁의 교훈은 무엇일까? 체첸인의 저항은 현재 전 세계 분쟁 지역에서 이슬람의 역할과 유사하게 나타나 여러 통찰력을 제시하고 있다는 점이다.[30]

1995년부터는 러시아는 자국 군인의 피해가 증가했고, 이를 상쇄하기 위해 그로즈니에 대한 무차별적인 포격의 형태로 공격을 감행했다. 그로즈니는 폐허 상태가 되었다. 이때부터 체첸 군대는 게릴라 작전으로 선회하면서, 그로즈니를 전략적으로 포기했다. 두다예프 대통령은 게릴라 작전을 지휘하던 도중에 러시아의 미사일 공격을 받고 사망하였다. 두다예프 제거에 성공하면서 러시아의 공격은 성공하는 듯했지만, 1996년 8월 체첸 반군은 러시아에 대한 대대적 반격에 나섰고, 결국 그로즈니를 되찾는 성과를 얻었다. 심지어 체첸 전투기가 러시아의 도시에 침투하기도 했다. 체첸 반군은 약 12,000명에 달하는 러시아군을 포위하였다. 옐친은 체첸과 휴전을 제의하고 체첸이 러시아연방 내에서 특별 지위를 차지할 용의를 내비쳤다.[31]

1차 전쟁 시의 러시아 군사 작전은 어떤 방식이었을까? 옐친은 체첸

---

30 Katrien Hertog, op. cit., 239-240.
31 Alec Rasizade, op. cit., 278.

의 분리 독립 움직임을 막고자 비상사태를 선포하였다. 정부는 1994년 12월 연방군을 동원해 체첸을 침공했다. 당시 국방부 장관 파벨 그라초프는 체첸을 침공하면 즉각적인 승리를 거둘 것으로 확신했다. 그러나 양측 군인들의 희생은 생각보다 컸다. 러시아 군대는 많은 체첸 군인을 섬멸하였고 체첸 호송대를 습격하면서 부대 전체를 전멸시키기도 했지만, 이 과정에서 약 2,000명에 달하는 러시아 군인이 사망하는 피해를 당했다. 그리고 체첸 반군의 테러가 이어지면서 러시아군은 심각한 타격을 입었다.

그런데 2차 전쟁 때 푸틴은 체첸전쟁을 전쟁이라 명명하지 않고 테러라고 강조했다. 2차 전쟁에 임하는 그의 태도는 대테러 작전뿐이었다. 러시아의 대테러 작전은 매우 강력히 진행되었다. 러시아는 1949년 제네바 협정으로 민간 지역에서 사용이 금지된 '에어로졸 진공 포탄'(aerosol vacuum shells) 등을 사용하는 불법적인 군사적 도발을 감행하였다. 이러한 새로운 기술로 무장하고 체첸의 북부와 중앙 지역을 쉽게 통과했다. 러시아 사령관인 아나톨리 크바쉬닌(Anatoly Kvashnin) 참모총장은 1차 전쟁 당시 그라초프 국방 장관처럼 그로즈니가 전투 없이 점령될 것으로 예측했다. 그러나 러시아 군대는 그로즈니를 즉각 점령하지 못했다. 1999년 가을 러시아 공군은 강력한 공중 폭격을 가했다. 이는 1999년 나토가 유고슬라비아에 행한 전투기 공격을 연상시켰다. 약 40,000명의 그로즈니 시민은 폭격 와중에 도시에 억류되었으며 엄청난 피해를 입었다.[32]

2차 전쟁의 절정기에 러시아인은 그로즈니 입성을 위한 전투를 벌이면서 매일 약 25명의 군인이 전사하였다. 군인 사망률은 아프가니스탄

---

32 Ibid.

에서 소련 군인들이 사망한 비율보다 높았다. 러시아 군인 피해가 가장 심각했던 날이 있었는데, 1999년 12월 어느 날 밤 러시아 탱크 부대가 그로즈니 중앙의 미누트카 스퀘어(Minutka Square)에서 체첸의 잠복 작전에 걸려들어 약 100명 이상의 러시아 군인이 사망하고 8대의 탱크가 전소되었다. 이 사건 이후 러시아 군대는 대대적인 공격을 감행했다. 2000년 1월 말 북캅카스의 가장 큰 도시인 그로즈니는 1945년 독일 드레스덴시의 공습 작전 이후 유럽에서 가장 강력한 공중 공격을 받았다.[33]

반테러 작전 과정에서 테러리스트 의심자를 일반인들과 분리시킨다는 명목으로 임시 억류하는 수용소가 설치되었다. 테러와 관련되지 않은 많은 체첸인이 이곳에 감금되었다. 체첸의 젊은 남자들이 수용소에 억류되면서 이들은 후방의 반군 세력과 결집하지 못했다. 이로 인해 전쟁 피로감 대신 러시아에 적대적인 전통적 감정이 나타나기 시작했다. 이들은 수용소에 감금되는 위험을 감수하기보다는 반군에 참여하는 것이 더 안전하다고 간주했다. 약 1백만 명의 체첸인 중에서 약 20만 명이 이웃인 잉구세티아로 넘어갔으며, 약 5천 명의 체첸 전사가 그로즈니에서 후퇴하면서 재조직되었다.[34] 러시아 군대는 2000년 1~2월 강력한 공격을 가하면서 그로즈니를 점령했다. 푸틴은 소위 '체첸화'를 가동했다. 즉, 친러시아 경향의 사람들을 체첸의 지도자로 세우는 일이었는데, 러시아 정부에 충성스러운 인물을 내세웠다. 2차 전쟁은 2002년경 종료되었다. 러시아의 실제적인 승리였다. 체첸 내에서 체첸의 정상화 과정을 이끌기 위해 2003년 3월과 10월에 개헌 국민투표와 대통령 선거가 실시되었다. 하지만 이는 대부분의 자유 옵저버들에게 민주적 기준

---

33 Ibid., 282.
34 Ibid., 281.

에 미치지 못한 선거로 인식되었다.

2003년 내내 친러시아 군대는 실향민의 강제 송환과 잉구세티아의 난민 수용소 폐쇄를 시작했다. 체첸 전투원들이 무기를 포기하도록 유도하기 위해 체첸의 친러시아 정부는 사면을 실시했다. 사면된 사람들 중 다수는 전쟁범죄 기소를 두려워한 러시아 군인 혹은 체첸인이었다. 이때 아흐메드 카디로프(Akhmed Kadyrov)가 체첸 대통령으로 선출되었는데, 기소를 두려워하는 체첸인은 카디로프의 지지자였다. 실제적으로 397명이 사면되었는데, 과거의 범죄 사실과 최근 불법 행위를 합법화하기 위한 사면이었다.

2003년 3월 23일 체첸공화국은 러시아연방 내의 공식 자치공화국으로 확정되었다. 푸틴이 처음 선택한 인물은 아흐메드 카디로프였다. 그는 2000년 6월 푸틴에 의해 초대 체첸공화국 수반으로 지명되었다. 선거를 통해 카디로프는 2003년 10월 5일 대통령으로 공식 취임하였다. 그는 여러 암살 시도에서 살아남았지만, 2004년 5월 9일 그로즈니에서 2차 세계대전 승전 행사에 참석했다가 체첸 반군의 소행으로 추정되는 폭탄 테러로 암살당했다. 그의 후임자는 전 내무장관 알루 알하노프(Alu Alkhanov)였다. 이후 2007년 2월 15일부터 아흐메드 카디로프의 아들인 람잔 카디로프(Ramzan Kadyrov)가 권력을 잡았다. 푸틴은 체첸에서 러시아군 주둔을 축소하고 인프라 재건을 서둘렀다.

푸틴이 이 전쟁을 테러라고 규정한 이유는 국제적 전쟁이 아니라 그저 국내 내정이라는 점을 강조하기 위함이다. 2001년 9.11사건 이후 전면에 등장한 이슬람 테러리즘 문제에 대해 러시아와 중국은 국제사회에서 공조하고 있는 편이다. 그러나 양국은 테러와의 전쟁에서 국제 언론으로부터 비판을 받았다. 러시아와 중국이 테러리즘에 맞서 싸우는 것이 아니라 소수 민족의 국가 독립 투쟁을 억압하고 있었기 때문이다. 양국은 자국 영토를 상실할지 모른다는 두려움을 지니고 있다. 인권 감시 단체는 양국이 무슬림을 다루는 데 있어 "너무 지나치다"고 비난했다. 그리고 인권 단체가 보기에 러시아와 중국은 지역 무슬림 테러리스트가 아프가니스탄의 탈레반, 알카에다 단체와 네트워크로 연결되어 있다는 믿을 만한 증거를 국제사회에 제시하지 못하고 있었다.35

체첸 테러리스트들은 2002년 모스크바 극장에서 약 800명의 인질을 잡고 테러 행위를 벌였다. 그리고 이 사건을 진압하는 과정에서 러시아 시민 100명 이상이 사망했다. 2004년 북오세티아 공화국의 베슬란 학교 인질 사태에서는 어린이 약 300명이 사망했다. 1, 2차 체첸전쟁에서 러시아 군인은 약 15,000명이 사망했다. 이 숫자는 1979~1989년 아프가니스탄에서 사망한 러시아 군인 14,453명과 거의 비슷한 규모이다. 체첸전쟁은 소련 해체 이후 현대 캅카스에서 벌어진 여러 분쟁 중의 하나였다. 소련 해체로 국가적 갈등이 벌어졌으며 끊임없는 사회 혼란, 불법, 대량 실업, 부패, 정치적 암살, 납치, 군벌주의, 반란과 쿠데타 등이 벌어졌다.

체첸인이 이슬람을 신봉하고 있다는 사실도 러시아 정부가 정치적 압박을 펼친 이유였다. 바로 종교적 이질성 때문이다. 이슬람은 소련의 공식 무신론 정책으로 공격을 받았다. 체첸 무슬림은 소비에트 권력 70년 동안 많은 탄압을 받았다. 소련의 다른 구성 공화국의 무슬림에게도 마찬가지였지만, 대부분 직업을 얻거나 교육을 받는 데 어려움이 있었고, 심지어 목숨을 걸지 않고 공개적으로 이슬람을 믿는 행위도 거의 불가능했다. 아이들은 조부모와 부모에게서 이슬람에 대해 배우면서 개인적으로 그리고 비밀리에 가정 내에서 신앙을 지켰다.36

---

35 Aurelie Campana, op. cit., 133.

그로즈니 체첸 정부 청사(사진 제공: 김선래)

전쟁 종식 이후 그로즈니는 지구상에서 가장 파괴된 도시로 언급되었다. 많은 다른 도시와 마을들도 파괴되었고, 시민들에 대한 폭력이 종종 자행되었다. 2차 전쟁 중에 많은 반군들이 입장을 바꾸고 러시아 측에 가담했고, 이들은 이전에 같이 투쟁한 반군 동지들에 대한 군사작전에 나섰다. 이에 대응해 체첸 반군은 러시아에 협력하는 것으로 의심되는 체첸인을 공격 대상으로 삼았다.37

5. 결론

체첸 반군의 테러 행위에 대한 러시아 정부의 입장은 무엇이었을까?

---

36 Anne Speckhard and Khapta Akhmedova, op. cit., 105.
37 Egor Lazarev, "Laws in Conflict: Legacies of war, Gender, and Legal Pluralism in Chechnya," *World Politics* vol. 71, No. 4 (2019), 678.

1, 2차 체첸전쟁에 대한 러시아 정부의 시각에서는 약간의 차이가 나타났다. 1차 전쟁은 독립을 선포한 공화국의 헌법 질서를 수호하는 차원에서 러시아가 시작한 전쟁이었다면, 1999년 12월 31일 대통령 권한대행으로 러시아의 최고 책임자가 된 푸틴은 2차 전쟁을 일관되게 '대테러 작전'으로 규정하였다. 러시아는 군대, 경찰 조직의 법 적용에 있어 체첸 시민들을 테러리스트로 설정했다. 러시아 정부가 행한 대테러 작전에는 질서 유지를 위해 필요한 체포, 불법적 사법 행위, 살인 등이 포함되었다. 1999~2003년까지 대테러 작전은 러시아연방보안국과 직접 연결된 법 집행을 책임지는 체첸 연방군 통합 그룹(OGV)이 관리했고, 2003년 후반부터 러시아 내무부(MVD)가 테러와의 전쟁을 책임졌다.

2000년 1~2월 러시아 군대는 강력한 공격을 가하면서 그로즈니를 점령하였다. 푸틴은 소위 '체첸화'를 가동하였다. 친러시아 경향의 사람들을 체첸의 지도자로 세우는 일이었는데, 러시아에 충성스러운 인물을 내세웠다. 2002년 러시아는 2차 전쟁에 승리하였다고 공식적으로 천명했다.

소련 해체 이후 러시아 정부는 정치적, 경제적, 사회적 시스템을 재조직하고자 시도했다. 이 중에서는 러시아의 정체성이 무엇인가 하는 점도 매우 큰 이슈였다. 소련 해체는 러시아 민족주의의 흐름을 야기하였다. 지금은 단일한 러시아 민족에 대해 언급하는 것이 러시아 정체성에 더 좋은 분위기로 여겨지고 있다.[38] 많은 러시아인은 푸틴이 체첸에 분노하면서 강력한 압박 정책을 펼치는 것을 받아들였다.[39] 푸틴이 반

---

38 Bülent Gökay, "Russia and Chechnia: A Long History of Conflict, Resistance and Oppression," *Alternatives* vol. 3, No. 2, 3 (2004), 15.

39 "Чеченская Республика Современная социально-политическая ситуация," Этно

테러 작전을 강력히 구사한 이유는 대체적으로 두 가지다.

첫째, 전쟁은 억압적인 국가기구를 건설하는 데 필요한 구실을 제공한다는 점이다. 실제 푸틴이 대통령 취임 이후 보안 및 정보기관의 권한이 대폭 확대되었다. 둘째, '테러와의 전쟁'에서 푸틴의 조치는 러시아 지배 엘리트의 강대국 야망을 일으킬 수 있었다. 풍부한 석유 매장지와 주요 송유관이 지나가는 통로에 위치한 체첸은 전략적으로 매우 중요한 곳이다. 6장에서 분석했듯 스탈린은 소련 시기 체첸인을 강제이주시켰다. 그때 스탈린은 체첸인을 강도, 도적이라는 용어를 사용하면서, 체첸인이 2차 세계대전 시 독일군에 협조했다는 이유로 중앙아시아로 강제이주시켰다.[40]

그로즈니의 체첸 어린이들(사진 제공: 김선래)

графическое Обозрение 1 (1994): 3-15.
[40] M Pohl, "'It cannot be that our graves will be here': the survival of Chechen and Ingush deportees in Kazakhstan, 1944-1957," *Journal of Genocide Research* vol. 4, No. 3 (2002):

체첸 반군은 베슬란학교에 대한 테러를 감행했고, 불행하게도 이 사건으로 많은 어린이가 목숨을 잃었다. 이는 매우 잔혹한 행위였다. 테러리스트 진압 과정에서 러시아의 군사 행동으로 죽음의 상황이 벌어졌다. 타협도 중재도 없었다. 체첸전쟁으로 소위 이슬람 군사주의자들이 행동하였다. 이는 지역 주민들에게 절망적인 상황이었으며, 전쟁으로 테러 사건은 더욱더 많이 발생했다.[41] 아직도 체첸전쟁은 끝나지 않은 것처럼 보인다. 강대국과 하나의 민족 사이에서 벌어졌던 처절한 전쟁은 사람들에게 큰 상흔을 남겼다.

401-430.

[41] Bülent Gökay, "Russia and Chechnia: A Long History of Conflict, Resistance and Oppression," *Alternatives* Vol. 3, No. 2, 3 (2004), 1.

10장
지하드인가, 테러인가?
: 체첸전쟁에 대한 해석학

1. 서론

일반적으로 중동 아랍 국가를 중심으로 그 의미가 보편화된 '지하드'(Jihad)는 매우 정치적인 용어다. 지하드는 대체로 이슬람의 성전(聖戰) 개념으로 받아들여진다. 지하드라는 용어를 떠올릴 때 가장 많이 이해되는 부분은 전쟁 혹은 투쟁이다. 무슬림은 역사적, 전통적으로 비무슬림 민족들을 향한 투쟁의 기치로 지하드를 내세웠으며, 이 단어는 현대 글로벌 사회에서도 여전히 통용된다. 1991년 소련 해체 이후 체첸전쟁 등 무슬림 민족과 격렬한 전쟁을 치른 바 있는 러시아연방 당국자들에게 지하드는 매우 부정적인 의미로 수용된다. 그들은 체첸 민족 등 북캅카스의 테러리스트들이 테러를 저지를 때마다 지하드를 내세운다고 주장한다. 러시아 통치자들은 러시아연방 내에 많은 무슬림이 거주하고 있으며 특히 북캅카스를 중심으로 테러가 빈번히 발생하는 이유는 연방 내에 지하드 주창자들이 많기 때문이라고 주장했다.

1917년 볼셰비키 혁명 이후 공산주의 실험을 하던 소련 체제는

1991년 갑작스럽게 해체되었다. 견고해 보인 공산주의 체제는 새로운 변화를 맞이했다. 체첸전쟁은 소련 해체로 필연적으로 발생한 불가피한 전쟁이었다. 견고한 공산주의 체제가 무너지지 않았다면 이 전쟁은 발생할 수가 없었다. 당시 약 1백만 명 정도의 인구를 가진 체첸공화국은 정치적 독립을 강력히 제기하였으며, 이 독립을 결코 허용할 수 없었던 러시아연방 정부는 전쟁을 선택했다. 소련 해체로 매우 약화된 러시아연방의 정치 지형도의 가장 강력한 변수는 체첸전쟁이었다.

체첸공화국은 러시아연방 전체 인구에 비해 매우 작은 부분을 차지한다. 그렇기 때문에 체첸이 연방 정부를 상대로 전쟁을 치렀다는 것은 매우 특별한 정치적 사건이다. 이 전쟁은 여러 국가의 강력한 관심을 끌었다. 하지만 러시아는 이 전쟁을 테러리스트들의 준동으로 가볍게 해석하였다. 연방 지도자들이 보기에 이 전쟁은 단지 테러에 불과했던 것이다. 그러나 이와 다르게 당시 독립을 요구한 체첸인에게 체첸전쟁은 테러가 될 수 없었다. 1차 체첸전쟁은 민족의 독립적 성격이 강했지만, 두다예프 대통령은 1차 전쟁 기간에 이슬람을 활용했으며 민족 독립 전쟁을 이슬람의 지하드 정신으로 고양시키고자 하였다.

2차 체첸전쟁의 체첸 지도자들은 지하드 이념을 실천하는 사건으로 전쟁을 활용했다. 이들은 전쟁에서 승리한다면 신정국가를 창설하고 완전한 의미의 신정 통치를 펼쳐 나가겠다는 강력한 신념을 가지고 있었다. 캅카스전쟁에서 샤밀 등 이슬람 지도자들에 의해 선포된 지하드 이념이 체첸전쟁을 통해 등장하였다. 문화적 미션은 복고풍처럼 나타났다. 체첸전쟁의 지하드는 캅카스전쟁의 지하드와 동일한 인식하에 나타났다. 지하드의 대상자는 러시아다. 19세기 전반과 마찬가지로 러시아의 국가적 위상은 매우 높았다. 체첸 무슬림의 인식과 의식은 19세기와 동일하게 반(反)러시아다.

2. 분리 독립운동 이론과 지하드 이념

1) 이슬람 세계의 지하드 이념과 분리 독립운동의 이론적 성찰

이슬람 세계에서 지하드는 넓은 의미의 지하드와 좁은 의미의 지하드로 구분된다. 전자는 선지자 무하마드의 언급처럼 내적인 추구로 이해된다. 무슬림 각자가 더욱더 훌륭한 인간이 되는 과정으로서 자신의 삶을 더 풍성하게 만들어 가기 위한 노력의 행위다. 지하드를 따르는 이들은 자신이 소속된 공동체에서 이익을 주는 행동을 해야 한다. 그래서 지하드는 무슬림이 신에 복종하는지를 알 수 있는 하나의 테스트이며 지상에서 신의 명령을 기꺼이 실행하는지에 대한 하나의 예증이다.[1]

좁은 의미의 지하드는 도덕적인 훈련의 내적 추구이며 이슬람과 정치적 행동에 헌신하는 그 어떤 행동[2]을 지칭한다고 정의 내린다. 무슬림이든 아니든, 통치자가 불공정한 경우에 지하드는 정치적이고 사회적인 운동의 형태로 나타나며 혹은 정의롭고 거룩한 전쟁의 모습을 취한다. 넓은 의미의 지하드이든 좁은 의미의 지하드이든, 그것은 선지자 무하마드의 가르침을 실행하는 행위다.

체첸에서 지하드는 넓은 의미의 지하드로 해석될 수 있으며, 이는 강대국에서 벗어나는 분리 독립 이론으로 해석된다. 체첸은 1991년 러시아연방으로부터 분리 독립을 주장했다. 분리 독립은 현대적 의미로 분쟁이 발생한 지역에서 일반적으로 나타나는 경향이며, 성공적으로 완

---

1 Ahmed Rashid, *Jihad, The Rise of Militant Islam in Central Asia* (New Haven, London: Yale University Press, 2002), 2.
2 Barbara Metcalf, *Islamic Revival in British India, 1860-1900* (Islamabad: Royal Book Company, 1982), 2.

결된 경우도 있지만 결코 성공할 수 없는 한계점을 지니고 있는 경우도 있다. 분리 독립을 성취하지 못한 경우는 대개 강력한 연방 정부에 속해 있거나 자치공화국 형태로 있는 상황일 때다. 냉전 이후 분리 독립 경향은 매우 강력한 정치적 이슈로 등장했다. 냉전 종식의 계기로 여러 측면이 있는데, 외부적 측면으로는 베를린장벽의 붕괴, 체코슬로바키아, 유고슬라비아 그리고 소련 해체 등과 같은 거대한 정치적 사건이 있다.

자유주의자들 사이에서도 분리 독립은 매우 복잡한 감정을 가지게 만드는 정치적 이슈였다. 일부 자유주의자는 민족 독립을 갈구하는 소수 민족의 공동체를 지지하고 그쪽으로 마음이 기울었다. 그러나 또 어떤 측면에서는 분리 독립이 여러 가지 문제를 발생시킬 수 있는 여지도 많았다. 평화적인 분리 독립 과정은 매우 드물었다. 1989년 체코슬로바키아의 벨벳혁명 이후 3년 만에 슬로바키아가 체코로부터 평화적으로 분리되었다. 그러나 대체적으로 평화적 과정보다는 전형적으로 분쟁이나 전쟁으로 치닫는 사건들이 많았다.

서방의 많은 자유주의 민족주의자들은 정치적 자치권을 선호했다. 그들은 민족 스스로 자기 결정권을 가져야 한다는 입장을 가졌다. 분리 독립을 주장하는 민족은 민족국가를 세우기 위한 열망이 강하다. 이를 쟁취하겠다는 비전이 소수 민족에게 강력히 출현하였으며, 이는 냉전 이후의 일반적 현상이었다. 민족주의자들에게 분리 독립은 원칙의 문제다. 각 민족은 스스로 국가를 건립할 권리를 가지고 있다.[3] 물론 이러한 주장은 독립을 주창하는 민족의 입장에서 제기되었다. 자본주의와 사회주의로 대립하던 냉전이 종식되자 새로이 등장한 민족주의자들은

---

[3] Mike Bowker, "Russia and Chechnya: the issue of secession," *Nations and Nationalism* vol. 10, No. 4 (2004), 463.

자신만의 국가를 세우는 것에 관심을 쏟았다. 일종의 공인된 권리가 민족주의자들의 의식을 지배했다. 팔레스타인, 쿠르드, 바스크 민족들의 권리 주장이 있었고, 포스트소비에트 공간에서 체첸 지도자들은 민족주의라는 감정을 자극하기 시작했다.[4]

베란은 분리 독립의 이론적 근거를 제시하는 과정 중에 특정 민족의 지하드에 주목한다.[5] 지하드 원리는 모든 개인적 권리뿐만이 아니라 공동체 권리에도 부합된다. 베란은 자유주의 이론에 근거하여 한 국가의 연합이 동의에 근거해야 한다고 지적한다. 만약 그 동의가 부재한다면 소수 민족 공동체는 분리할 권리를 가지고 있다고 주장하였다. 그는 개별 시민들은 자신이 속한 국가를 영원히 떠날 권리를 가지고 있으며 자유주의 민주주의자들은 이를 거부할 수가 없다는 관점을 제기하였다. 베란은 소유지가 있음에도 불구하고 특정 국가를 떠나고자 하는 시민권은 보호되어야 한다는 입장이다.[6] 그는 분리 독립을 민족의 고유한 권리의 향유로 인식했다.

그러나 자유주의 비판자들 혹은 자유주의 현실론자들은 베란의 주장에 분명한 반대 입장을 개진하였다. 그들은 베란의 분리 독립 이론을 실제적으로 적용할 경우 국가는 무정부 상태가 될 수 있다고 우려했다. 즉, 하나의 국가 체제 아래에서 단기간 이익을 얻기 위한 시도를 하는 소수 민족에게는 도리어 정치적으로 위험한 경우가 발생할 수 있다는 것이다. 이들이 제기하는 주장도 나름대로 설득력이 있다. 만약 소수 민족 그룹에서 지속적으로 분리 독립을 획책하면서 연방 정부에 위협

---

4 Anthony H. Birch, *Nationalism and National Integration* (London: Unwin Hyman, 1989).
5 Harry Beran, "More theory of secession: a response to Birch," *Political Studies* vol. 36, No. 2 (1988): 316-323.
6 Ibid.

을 가하는 경우 국가 통치상 여러 가지 어려운 점이 발생한다. 그리고 연방 정부의 통치자와 다수 민족 그룹이 특별 투표 등을 통해 소수 민족 공동체 그룹을 정치적으로 반대하거나 경제적으로 고립시키는 결정을 내린다면 국가 거버넌스는 불가능해질 것이라는 현실적 위험이 상존한다.7 그럴 경우 분리 독립을 주장하는 그룹과 그것을 반대하는 그룹 간에는 일정한 긴장감이 생성될 것이다.

자유주의 현실론자들은 분리 독립이 일정한 질서 없이 혼란스럽게 진행된다면, 특별히 소국(小國)이 이에 해당할 경우, 국가 안보 측면에서 심각한 타격이 있을 가능성이 있다고 경고한다. 이들의 주장에 따르면 국가의 최우선 기능이라고 할 수 있는 국가 안보와 국민 복지를 위한 어떠한 국가적 조치도 이루어지지 않는 심각한 경우도 발생할 수 있다. 강력한 국가에 의존하는 가난한 소국의 경우, 분리 독립이 정상적으로 잘 진행되지 못하면 국제적 시스템은 불안정화된다.8

2) 체첸의 지하드 개념과 1, 2차 체첸전쟁

직접적으로 분리 독립을 추구한 체첸의 경우 러시아연방의 전 대중의 지지를 끌어내기가 구조적으로 굉장히 어려웠다. 1차 전쟁에서 러시아 언론은 체첸의 분리주의 움직임에 반대했지만, 동시에 옐친의 체첸 침공에도 찬성하지 않았다. 2차 전쟁 이전 모스크바 아파트 폭탄 테러 사건이 벌어지면서, 러시아 언론은 체첸의 분리 독립운동에 매우 부정적이었다. 1991년부터 꾸준히 제기된 체첸의 완전 독립은 불가능했다.

---

7 Anthony H. Birch, op. cit., 63-64.
8 Mike Bowker, op. cit., 464.

베란의 이론에 따르면 체첸인의 지하드 선포와 분리 독립운동은 상당히 설득력을 가질 수 있지만, 자유주의 비판가들조차 강대국에서 분리 독립을 이루어 내기 위해서는 전 국민의 일반적 지지가 있어야 한다는 점에 동조한다.

현대적 용어를 대입하여 본다면, 체첸은 분리 독립을 주장한 민족 그룹에 속한다. 러시아는 소국이 아닌 대국이다. 체첸의 분리 독립을 위한 비전은 결코 성공하지 못했다. 그들의 분리 독립은 종교적 열정과 연결되었다. 1차 전쟁이 민족의 독립을 향한 열망이 지속된 전쟁이라고 한다면, 2차 전쟁은 지하드를 주창하는 급진적인 이슬람 지도자들이 러시아에 대항해 벌였던 전쟁이었다. 지하드는 거룩한 전쟁, 성전(聖戰)의 의미로 사용되었다. 북캅카스에서 이 용어는 전통적으로 '가자바트'(газават)와 연관되어 있다. 가자바트는 북캅카스에서 제정러시아의 침략에 대항하여 군사적 항쟁을 벌일 때 사용하던 용어다. 19세기 북캅카스 민족이 러시아와 캅카스전쟁을 치르면서 군사적 항쟁을 벌일 때 거룩한 전쟁의 의미로 이 용어가 통용되었다. 가자바트는 외부의 적에 대항하는 사회적 운동의 의미를 지닌,[9] 저항의 구호였다.

북캅카스의 다양한 공동체에서 외부 위협이 있던 경우 그들은 공동의 적에 대항해서 투쟁을 벌였다. 특히 이슬람을 중심으로 단결하였으며, 이슬람은 외부의 '타자'에 맞선 북캅카스 민족의 공통적인 문화 요소이자 이념의 공통 분모였다. 종교는 민족 정체성과 밀접한 관련성이 있다. 오늘날 북캅카스에서 이슬람주의자는 19세기 가자바트 용어를 글로벌 지하드 개념으로 사용하였다. 그들에게는 체첸 민족을 하나로 결합하는 어떠한 공동의 이념이 필요하였으며 무엇보다도 종교적 요소로

---

[9] М. М. Блиев and В. В. Дегоев, *Кавказская война* (Москва: Росет, 1994), 210-211.

형상화하였다. 러시아로부터 독립을 원한 체첸인은 공동의 이념으로 가자바트 혹은 지하드를 강대국과의 투쟁이라는 관점에서 수용하였다.

그렇다면 왜 체첸공화국을 중심으로 이러한 지하드 이념이 급속히 나타나게 되었을까? 그리고 왜 전 체첸인이 2차 체첸전쟁 때 와하비주의, 즉 군사 이슬람의 이념을 급속히 받아들였던 것인가? 체첸은 20세기 말엽과 21세기 초엽에 왜 러시아연방의 주체와 전쟁을 벌여야만 했을까? 왜 작은 민족 그룹이 강대국을 상대로 엄청난 인명의 피해를 경험하면서 인간사에 있어 매우 극단적인 선택인 전쟁을 감행하였을까?

체첸 사회 내에서 2차 전쟁 직전 와하비주의가 강력히 출현한 이유는 1994년 러시아 정부가 체첸을 전격 침공한 행위에서 비롯된 측면이 크다. 체첸이 선제적으로 분리 독립을 주장하였지만, 먼저 군대를 보내서 전쟁을 일으킨 주체는 옐친 대통령이었다. 러시아 내 자치공화국이 나름의 정규 군대를 가지기는 매우 어려운 측면이 있다. 그러나 체첸은 민병대를 조직하고 전쟁에 참여했다. 이로써 1차 전쟁에서는 체첸 내부의 민족적 요인이 등장할 수밖에 없었던 상황이 조성되었다. 그래서 민족 독립 전쟁, 민족 해방 전쟁으로서의 성격이 매우 강하게 작용하였다. 전쟁은 이미 벌어졌고, 체첸인은 전쟁에서 승리해 반드시 독립을 쟁취하고자 하는 의지가 매우 강했다. 1차 전쟁 당시 여론도 러시아연방 정부에 불리했다. 그리하여 체첸 국민은 매우 영웅적인 전쟁을 치렀다.

3. 1차 체첸전쟁과 지하드: 전쟁의 해석학

1) 러시아 지하드의 역사적 배경

체첸과 다게스탄 민족 그룹에 있어 19세기 전반은 매우 특별한 시기였다. 이 산악 민족들은 러시아에 맞서 군사 항쟁을 벌였는데, 캅카스전쟁 시기에 군사 충돌이 가장 격렬하게 일어났다. 이들은 이슬람 정신으로 단결하였으며, 북캅카스 이맘은 정치적, 군사적, 행정적 권한을 가지고 강력한 신정국가를 출범시켰다. 종국적으로 캅카스전쟁은 러시아의 승리로 끝났다.[10] 북캅카스의 정치적 상황을 고려해 본다면 러시아와 북캅카스 관계는 러시아와 체첸의 관계로 이해해도 좋을 정도로 체첸이 차지하는 비중은 매우 높다.

18세기 러시아는 북캅카스와 카스피해 지역에 깊이 도달해 있었으며, 특히 체첸인이 거주하던 순자강 유역에는 러시아의 '카자키'가 이주해 있었는데, 이들은 거의 러시아 군인들처럼 행동했다. 즉, 러시아인과 체첸인의 정치적 조우는 카자키 그룹을 통해서 이루어졌다.[11] 카자키는 러시아 팽창 시기 핵심 용병으로 활동했다. 이들은 처음부터 러시아의 국가 용병은 아니었지만, 정부의 통제에서 벗어나 합법적으로 최전방으로 도망쳐 스스로 일정한 그룹을 조직하고 이룬 계급의 무리였다. 카자키는 인종적으로 자주 혼혈화되었으며 자신들이 이주한 곳에 이미 정주하고 있던 다른 민족의 여자들과 결혼하였다.

---

10 В. О. Бобронников, *Северный Кавказ в составе Российской империи* (Москва: Новое литературное обозрение, 2007), 112-124.

11 구자정, "경계인으로서의 까자끼: 까자끼의 역사적 기원과 형성에 관한 소고," 「러시아연구」 20-1 (2010).

카자키와 캅카스 민족 거주민이 접촉했을 때, 서로에게 적대감이 없었다. 북캅카스 민족은 처음에 카자키를 단순히 무역 파트너로 여겼다. 그러나 카자키는 러시아의 영토 확장을 위한 협력자의 역할을 하는 경우가 많았다.[12] 피식민지의 거주민 입장에서 이들은 제국의 부역자와 같은 존재였다. 산악 지역에서 나름대로 공존하던 카자키와 체첸인은 점차 대립 관계로 변하기 시작했다. 결정적으로 러시아 군대가 군사 침공을 감행하면서 카자키는 적대적 세력이 되었다.[13]

체첸과 다게스탄 민족을 중심으로 러시아와 캅카스전쟁을 벌이던 산악 민족의 지도자인 샤밀은 1830년대 신정국가를 출범시키면서 러시아에 강력히 대항했다. 캅카스전쟁 상황에서 체첸과 다게스탄 지역은 매우 중요한 역사적 지대(地帶)가 되었다. 이 시기 샤밀은 체첸과 다게스탄에 이르는 광범위한 지역에서 신정국가를 창설했다. 신정국가는 이맘이 통치하던 국가를 가리킨다.[14] 주 활동 무대는 다게스탄과 체첸 지역이었고 핵심적인 군사 지대는 체첸 지역이었다. 오세티아, 카바르딘, 체르케스 민족은 신정국가에 포함되지 않았다.

샤밀은 매우 뛰어난 정치적, 군사적 능력을 갖춘 전설적 인물이었다. 그는 반러시아 저항의 가장 핵심적인 인물이었으며 지하드를 주창했다.[15] 전쟁을 통한 체첸인의 저항은 매우 격렬했다. 전쟁 승리 없이 러

---

12 Я. А. Гордин and Б. П. Миловидов eds., *Кавказская война: истоки и начало 1770-1820 годы* (Сакнкт-Петербург: Звезда, 2002), 355-356.

13 W. E. D. Allen ed., *Russian Embassies to the Georgian Kings (1589-1605)*, Vol. 2 (The Hakluyt Society, Cambridge, 1970), 1-36.

14 А. С. Орлов, В. А. Георгиев, Н. Г. Георгиева, and Т. А.Сивозина, *История России. учебник* (Москва: Проспект, 2008), 327-328.

15 Andreas Kappeler, *The Russian empire: A multiethnic history* (London, New York: Pearson Education, 2001), 182-183; Шали Казиев, *Имам Шамиль* (москва: Молодая Гвардия, 2001), 69-73.

시아가 북캅카스를 완전히 통제한다는 것은 불가능했다. 캅카스전쟁은 대국 러시아와 소수 민족의 장기간 지속된 전쟁으로, 제국 확장에 성공할 것인가, 그렇지 못할 것인가는 여기에 달려 있었다.

북캅카스가 군사적 승리를 획득하기는 쉽지 않았고, 여러 차례의 전투에서 신정국가는 승리를 거두었다. 그러나 러시아 군대는 북캅카스에서 조지아와 아르메니아 민족으로부터 다양한 지원을 받았다. 신정국가는 지하드를 주창하면서 필사적으로 러시아 군대에 저항했으나, 완전한 독립을 쟁취하기는 어려웠다. 러시아 세력이 강력해지자 영국과 프랑스도 북캅카스에 개입하기 위해 여러 차례 시도하였다. 이들은 남캅카스와 북캅카스에서 러시아의 세력 개입을 단절시키기 위한 다양한 정책을 추진하였지만, 북캅카스는 러시아의 정치적 지배 아래 있었다.16

1840년대 후반부터 신정국가는 오스만 투르크를 통해 군대와 재정 지원을 받고자 시도했지만 이루어지지 않았고, 1850년대 북캅카스 민족의 군사 저항은 현저히 약화되었다. 1853년 크림전쟁이 시작되면서 한때 북캅카스 저항 세력과 오스만 투르크의 관계가 긴밀히 연결된 적이 있었다. 이들은 당시 러시아의 지배를 받던 조지아의 수도인 트빌리시(당시 티플리스)를 탈환하기 위한 공동 군사 원정대를 조직하고자 시도했으나, 계획이 실패로 끝나면서 이후 신정국가는 급격히 약화되었다. 체첸의 수도인 '그로즈니'는 'terrible'이라는 뜻으로 19세기 러시아에 의해 세워졌으며 식민지화하기 위한 제국주의 정책의 전초기지 역할을 하였다. 소련 시기 체첸은 체첸-잉구세티아자치공화국의 행정 중심지였다. 그로즈니는 계획도시의 특성을 가진 넓은 도로와 아름다운 건축

---

16 *Документальная история образования многонационального государства Российского. Россия и Северный Кавказ в XVI–XIX веках* (Москва: Норма. 1998), 77.

과 공원, 광장이 있는 곳으로 북캅카스의 전략적 장소였다.17

19세기 북캅카스의 이슬람 종파는 수피 교단이었다. 순니, 쉬아 외 제3 이슬람 종파인 수피즘은 북캅카스 민족, 특히 다게스탄과 체첸인의 핵심적인 신앙 요소였다. 신비주의 사상인 수피즘은 제정러시아에 저항하던 무슬림 민족에게 정신적 이념으로 작용하였다.18 초기 체첸 지역의 만수르(1785~1791년 이맘으로 활동)와 1830~1860년대의 샤밀은 이러한 종파를 대변한 이맘들이었으며, 이들은 매우 강력한 대러시아 항쟁의 전선을 이끌었다. 러시아는 가혹한 공격으로 이들과 맞섰다.19

이슬람은 정치적 항쟁의 수단이 되었으며 종교적 색깔로 입혀진 상징이었다. 수피즘은 여러 산악 민족으로 흩어져 단일한 정신을 가지지 못하고 살아가던 북캅카스 거주민을 하나의 정신으로 결합했던 종교적 이념이었다. 이렇듯 종교는 북캅카스 민족의 공동체뿐만 아니라 단일 민족의 구성체 내에서도 통합적 역할과 기능을 가졌다. 이슬람은 정신적 기반을 제공하며 정신적 도구의 역할을 했다.20

체첸 민족은 생존권을 위협받는 상황에서 러시아와 치열한 전투를 치렀고 상당 시기 제국의 확장을 가로막았다. 신정국가 통치의 근간으로 이슬람만 강조된 것은 아니었다. 당시 타이프라는 씨족 공동체가 매우 중요하였는데, 혈연적 관계로 이루어진 관습법이 여전히 사회의 기

---

17 Anonymous, "What life is like in Chechnya under the Russian occupation the realities of today's Chechnya," *Central Asian Survey* vol. 22, No. 4 (2003), 460.

18 В. О. Бобровников, *Мусульмане Северного Кавказа. Обычай, право, насилие* (Москва: Восточная литература РАН, 2003), 136-138.

19 А. К. Аликберов, *Эпоха класическского ислама на Кавказе* (Москва: Восточная литература РАН, 2003), 684-685.

20 Алексей Малашенко, *Исламские ориентиры Северного Кавказа* (Москва: Гендальф, 2001), 80.

반으로 작용하였다. 샤리아는 관습법과 대치되는 이슬람 율법으로, 전쟁 중에는 전통적 관습법인 아다트보다 더 강력히 작용하였다.

2) 1차 체첸전쟁과 지하드: 전쟁의 해석학

1차 체첸전쟁의 역사적 함의

체첸전쟁은 19세기의 역사적 갈등이 21세기에도 여전히 강하게 남아 있다는 것을 반증한다. 지리적 요소로 보면 체첸은 모스크바에서 남쪽으로 1,000마일 정도 떨어져 있다. 소련 해체 이후 부각된 체첸 분쟁은 러시아사 및 소련사에 있어 중앙 권력에 저항한, 매우 특이한 사례다. 소련이 해체된 1991년 체첸은 전격적으로 독립을 선포했고 두다예프가 대통령에 선출되었다. 대선을 통해 체첸은 러시아에 저항하기 시작했으며 즉각 분리 독립을 주장하였다. 정치적 혁명이 발생하고 있었다. 1991년 소비에트 통치 구조가 종말을 고하면서 공산주의 통치 체제도 그 막을 내렸다. 러시아 정부는 분리 독립에 맞서 과거 공산당 네트워크를 동원하여 이 새로운 변화를 저지하기 위해 노력했지만 역부족이었다. 러시아 정부는 체첸 독립과 관련하여 체첸이 추진한 그 어떠한 정치적 시도도 받아들이고자 하지 않았다.

체첸은 실용적인 목적 성취를 위해서 러시아 정부와 합의를 시도했지만, 러시아는 이를 수용하지 않았다. 러시아는 체첸이 연방법에 조인해야 한다는 주장을 되풀이했으며 체첸에 대한 경제 봉쇄 조치를 취했다. 체첸인은 러시아로부터 정치적 박해를 받기 시작했고,[21] 두다예프

---

21 Marie Bennigsen, "Chechnia: political developments and strategic implications for the North

는 체첸을 러시아연방으로부터 철저히 분리시키고자 했다. 소련 해체의 혼란한 상황에서 러시아 정부는 급격한 쇠퇴의 기운을 보였다. 1991년 12월 소련 해체 이전에 체첸은 이미 독립을 선포했다. 소련 지도자들이 체첸의 독립 요구에 대한 해결 방법을 공식적으로 준비하지 못했을 때, 1991년 11월 두다예프 대통령이 독립을 선포한 것이다.[22]

1994년 체첸전쟁이 발발하면서 북캅카스는 새로운 국면으로 접어들었다. 러시아는 체첸의 지도자 제거에 실패하자 군사 공격을 감행하였다. 러시아의 체첸 침공은 예외적이고 잔인한 상황으로 전개되었다. 이때 러시아 군대는 매우 열악한 상황에 처해 있었으며 소련 시기 국가 최고의 핵심 단위로 매우 높은 지위를 자랑하던 군부는 영광의 자리에서 내려앉아 있었다. 어떤 측면에서 보면 러시아 군대의 이러한 처지가 전쟁 발발의 하나의 원인이 되기도 했다. 왜냐하면 러시아의 승리 시 러시아의 군사적 위용이 다시 회복된다는 의미가 있기 때문이다. 또한 타타르스탄공화국처럼 독립을 선포하던 일부 러시아 내 자치공화국에 군사적 시위가 될 수 있었다.[23] 그러나 러시아 국내 여론조차도 러시아의 체첸 침공을 비난했다. 그로즈니가 함락되었음에도 불구하고 체첸 국민은 정신적 저항을 지속하였다. 사실상 1차 전쟁은 체첸이 승리했다는 분위기가 팽배하였고 체첸의 민족적, 국가적 자부심은 대단했다.

Caucasus," *Central Asian Survey* vol. 18, No. 4 (1999), 538.
22 Irina Mukhina, "Islamic Terrorism and the Question of National Liberation, or Problems of Contemporary Chechen," *Studies in Conflict & Terrorism* No. 28 (2005): 516-517.
23 Brian Glyn Williams, "The Russo-Chechen War: A threat to Stability in the Middle East and Eurasia?," *Middle East Policy* vol. 8, No. 1 (2001), 129.

러시아 정부의 1차 전쟁에 대한 성격 규정

그렇다면 러시아 정부는 체첸과 전쟁을 치르면서 어떠한 명분을 가지고 1차 체첸전쟁의 성격을 규정하고자 했으며, 전쟁을 감행할 수밖에 없었던 이유를 어디에서 모색하고자 했을까?

첫째, 러시아 정부는 체첸전쟁에 대한 성격을 의도적으로 비하하고자 하는 태도를 가졌다. 그리고 이러한 차원에서 전쟁을 해석했다. 1999년부터 시작된 2차 전쟁에서는 테러의 성격이 너무 강해 러시아 정부는 체첸을 강력히 비난했다. 1차 체첸전쟁에서는 그 정도의 명분은 없었지만, 그래도 러시아는 체첸인을 비하하는 태도를 가졌다. 정부가 체첸전쟁을 테러로 주장한다고 하더라도, 테러의 본질을 정확하게 파악하는 것은 쉽지 않다. 테러의 개념은 해석하는 주체에 따라 판이하게 달라질 수 있기 때문이다. 그러므로 러시아 정부가 테러로 규정하기 위해서는 설득력 있는 전쟁 해석이 필요했고, 정부는 테러 배경에 대해 나름의 해석을 내렸다. 가장 중요하게 부각된 점은 테러의 기원이 역사적으로 존재한다는 사실이었다. 즉, 수백 년간의 러시아와 체첸의 역사적 악연에서 테러의 기원을 발견할 수 있다고 주장했다.[24]

둘째, 러시아 정부는 근본적으로 테러가 자유와 독립과는 전혀 무관하다는 입장을 가지고 있었다. 이에 반해 체첸인은 역사 속에서 태동한 대러시아 항거 정신을 매우 강력히 주장한다. 이는 매우 첨예한 차이점이다. 체첸인은 캅카스전쟁에서 제국의 공격과 맞서 싸웠던 북캅카스 거주민의 영웅적인 전투가 체첸전쟁으로 연결되었으며, 이는 성스러운 전쟁의 한 형태였다고 인식한다. 이런 점에서 전쟁의 성격은 판이하게

---

24 Irina Mukhina, op. cit., 515-516.

다를 수밖에 없고, 전쟁의 의미는 이를 어떻게 해석하느냐에 따라 완전히 달라진다.

셋째, 정부는 체첸전쟁을 러시아와 이타적인 그 어떤 것으로 규정하고 전쟁의 폭력적이고 테러적인 이미지를 부각시키고자 했다. 옐친 대통령 등 통치자들은 체첸전쟁을 군사화된 이념으로 접근하고 이를 이용했다. 즉, 러시아의 애국적인 남성성을 강조하고 공격적, 무정부적, 범죄적 이미지를 가진 이들을 체첸인으로 규정했다. 그러나 이는 오판이었다. 러시아는 1차 전쟁을 통해 전쟁의 합법성을 분명하게 정립하지 못했고, 러시아인의 반감을 강하게 촉발하며 러시아인의 65~70%가 전쟁에 반대하게 되었다. 옐친 통치 그룹은 군사 개입을 대통령의 인기를 강화하는 일환으로 이용하고자 했으며 옐친을 애국 전사(戰士)의 이미지로서 국민에게 호소할 수 있다고 생각했다.

넷째, 정부는 체첸전쟁을 활용해 초기의 친 서방 외교 정책에서 벗어나 이데올로기적인 전환을 시도하였다. 소련 해체 이후 친 서방 전략을 구사하던 러시아 정부는 대외 정책에 심각한 오류가 있었다는 것을 인지하고 그 방향을 수정하고자 했다는 주장이 제기되었다. 즉, 러시아는 더욱더 민족주의적, 반서구적 입장으로 선회하였다. 옐친은 정치적 인기를 높이기 위해 반대파들을 억압했고 지위를 유지하고자 했다. 일반적으로 국가 통치자가 합법성을 보존하기 위해서는 상당할 정도로 헤게모니 지위권을 확보할 필요성이 있는데, 이는 군대화된 통치 조직으로 구현된다. 1차 전쟁은 대통령의 권한을 일정하게 강화한 측면이 있으며, 대통령은 안보와 군대 조직 기구에 의존하며 의회를 약화하는 정책을 추진했다.25

---

25 Maya Eichler, "Russia's Post-Communist Transformation," *International feminist journal*

체첸전쟁 때 러시아는 체첸 국민의 필사적인 저항에 부닥쳤다. 체첸인은 체첸공화국이라는 단일 명칭을 사용하지 않고 과거 체첸 민족을 상징하던 이치케리아를 선택하여 국가 명칭을 '체첸-이치케리아'로 정했다. 1차 전쟁 초기 2개월 동안 러시아군 2천 명이 사망했고, 러시아는 그로즈니를 비롯한 체첸 지역에 무자비한 공격을 퍼부었다. 과거 19세기 러시아 군대에 저항했던 북캅카스 민족의 지하드를 연상케 할 정도로 체첸 국민은 필사적으로 저항하였다.26

체첸전쟁에 대한 체첸인의 인식과 관점

그렇다면 1차 체첸전쟁에 대한 체첸인의 관점은 어땠을까?

첫째, 체첸인은 민족 독립이라는 관점으로 체첸전쟁을 해석한다. 이 경우 민족 정체성 요소로 이슬람이 강조되었다. 소련 해체 이전 1980년대 체첸 민족 정체성은 이중적 관점이었다. 한편으로 소비에트 시민을 강조한 소련 통치자의 통치 목적에 적합한 소비에트화, 세속화의 경로를 거쳤고, 다른 한편으로 모든 민족의 구조가 그렇듯 관습, 언어, 가족의 범위 안에서 삶의 전통적인 방식을 유지하고 있었다. 종교적 관습, 즉 수피즘을 신봉하는 경향도 그런 요소 중의 하나였다. 이 경우 오랜 세월 동안 유지된 민족의 집단기억이 민족의 귀속과 결부되어 핵심적인 민족 정체성 요소가 된다. 이는 정서적이고 감정적인 부분이며 오랜 세기 축적되고 형성되었다. 역사적으로도 이슬람과 러시아정교 세계의 교차로인 북캅카스에서 체첸인은 낙쉬반디야 종파로 대변되는 수피즘

---

of politics vol. 8, No. 4 (2006): 489-490.
26 Brian Glyn, op. cit., 129.

을 대러시아 항쟁의 이념으로 활용했다.27 이슬람은 종교라기보다는 정신적 이념이었다. 체첸 민족의 주요 정체성은 일반적으로 전쟁이 벌어진 민족의 급박한 운명의 시기에 종교적 열정과 요소로 등장했다.28

둘째, 전쟁 시기 체첸 민족 정체성은 체첸 공동체 사회의 전통적인 부족 시스템을 탈피하고 문화와 정신의 공통 요소인 이슬람 지하드 정신으로 발전해 나갔다. 과거에 체첸의 타이프(부족) 구조는 기본적으로 씨족 내부의 결속된 공동체였고 외부의 적을 공동으로 대항하기에는 한계가 있었다. 각 씨족 혹은 부족 내부의 단결력은 뛰어나지만, 공동의 목적이나 이해관계가 와해되는 경우 국가 단위 혹은 사회 단위의 강력한 결집력을 보여주지 못했다. 1차 전쟁이 끝나면서 체첸 사회는 대러시아 항쟁에 한계점을 보이기 시작했다. 민족 감정으로 뭉쳐진 체첸 국민은 전쟁에서 승리를 거두었지만, 그 피해 규모도 막대했다.

체첸 군대와 사회구조는 부족 기반으로 변해갔다. 특정 타이프의 구성원들은 다른 타이프 출신의 군 상관에게 복종하기를 꺼렸다. 타이프는 체첸 사회의 전형적인 부족 사회를 의미한다. 그리고 특정 타이프의 군사령관들은 자신이 속한 타이프의 지도자가 되었다. 전쟁 이후에도 타이프 중심의 조직이 각 부족의 단결력을 강화하면서, 체첸 전체 사회의 국가 체제와 정치 기구가 통일성을 갖기에는 여러 제약이 따랐다. 이 와중에 유일하게 타이프의 한계를 극복하는 요소가 바로 이슬람이었다. 이는 19세기 체첸의 선조가 대러시아 항쟁을 벌였던 당시 이슬람을 종교적, 정치적 결속의 기반으로 선택한 것과 유사하다. 종교적 열정만이 부족에 근거한 정치적 기구와 심층적으로 결합될 수 있었다.29

---

27 Р. А. Фадеев, *Имперское мышление. Кавказская война* (Москва: Алгоритм, 2003), 49.
28 James Hughes, "Chechnya: The Causes of a Protracted Post-Soviet Conflict," 19.
29 Enver Kisriev and Robert Bruce Ware, "Conflict and Catharsis: A report on Development

그로즈니 공동묘지(사진 제공: 김선래)

셋째, 1차 전쟁 때 체첸인은 러시아와의 역사적 악연을 지하드 정신으로 활용하는 전략을 보였다. 1차 전쟁 때 러시아 정부는 러시아 언론으로부터 심각한 비판을 받았다. 체첸 입장에서 러시아는 역사적으로 침략 국가, 폭력의 국가라고 정의할 수 있으며, 민족적 증오가 국민의 의식 속에 만연하였다.30 체첸인은 역사적으로 그들의 선조가 행한 캅카스전쟁이 20세기 말 체첸전쟁으로 이어졌다고 간주할 것이다. 역사적 악연은 전쟁의 원인으로 작용함과 동시에 이용 대상이 될 수 있다. 두 민족 간에는 역사적 악연이 지속적으로 이어져 왔으며, 이러한 전통은 무시될 수 없고 전통과 문화는 하나의 의미로 발전한다. 가장 세속화

---

in Daghestan Following the Incursions of August and September 1999," *Nationalities Papers* vol. 28, No. 3 (2000), 485.
30 Sergei Artunov, "Ethnicity and Conflict: in the Caucasus's," Fred Wehling ed., *Ethnic Conflict and Russian Intervention in the Caucasus, Policy Paper*, No. 16 (San Diego: Institute on Global Conflict and Cooperation. Univ of California, 1995), 17.

되고 서구화된 민족주의자도 이슬람을 체첸 정체성과 연관하여 설명하였다. 예를 들면 이슬람은 소비에트와 마르크시스트의 반대 요소였으며 체첸 민중의 전통과 민족 역사에 깊게 새겨져 있다.

1차 체첸전쟁 이전인 1993년 4월 체첸 국가경호대에서는 체첸에서 '이슬람공화국'이 선포되어야 한다고 요구했다. 두다예프 추종자들은 그가 '체첸의 이맘'으로 선포되어야 한다고 제안했지만, 두다예프는 공식적으로 이 제안을 받아들이지 않았다. 그러나 그는 국가가 곤경에 처할 시에는 자신이 정치적, 세속적 역할뿐만 아니라 종교 지도자의 역할을 맡을 것이라고 확신시켜 주었다.[31] 로버트 쉐퍼에 따르면 두다예프가 대통령 선서를 할 때 코란에 손을 얹고 체첸을 이슬람공화국이라고 천명한 이유도 체첸 내에서 이슬람이 매우 강하게 영향을 미치고 있기 때문이라고 설명했다.[32] 체첸 지도자들은 이러한 차원에서 이슬람을 지하드 정신으로 연결 지어 해석하였다.

4. 지하드인가? 테러인가? 2차 체첸전쟁의 해석학

1) 2차 체첸전쟁 해석학: 지하드

1차 전쟁이 협정으로 중단되었지만, 여전히 체첸의 독립이 현실적으로 성취되지 못함으로써 2차 전쟁이 촉발되었다. 1차 전쟁 이후 러시아 정부는 체첸 민족 자유주의자들을 "폭도들" 혹은 "이슬람주의자들"

---

[31] Alexei Malashenko, "Does Islamic Fundamentalism Exist in Russia?," Yaacov Ro'i ed., *Muslim Eurasia: Conflicting Legacies* (London: Frank Cass, 1995), 47.

[32] Robert W. Schaefer, *The Insurgency in Chechnya and the North Caucasus from Gazabat to Jihad* (Santa Barbara, Denver, Oxford: Praeger, 2011), 125-126.

이라고 간주하면서 체첸인에 대한 비합법화를 시도했다.33 1999년 모스크바에서 아파트 폭탄 테러와 다게스탄에서 신정국가 선포가 행해진 이후 러시아는 푸틴 총리의 주도하에 전격적으로 체첸을 침공했다. 그리고 1999년 8월 체첸 이슬람주의자들이 다게스탄 영내로 진입한 사건을 기회로 체첸 침공을 재차 결행했다.

2차 전쟁은 1차와 달리 러시아가 주도권을 가지고 진행되었다. 러시아는 전쟁에 승리하였으며, 이를 통해 푸틴은 권력의 최고 정점에 서게 되었다. 2차 전쟁은 1차와 다르게 명료하게 나타난다. 즉, 1차 전쟁에서는 다양한 민족주의자가 체첸의 주역으로 활동했지만, 2차 전쟁에서는 해외로부터 수입된 와하비주의를 따르던 이들이 전쟁의 주역으로 참여했다. 물론 와하비주의자만 전쟁에 참여한 것은 아니었다. 많은 민족주의자들이 여전히 체첸의 독립을 갈구하고 있었다. 그러나 2차 전쟁의 주체는 와하비주의를 추구하던 이들이었다. 그중에서도 바사예프와 하탑은 대표적인 와하비주의자로 전쟁을 강력히 이끌어 나간 장본인이었다.34

2차 전쟁 기간 체첸의 관점에서 지하드는 어떠한 특성과 과정을 보였을까?

첫째, 당시에 선포된 지하드는 군사 이데올로기이며 급진적인 행동 노선이었고 러시아에 대한 무제한적 항쟁의 특성을 보였다. 이는 러시아 입장에서 무제한적 테러리즘에 불과했다. 체첸은 2차 전쟁을 앞두고 급진적, 군사적 경향을 보였다. 전쟁 발발 이전인 1998년 157개 이상

---

33 S. Cornell, "Russia's gridlock in Chechniya: normalization or deterioration," *OSCE yearbook 2004* (Hamburg, Institute for peace research and security, 2005), 267.

34 Tamara Sivertseva, "For us, Religious is Life," Marjorie Mandelstam Balzer ed., *Religion and Politics in Russia. A reader* (Armonk, New York, London: M. E. Sharpe, 2010), 135-137.

의 이슬람 군사 조직이 캅카스에서 반러시아 활동을 벌였다.

둘째, 2차 전쟁의 지하드 이념은 와하비주의가 핵심적 역할을 하였다. 와하비주의는 무슬림과 이교도를 엄격히 구별하여 급진적이라는 평가를 받았다. 2차 전쟁을 앞두고 체첸에서 균열이 발생한 이유는 소련 해체라는 거대한 사건이 세대 간의 갈등을 초래했기 때문이다. 소련 시기 교육을 받은 이들과 1980년대 혹은 그 이후 출생자 사이에 넘어설 수 없는 이념의 간극이 존재하였고, 1980년대 이후 젊은이들은 2차 전쟁 동안 와하비주의에 치중하면서 이슬람 전사로 성장하기 시작했다. 1차 전쟁 이후 대통령직을 수행한 젤림한 얀다르비예프(Zelimkhan Yandarbiev)는 와하비주의를 매우 매력적으로 보고 와하비주의자를 행정부 내에 등용하였다.

2차 전쟁 전야에 체첸 사회의 급진성은 와하비주의자로부터 출현했다. 바가우틴 마고베도프는 다게스탄 아바르계 출신으로 급진적인 와하비주의자다. 그는 1997년 얀다르비예프의 초청으로 자신의 추종자들과 함께 체첸으로 가서 훈련 캠프를 차렸으며 체첸 와하비주의자들과 긴밀히 연대하였다. 젊은 요르단-체첸인인 압두라흐만도 체첸 이슬람주의자들의 지도자로 부상했다.

1995년 이후 아부 오마르 알-사이프는 체첸 저항주의자의 고문 역할을 하였다. 또한 아르비 바라예프, 살만 라두예프, 압둘-말리크 메쥐도프 등 군사 지도자들은 체첸 내 영향력을 가지기 위해 서로 경쟁적으로 지하드 운동을 주도해 나갔다. 30여 개의 샤리아 법정이 세워졌으며, 아부 오마르의 종교적 지도로 샤리아 법정이 운영되었다. 오마라는 걸프 지역의 종교 책임자들과 직접적인 연결고리를 가지고 있었고, 샤리아 법정은 체첸 종교학자들을 양성시켜 온 이슬람 권위자 압두라흐만의 종교 승인을 얻으면서 운영되었다. 이슬람주의자들은 마스하도프 대통령

에 공공연히 반항하는 체첸의 젊은 사령관들을 지도하기 시작했다.35

얀다르비예프는 급진적인 이슬람주의가 체첸 부족의 분열을 극복하고 중앙집중화된 국가를 창설할 유일하고 실제적인 방식이 될 수 있다고 간주했다.36 그리고 이는 군사적 투쟁으로 귀결되었다. 와하비주의는 군사 투쟁을 선도적으로 이끌었던 이념적 요소이다. 1999년 다게스탄의 한 마을에서는 독립적 신정국가가 선포되었지만, 다게스탄공화국 지도자들은 이를 강하게 반대하고 저지에 나섰다.37

셋째, 2차 전쟁 중 체첸 지도자들은 캅카스전쟁에서 제기된 이슬람 신정국가를 최종 목표로 삼았다. 가장 강력하고 원대한 이상은 북캅카스 이슬람 국가 건설이었다. 이슬람 신정국가는 정치적 조직체로서 전통적인 이슬람 모델을 수용하는 것을 의미한다.38 1996년 1차 체첸전쟁 승리로 이슬람 국가 건설에 대한 꿈은 부분적으로 성취되었다. 이들은 특정 국가가 신정국가 건설에 성공한다면, 그 국가를 중심으로 지속적으로 신정국가의 이상을 다른 국가들에 확대해 나갈 수 있기에 이러한 베이스를 갖춘 국가가 창출되어야 한다고 믿었다.

---

35 Robert W. Schaefer, op. cit., 180-181.

36 Michael Reynolds, "Longitudinal perspective on Islam and Conflict in the North Caucasus," *Middle Eastern Studies* Vol. 41, No. 1 (2005): 46-47.

37 Robert W. Schaefer, op. cit., 180.

38 Zagir Arukhov, "The Politicization of Ethnic and Religious Identity in Dagestan," Juliet Johnson, Marietta Stepaniants, and Benjamin Forest eds., *Religion and Identity in Modern Russia* (British Library Cataloguing in Publication Data, Ashgate Publishing Limited, 2005), 131.

2) 2차 체첸전쟁 해석학: 테러

러시아 정부가 체첸전쟁을 단지 테러리스트의 준동으로 수사학적으로 규정하면서, 2차 전쟁에 대한 러시아 정부의 여론전 전략은 일정 부분 성공을 거두었다. 이 전쟁은 내전의 성격도 있었지만, 전 세계 강대국이 분리 독립을 주장하는 세력들과 맞서 있다는 점에서 국제적인 문제로 비화했기 때문이다. 러시아 정부가 체첸전쟁을 단순하게 테러의 일종으로 격하시켰던 직접적인 구실은 1999년 9월 4~16일 사이에 벌어진 모스크바 아파트 폭탄 테러와 부이낙스크, 볼고돈스크 인질 사건이었다.

일련의 폭탄 테러 사건으로 약 300명에 달하는 사람들이 사망했지만, 2차 전쟁 이전 아파트 폭탄 테러의 가해자가 정확하게 누구인지는 직접적으로 밝혀지지 않았다. 2차 전쟁의 체첸 지도자인 마스하도프, 바사예프, 아미르 하탑 등도 이 사건과 큰 연관성이 없었다. 그러나 러시아 정부는 자국민들에게 9.11사태와 같은 두려움을 심는 데 성공하였고 국민의 지지를 끌어낼 수 있었다.[39]

러시아 정부의 목표는 분명했다. 2차 전쟁 때 푸틴 총리는 "러시아는 지금 국제 테러와의 전쟁의 최전선에 서 있다. 유럽은 우리에게 무릎을 꿇고 테러리즘과 전쟁을 벌이는 우리에게 매우 큰 감사를 표해야 할 것이다. 불행하게도 우리는 지금 홀로 테러리즘과 투쟁하고 있다"고 밝혔다.[40] 푸틴 총리는 2차 전쟁 전과 종식 이후 TV 미디어를 통해 체첸 분쟁은 전쟁이 아니라 테러라고 분명히 밝혔다. 그리고 자신의 임무—즉,

---

39 Emil Souleimanov and Ondrej Ditrych, "The Internationalisation of the Russian-Chechen Conflict: Myths and Reality," *Europe-Asia Studies* vol. 60, No. 7 (2008), 1201.
40 *Nezavisimaya gazeta*, 8 July 2000.

그는 이를 역사적 임무라고 명명했는데—가 북캅카스 상황을 개선하는 것이라고 강조했다.41

2000년 대통령 선출 이후 푸틴은 러시아 무슬림의 존경을 받기 위한 노력을 꽤 기울였다. 특히 2005년 타타르스탄공화국에서 거행된 카잔 건립 1,000주년 기념행사 때 연설 중 일부분을 타타르어로 함으로써 타타르 무슬림으로부터 열렬한 환영을 받았다. 이는 러시아 정부가 체첸에서 행한 폭력 이미지를 불식시키는 행동으로 판단된다.42 이미 9.11 테러 사건이 일어나기 1년 전 체첸전쟁은 러시아에 의해 '반테러 전쟁'으로 부각되었으며,43 1차 체첸전쟁인 1994~1996년부터 전쟁의 국제적인 성격은 매우 강하게 부각되었다. 국제적이라는 말은 이 전쟁이 러시아 정부를 벗어난 성격을 가지고 있었다는 것을 의미한다.44

러시아는 국제사회에 체첸전쟁을 테러와의 전쟁으로 선포하였고, 이 전략은 성공적으로 진행되었다. 정부가 이를 실현하기 위해 선택한 수단이 바로 체첸의 극렬 이슬람주의자들이 해외 와하비주의자의 영향을 받거나 해외 자금이 체첸 지역으로 유입되어 체첸전쟁이 국제 쟁점화되었다는 선전이었다. 그리고 해외로부터 와하비주의 전사들이 체첸으로 들어와 군사 행동을 했다는 점도 부각시켰다. 이것이 바로 1차 전쟁과 2차 전쟁의 큰 차이점이었다. 2차 전쟁 시기 러시아의 적은 1차 전쟁의 주역이었던 체첸 분리주의자들, 즉 조국 해방과 자유 쟁취를 주장하던 민족주의자들이 아니라 이슬람 테러리스트들이었다. 정부는 소

---

41 Brian D. Taylor, *State Building in Putin's Russia. Policing and Coercion after Communism* (Cambridge: Cambridge University Press, 2011), 250.

42 Alicja Curanovic, *The Religious Factor in Russia's Foreign Policy* (London, New York: Routledge Taylor & Francis Group, 2012), 79.

43 *Nezavisimaya gazeta*, 8 January 2000.

44 Emil Souleimanov and Ondrej Ditrych, op. cit., 1199-1200.

위 반테러리스트 작전을 수행했다. 러시아 정부에게 이는 전쟁이 아니라 테러였다. 즉, 분리 독립을 위한 전쟁과는 성격이 다르다는 것이다.[45]

3) 1차 전쟁과 2차 전쟁의 변별성

1차 전쟁과 2차 전쟁의 성격은 변별적이다. 1차 전쟁에서는 체첸인의 민족적 대동단결로 전쟁이 치러졌다. 즉, 민족 전쟁의 성격이 강했다. 러시아연방에 반대하면서 독립을 추구한 민족 전체의 자결, 자립적 성격을 띤 전쟁이었다. 2차 전쟁은 와하비주의자 등 이슬람 원리주의자들이 중심이 되어 연방 정부와 벌였던 전쟁으로 평가된다. 1, 2차 체첸 전쟁의 성격은 동일하지 않다. 전쟁을 이끌어 간 체첸의 지도자와 전쟁 주체자가 달랐는데, 1차 전쟁에서는 두다예프를 중심으로 하는 민족주의자들, 2차 전쟁의 주체는 군사 이슬람주의를 주창한 와하비주의자였다.

2차 전쟁에는 이슬람주의, 즉 군사 이슬람의 특성이 광범위하게 나타났다. 어떠한 측면이든지 체첸 입장에서는 러시아 민족과 체첸 민족이라는 두 개의 대립적 혹은 분리된 민족 간의 차이점이 있었다. 역사적 기원, 역사적 차이점은 명백하게도 전쟁을 유발한 매우 큰 원인으로 작용하였다. 지하드의 배경을 이해하기 위해서는 러시아와 다른 북캅카스 민족 간에 벌어진 역사적 관계를 잘 살펴보아야 한다.

러시아 작가인 바딤 레츠칼로프의 전언을 통해 체첸전쟁의 의미를 돌아보기로 한다. 그는 2차 전쟁이 종료된 2004년 이즈베스티아에 왜

---

45 Aglaya Snetkov, "The image of the terrorist threat in the official Russian press: the Moscow theatre crisis (2002) and the Beslan hostage crisis (2004)," *Europe-Asia studies* vol. 59, No. 8 (2007), 1351.

체첸인이 계속 저항하고 있는지에 대한 생각을 표현하고 있다.[46]

체첸전쟁이 처음 일어났을 때 폭도들은 체첸 경찰들을 거의 죽이지 않았다. 그러나 지금 그들은 경찰들을 살해하고 있다. 어떤 사람도 더 이상 피의 복수에 대해 걱정하지 않는다. 사람들은 과거에 결박되어 있다. 러시아연방과 체첸에서 진공상태가 발생했다. 와하비주의자가 그 틈을 채우고 있다. 그것은 매우 역동적인 이데올로기이다. 자기 자신을 과도한 어떤 정신적 가치나 지적인 것으로 짐을 지우지 않은 청년들이 있다고 상상해 보라. 지하드는 투쟁이며 싸우는 것이다. 고향은 이미 점거되었다. 지하드는 모든 무슬림이 이교도들과 당연히 싸우는 의무이다. 젊은이가 자신의 인생에서 목도하고 있는 군인들은 오로지 러시아인뿐이다. 일반 러시아인은 오래전에 체첸 지역을 떠났다. 지하드의 가치를 내걸고 전투하는 그 어떤 사람에게도 아주 작은 월급이 주어지고, 천국이 보장되어 있다. 왜 그 젊은이가 지하드를 결행하지 않을 것인가?

5. 결론

1, 2차 체첸전쟁을 전후해 러시아연방과 체첸공화국의 양 당사자는 지하드를 어떤 의미로 수용하였을까? 군사 저항을 해야 한다고 주장하는 그룹에서 지하드는 투쟁의 의미다. 반면 러시아 입장에서 이들의 행

---

46 Vadim Rechkalov, "Why the Special Services Cannot Catch Shamil Basayev. Reason No 5: Basayev's Ideology," Izvestiya, 10 December 2004; Timothy L. Thomas "Russian Tactical Lessons Learned Fighting Chechen Separatists," *Journal of Slavic Military Studies* vol. 18 (2005), 733에서 재인용.

동은 단순히 테러 행위가 된다. 즉, 강력한 국가와 맞서 분리 독립을 추진하는 소수 민족 입장에서 지하드는 항쟁의 개념이지만, 러시아 입장에서 이들의 행위는 폭력 이외의 그 어떤 의미도 가지지 못하는 것이다. 러시아는 1차 전쟁 때부터 체첸 반군을 폭력주의자로 인식하였다. 정부 입장에서 그것은 정상적인 군대가 아니었다. 그러나 반군 입장에서 그들은 거룩한 전쟁에서 영웅적 행위를 감행한 전사들이었다. 2차 체첸전쟁 때는 북캅카스의 외부로부터 유입된 와하비주의라는 이슬람 근본주의 이념이 매우 강력히 발동되었다. 와하비주의는 해외에서 북캅카스로 수입된 대표적인 군사 항쟁 이데올로기로 이슬람 저항의 이념으로 수용되었다. 체첸인은 이 와하비주의를 지하드 이념으로 발전시켰다.

고립된 상황에서 민족의 탈출구를 모색하는 체첸인의 노력은 연방 정부가 일방적으로 전쟁을 개시함으로써 끝난 측면이 있다. 전쟁은 평화를 추구하는 모든 사람을 좌절케 한다. 그것은 사실이고 현실이다. 전쟁을 하면서 많은 희생이 발생했다. 20세기 말엽과 21세기 초엽에 발생한 이 전쟁은 체첸인에게 매우 깊은 상처로 남아 있다. 체첸 여성들도 전쟁에 참여했었는데, 러시아 정부 입장에서 전쟁에 참여한 모든 체첸 여성은 테러리스트였다. 체첸전쟁을 전후해 체첸 여성이 행한 역할도 매우 인상적인데, 남편이나 가족이 러시아 군인과의 전투에서 사망하는 경우 이들도 산악 지역으로 가서 전쟁에 참여하며 군인이 되었다.

체첸 여성들이 총을 들고 러시아 군대와 전투를 벌이는 것이 무엇을 의미하는가? 그것은 남편이나 가족 대신에 전쟁이라는 엄청난 과업을 수행하겠다는 의지의 표현이며 정치적 행위자의 역할을 여성들이 스스로 선택했다는 것을 말한다. 망명자가 된다는 의미이며 폭력과의 싸움에 나섰다는 의미이다. 전쟁은 남성의 전유물이었다. 그러나 체첸전쟁에서는 평범한 여성들조차도 전선으로 달려갔다. 이는 거룩한 전쟁으로서의 지하드를 일반 평민들도 수용했다는 것을 의미한다. 가족이 부재하는 그 자리에서도 지하드는 새로운 차원의 대결을 이끄는 매우 강력한 종교적 요소였다. 2차 전쟁을 전후해 출현한 체첸인의 의식은 지하드로 통합되었다. 지하드는 여성들을 포함한 새로운 사회적 관계와 정체성을 이끄는 요소였다.

종합적으로 체첸전쟁을 항쟁의 의미로 볼 것인가 혹은 단순한 테러 행위로 보아야 할 것인가에 대해서는 여러 해석이 동원될 수밖에 없으며, 논자들이 이를 어떠한 관점으로 해석할 것인가에 따라 확연히 다른 입장을 가질 수 있고 또 단순하게 도식화하기도 어렵다.

결론적으로 정신적 요소로서 이슬람은 항쟁의 이념이다. 이슬람은 저항의 상징화된 문화 요소이다. 이는 하나의 정신적 이념이다. 이슬람은 체첸 민족에게는 매우 영향력이 높은 문화적, 문명적 요소이다. 무슬림은 현대 사회에서도 매우 강력한 문화권 지대에서 거주하고 있고 매우 수준 높은 문명화된 국가에서 살고 있다. 이슬람의 이러한 요소를 감안한다면 북캅카스 사회의 이슬람은 강력한 제국에 맞서는 문명, 문화적 수준의 저항 요소로 해석할 수 있다.

결론

본 저서는 현재 러시아연방에 속하는 북캅카스에서 발생한 18~19세기 캅카스전쟁과 20세기 말 체첸전쟁을 분석하는 내용으로 구성되었다. 전체적으로는 18~19세기에는 체첸인과 다게스탄 민족 그룹, 20세기에는 체첸 민족의 투쟁을 지하드 관점에서 다루었다. 러시아는 북캅카스 소수 민족의 항쟁을 테러 혹은 테러와 동일시되는 분쟁으로 간주했는데, 양측은 캅카스전쟁 시기에 북캅카스 지역에서, 체첸전쟁 시에는 체첸에서 매우 치열한 전투를 벌였다. 캅카스전쟁과 체첸전쟁의 표면적인 승자는 러시아였다.

1부의 전체 주제는 "1차 캅카스전쟁과 지하드 기원"이다.

1장의 주제는 "제정러시아의 북캅카스 정복 역사와 지하드 기원"인데, 북캅카스 민족이 소위 '이슬람 지하드'(聖戰) 정신으로 단결하여 러시아에 맞선 역사적 사건 등이 서술되었다. 1차 캅카스전쟁의 이맘 만수르와 2차 캅카스전쟁의 이맘 샤밀은 러시아에 대항한 중심적 이념을 지하드로 삼았다. 러시아는 18세기 이후 북캅카스를 정복하기 시작했으며, 19세기 캅카스전쟁을 벌이면서 완전한 지배권을 가지겠다는 결연한 의지를 보였다. 북캅카스 낙쉬반디야 수피 그룹은 매우 강력했다. 지하드는 제국의 침략에 맞선 민중들의 결연한 투쟁의 의지를 담은 이슬람 신앙이었다.

캅카스전쟁 시기 체첸인과 다게스탄 민족 그룹에서는 이맘 샤밀의 지도로 독자적인 이슬람 신정국가를 선포하였다. 샤밀 군대는 점차 러시아 군대의 강력한 공격을 받고 패퇴하기 시작했으며, 1859년 샤밀이 러시아에 항복함으로써 전쟁은 실제적으로 종결되었다. 1994년부터 시작된 1차 체첸전쟁에서는 민족 독립적 성격이 강하였으며, 1999년 2차 체첸전쟁 직전 일부 체첸 전사들이 다게스탄에서 신정국가를 선포했다. 그리고 바사예프 등 극단적인 군사주의자들에 의해 지하드가 제창되었다. 전체적으로 1장은 체첸 등 북캅카스 민족의 대러시아 항쟁은 지하드 이념으로 시작되고 종결되었다는 결론으로 기술되었다.

2장의 주제는 "체첸 이맘 만수르의 지하드 선포와 1차 캅카스전쟁"이다. 러시아는 만수르의 봉기에 진압 작전을 펼쳐 전쟁에서 승리를 거두었다. 이 전쟁은 3~4년 정도의 짧은 기간 유지되었으며, 러시아는 매우 강력한 토벌 작전을 벌이면서 체첸인의 저항을 억눌렀다. 만수르는 1770년대 캅카스에서 최초로 지하드를 선포한 이맘으로, 18세기 캅카스 역사에 있어 특별한 위치를 차지하는 인물이며, 비록 19세기 캅카스 전쟁의 영웅이던 샤밀에 비견될 수는 없지만 선지자적 역할을 했다. 그는 산악 민족을 지하드라는 매우 강력한 기치 아래 단결시켰고, 이교도인 러시아인에 저항하며 성전을 선포하고 전쟁을 이끌었다. 만수르는 종교 개혁이라는 기치로 산악 민족들이 자유와 독립의 정신을 유지하도록 일깨운 인물로 평가된다.

2부는 "2차 캅카스전쟁과 지하드"라는 제목으로 내용이 전개되었다.

3장에서는 "러시아와 북캅카스 민족의 군사적 충돌과 2차 캅카스전쟁의 과정"이 서술되었다. 샤밀은 사회적 계급의 평등과 자유를 선전하였고 제정러시아와 결탁한 귀족들의 세력을 제거함으로써 사회적으로 광범위한 지지를 얻을 수 있었다. 이러한 요소가 샤밀 통치 초기에 군사 승리로 이어졌으며 대중들을 투쟁으로 이끈 요소가 되었다. 샤밀은 이맘 권력을 강화했고 신정국가에 걸맞게 샤리아 법정을 정착시키면서 대러시아 지하드를 주창해 나갔다. 본 저서의 전체 제목인 "지하드"와 "테러"라는 두 가지 상반된 관점에 있어서 두 개념이 어떤 상관성을 지니는지 설명할 필요성이 있는데, 3장에서는 이러한 점에 착안하여 지하드의 역사성에 대해 논증했다.

지하드는 전통적으로 어떤 방식으로 사용되었을까? 먼저 러시아제국 확장에 반대해 전쟁을 벌인 러시아 내 무슬림의 역사적 투쟁에 대한 이해가 매우 중요하다는 점이 제시된다. 19세기 제정러시아의 영토 확장은 매우 빠르게 진행되었다. 중앙아시아, 캅카스, 시베리아에서 러시아 영토는 확대되었고, 러시아는 전통적인 남부 지역에서 점진적으로 변경을 확대했다. 남부 캅카스 지역을 지속적으로 정복했고, 북캅카스에서는 체첸, 다게스탄 민족 그룹과 매우 격렬한 전쟁을 하였다. 제국의 확장 과정 속에서 전쟁은 필연적으로 발생했다.

궁극적으로 러시아는 캅카스전쟁의 승리로 캅카스 병합에 성공하고 중앙아시아로 나아가는 교두보를 확보하였다. 캅카스전쟁 기간에 러시아에 저항한 남부의 무슬림 지도자들이 가자바트, 즉 지하드를 주창하였으며, 이를 거룩한 전쟁으로 명명하였다. 강력한 국가의 침탈에 고통스러워하던 피지배 무슬림 민족들에게 지하드는 정당성의 전쟁이었으며, 그 투쟁은 폭력의 국가에 맞선 피지배 무슬림들의 항거였다.

4장에서는 "지하드인가? 테러리스트의 원조인가? 이맘 샤밀의 신정국가와 성전(聖戰)의 연관성"이라는 주제로 신정국가에서 펼쳐진 지하드의 역사적 특성이 기술되었다. 어떤 관점에서 보면 샤밀은 두 개의 전선과 투쟁하고 있었다. 하나는 차리즘과의 전쟁이었고, 또 다른 하나는 러시아와의 전쟁에 참여하지 않았던 무슬림과의 투쟁이다. 그럼에도 샤밀과 추종자들은 한편으로는 민중들과의 약속의 차원에서, 또 다른 한편으로는 "거룩한 전쟁"으로서 민중들을 일으키고 이들을 신정국가로 합류시킴으로써 다게스탄 및 체첸의 많은 거주민들을 연합시킬 수 있었다. 이슬람 역사에 있어 이맘이 종교적, 세속적 권력을 동시에 가지는 현상은 매우 드문 일이었다.

이러한 토대하에 1834~1859년 이슬람 신정국가가 탄생하였다. 1834년 샤밀은 북캅카스에서 최고 지도자의 위치에 올랐고, 곧 모든 분야에서 막강한 권한을 보유하였다. 즉, 행정, 군사, 종교, 정치 분야를 망라하고 절대적 권력을 가졌다. 신정국가의 최고 전성기는 1840년대였다. 샤밀은 이 시기 강력한 반러시아 항쟁을 벌였는데, 캅카스전쟁의 제2기가 1840년대로 분류될 수 있다. 이 시기 샤밀 통치 내의 체첸, 다게스탄 거주민들은 약 40만 명 정도였으며, 이들은 샤밀의 주요 결정을 대부분 따랐다.

5장의 주제는 "19세기 북캅카스에서 지하드 투쟁만 있을까? 전쟁을 반대하는 '쿤타 하지'의 평화와 공존의 이념"이다. 쿤타 하지는 사회적 공동체성이 매우 중요한 가치가 있다는 입장을 가졌다. 체첸과 잉구쉬 민족 전통성은 관습과 문화적 가치 속에 배태되어 있다. 그러한 가치는 무슬림의 신적인 인식과 결합된 형태로 나타나며, 공동체성은 무슬림이라면 반드시 인정해야 할 알라를 수용하고 서로 간에 무슬림이라는 형제애로 단단하게 결합되어야 한다. 종교 공동체는 형제애를 가지고 있으며 씨족 공동체인 타이프의 전통에 근거를 두고 순응한다. 만약 씨족 공동체가 혈연관계로 결속되어 있다면, 무리드 공동체의 구성원들은 그 스승에 속한 무리드를 단일하게 결합하는 강력한 연대 의식을 가질 것이다.

쿤타 하지는 캅카스전쟁 시기와 그 이후 극단적인 저항과는 다른 형태로 매우 유연한 이슬람 운동을 출현시켰다. 강력한 제국과의 전쟁보다는 평화와 공존의 메시지를 선포한 쿤타 하지의 수피즘 사상은 매우 흥미로운 사실을 제시해 준다. 러시아와 화해를 주창한 사상적 가치를 이해하기 위해서는 무엇보다도 낙쉬반디야 수피즘에 가려져 있던 카디리야 수피 종단의 이념을 파악해야 하고, 5장에서는 그러한 내용이 전개되었다. 특히 카디리야 종단의 인식과 의식이 신을 향하는 절대적인 진리를 향하는 모습이며, 이는 전쟁과 투쟁의 모습보다는 평화와 공존의 가치에 더 가깝다는 점이 부각되었다. 수피즘의 진리 추구는 사회적 공동체성의 평화와 공존에 결정적인 영향을 주었다.

쿤타 하지의 사상은 끊임없는 전투로 평화의 시간을 기다리던 무슬림에게 지지를 받았다. 그가 평화와 공존의 입장을 가지면서, 낙쉬반디야 수피즘 종단은 매우 분노했으며 대러시아 군사 투쟁을 강력히 펼쳐 나갔다. 5장을 통해 두 수피즘 종단은 현실적 상황을 두고 서로 대립적이고 길항적인 모습을 취하고 있었던 것으로 이해된다. 이맘 샤밀은 전쟁 종식 이후 쿤타 하지의 입장을 이해하는 모습을 보였다. 그는 쿤타 하지가 이단자는 아니며 이슬람 원칙을 기본적으로 따르는 구도자였음을 인정하였다.

3부의 전체 주제는 "1차 체첸전쟁(1994~1996)의 과정과 지하드"이다.

6장의 주제는 "러시아-체첸전쟁의 서막: 1940년대 체첸 강제이주의 과정과 인권 담론"으로, 이는 1994년 체첸전쟁 이전 소련과 체첸 민족의 관계를 강제이주 과정을 중심으로 다루는 내용이다. 스탈린 등 소련 통치자들이 행한 강제이주는 체첸-잉구쉬인에게 특별히 집단기억의 상흔으로 남아 있다. 이는 강제로 실시한 사건이었고 약 10만 명에 이르는 많은 인명이 강제이주의 과정과 그 이후 정착 단계에서 사망하였다. 1994년 체첸전쟁의 발생 50년 전에 발생한 1944년 강제이주는 체첸인의 집단기억 속에 고스란히 남아 있으며 체첸전쟁의 하나의 원인으로 작동하였다. 이는 아직도 러시아연방이 해결해야 할 과제가 많다는 것을 의미한다.

6장에서는 강제이주의 원인, 과정, 인권 담론이 상세하게 기술되었다. 2차 세계대전 때 독일군에 부역하고 협력했다는 이유로 소련 내 여러 민족이 강제이주를 당했는데, 그 원인이 역사적 사실과 아주 부합되지는 않았다. 소련 당국에 저항하는 일부 민족 지도자들이 소련에 반대하고 독일을 수용한 것은 맞지만, 전체 민족이 선택한 저항 방식은 아니었다. 일부 세력이 독일 군대를 지원한 정황과 사실은 엄연히 존재하지만, 그것이 특정 민족의 전체 인원에 대해 강제이주를 결정하는 정책이 온당한 것인가에 대해서는 여러 역사적 해석이 있을 것이다.

체첸 민족은 19세기 제정러시아의 영토 점령에 대해 군사력으로 강력하게 맞섰다. 이것이 캅카스전쟁이었다. 당시 캅카스전쟁은 체첸인과 일부 다게스탄 민족 그룹이 추구한 자유와 독립 전쟁의 일원이었다. 이 전쟁은 반러시아적 분위기에서 형성되었다. 1994년 벌어진 체첸전쟁도 러시아와 체첸 민족의 역사적 악연이 그 원인으로 작용했다. 강제이주 사건 또한 강대국의 통치자가 소수 민족에게 가한 일종의 정치적 테러로 해석될 수 있다. 이는 전적으로 체첸인의 정치적 의사와는 상관없이 이루어진 전체주의적 체제에서 발생한 사건이었다.

7장에서는 "1차 체첸전쟁은 캅카스전쟁의 데자뷔인가? 전쟁의 기원과 과정"이라는 주제 아래, 1차 체첸전쟁을 중심으로 캅카스전쟁과의 연관성이라는 관점에서 1차 전쟁의 기원과 과정을 전체적으로 다루었다. 모든 전쟁은 필연적으로 그 원인에 대해 많은 논쟁이 유발된다. 체첸전쟁과 관련하여 많은 국제 인권 운동, 언론인과 학자들은 러시아 측 주장처럼 이 전쟁을 테러와의 전쟁으로 수용하지 않았다.

러시아와 체첸은 장기간 역사적 관계를 이루어 왔는데, 18세기부터 러시아가 체첸의 일부 영토를 점령하면서 시작된 양측 관계는 지금까지 역사적, 정치적으로 우호적이지 않았고 전쟁, 테러, 분쟁, 분열 등의 단어가 탄생하였다. 체첸전쟁의 기원은 19세기 전반 캅카스전쟁이었다. 향후 두 민족의 상호 관계는 과거와 현재의 역사적-정치적 요소로 구성될 것이다.

1차 전쟁의 원인에 대해서는 여러 해석이 있다. 그중에서도 전쟁의 원인이 무엇인가에 대한 해석은 매우 중요한 학술 대상이다. 정치적 요인으로는 체첸공화국에 대한 독립을 인정한다고 가정한다면, 러시아연방 내 다른 자치공화국들이 독립을 요구하는 경우 도미노 이론처럼 연방 내에서 독립이 연쇄적으로 일어날 우려 때문에 정부가 독립을 용인할 수 없어 전쟁이 발생했다는 해석이 있다.

역사적 요인으로는 19세기 캅카스전쟁처럼 강대국에 저항한 항거가 오늘날 그 연장선상으로 이루어졌다는 관점에서 전쟁이 발생하였다는 해석이다. 또한 소련의 모순된 민족 정책이 체첸전쟁을 촉발하였다는 학계의 관점이 있다. 경제적 요인으로는 체첸을 통과하는 송유관의 지경학적 중요성 때문에 전쟁이 일어났다는 주장도 있다. 러시아는 체첸의 석유 자원을 계속 통제하기를 원했다. 또 다른 입장은 포스트 소비에트 공간에서 러시아가 국가의 근본적 개조에 착수하였기 때문이라는 해석도 존재한다. 이러한 요소는 체첸전쟁의 직접적인 원인으로 작용했다. 현대 전쟁은 정치적, 경제적 원인이나 권력 이동의 측면이 없이 이루어지기 어렵다. 러시아와 체첸의 역사적 관계와 전통적 특성 등을 고려해 본다면, 체첸인은 매우 독립적이고 자유로운 의식을 지니고 있었으며, 이러한 부분이 체첸전쟁의 핵심 요소로 작동하였다고 볼 수 있다.

1차 전쟁으로 체첸과 러시아연방은 엄청난 분쟁 상황으로 치달았다. 스탈린에 의한 강제이주 사건 이후 정확히 반세기가 지나 체첸전쟁이 발발했다. 전쟁의 기억, 기억의 정치는 특정 민족의 전통성, 정체성의 일부분으로 작용한다. 1994~1996년의 1차 체첸전쟁 동안 옐친 대통령 등 러시아연방 지도자들을 향한 러시아 내 여론은 부정적, 비판적이었다. 언론은 체첸전쟁을 잘못된 전쟁으로 간주했다. 1차 전쟁은 1996년 평화협정으로 종식되었지만, 체첸인은 전쟁에 승리했다는 감정을 가졌다. 러시아 언론 일부에서도 체첸전쟁을 자유를 위한 항쟁으로 인정하는 분위기였다.

4부의 전체 주제는 "2차 체첸전쟁(1999~2002)과 성전(聖戰)"이다.

4부에서는 전체적으로 2차 체첸전쟁과 관련하여 양측에서 강력히 대립한 여러 이념이 작동하였다. 체첸에서는 민족 독립운동에서 나아가 이슬람 신정국가 건설하는, 즉 지하드 이념이었고, 러시아 측에서는 이를 테러로 간주하면서 강력한 반테러 작전에 돌입했다.

8장에서는 "2차 체첸전쟁과 신정국가 선포 그리고 지하드"라는 내용으로 구성되었다. 캅카스전쟁이 종식된 것은 1864년으로, 그 이후 체첸전쟁까지 130년이 흘렀다. 2차 전쟁 직전 모스크바의 아파트에서 여러 번의 폭발 테러가 발생했으며 이 사건으로 약 300명의 시민이 사망했다. 체첸의 독립을 주장하던 급진적 강경파들은 2차 전쟁의 원인이던 이슬람 원리주의 이념으로 신정국가 창설을 주창하면서 러시아에 도전했다. 2차 전쟁은 와하비주의라는 이슬람 극단주의적 이념으로 진행되었다.

2차 전쟁의 원류는 19세기 캅카스전쟁으로 거슬러 올라갈 수 있다. 19세기에 지하드 항쟁의 기치가 있었다면, 20세기 말에도 지하드 항쟁의 역사적 계승이 있었다. 와하비주의는 지하드의 이슬람 이념이었다. 2차 전쟁의 핵심은 와하비주의로 설명될 수 있다. 물론 와하비주의의 대칭적 군사력으로 러시아 군대가 있었지만, 2차 전쟁의 기본적인 이념의 근원은 와하비주의가 작동하여 구성된 측면이 있었다.

체첸전쟁에서 러시아에 저항한 모든 이의 의식 속에 배태된 행동 양식은 지하드였다. 지하드는 비이슬람 국가에 선포하는 전쟁의 형태이다. 심지어 지하드는 성스러운 전쟁에 참여하지 않는 무슬림에 대해서도 전쟁을 선포하는 매우 극단적인 이념으로 발전하기도 한다. 지하드를 전쟁으로 규정하지 않는 측면에서는 지하드가 이슬람의 전통적 가치를 수용하고, 이슬람의 철학적 이상과 비전을 수행하는 모든 행위가 여기에 속했다. 이 저서에서는 비무슬림 민족에게 대항한 성전의 개념을 활용해 체첸전쟁을 분석했다. 이들은 총체적인 이념이라고 할 수 있는 글로벌 지하드를 주창하며 와하비주의 이념에 따른 이슬람 신정국가를 건설하는 목표를 분명히 지향했다.

러시아 정부와 체첸의 친러시아 정부는 체첸의 와하비주의자에 대해 어떻게 대응하였을까? 체첸의 이슬람 지도자들이 2차 전쟁을 이슬람 지하드의 이상으로 이끌었던 반면, 러시아 정부는 1999년 연쇄적으로 발생한 모스크바의 아파트 폭파 사건을 기회로 체첸에 대한 여론을 유리하게 이끌기 위해 노력했다. 1차 전쟁을 치르면서 여론이 부정적으로 흘러가며 정부는 매우 곤혹스러워졌지만, 2차 전쟁의 과정에서 푸틴은 이 극단적인 이슬람 이념을 저지하고자 군대를 동원했다.

9장은 "2차 체첸전쟁과 러시아의 대응: 바사예프 사령관의 지하드 항쟁과 푸틴의 대테러 작전을 중심으로"라는 주제를 통해 첨예하게 대립된 양측의 정치적, 군사적 관점을 다루었다.

국가 자결권을 주장할 때 체첸은 국제법에, 러시아는 국내 헌법에 호소하였다. 2차 전쟁에서 러시아와 체첸의 입장은 완전히 상반되었다. 이 과정에서 친러 체첸 행정부가 등장하였으며, 2차 전쟁이 종식된 2002년 이후 지금까지 매우 강력한 친러시아 정부가 체첸을 통치하고 있다. 체첸전쟁은 러시아연방 정부와 체첸 반군 간에 벌어진 일종의 내전 형태였다. 그런데 2차 전쟁에서 와하비주의가 대러시아 항쟁의 이념으로 등장하였다. 와하비주의는 체첸 반군들에게 지하드로 수용되면서 대국 러시아에 강력히 맞서는 이념적 동력으로 발전했다.

1차 전쟁이 정부의 헌법과 질서를 통한 방식에 의존하였다면, 2차 전쟁이 발생하였을 때 푸틴과 러시아 정부는 이 전쟁을 "반테러리스트 작전"으로 명명했다. 양쪽의 입장은 서로 다른 기관차가 평행선을 달리는 것과 흡사하였다. 러시아 정부는 체첸전쟁과 관련하여 테러와의 전쟁이라는 입장을 가졌다. 즉, 전쟁에 참여한 체첸인을 반란군이 아니라 테러리스트로 규정하였다. 체첸의 테러리스트들은 체첸인의 자유를 위하여 분연히 일어난 애국자가 아니라고 강조하였고, 이들은 단지 전 세계적 글로벌 지하드를 무제한적으로 주창하기 위해 전쟁터로 왔으며 지하드를 대외적으로 천명하기 위해서 전쟁을 선택한 것이라는 논리를 펼쳤다.

러시아에 있어 체첸은 어떤 지역일까? 체첸은 러시아의 정치적, 도덕적 실패의 상징이었다. 소련 해체 이후 일부 러시아 역사가들은 19세기 캅카스전쟁과 체첸인에 대한 강제이주는 모두 체첸인의 악행, 도적질 때문에 발생했다고 강조했다. 러시아 통치자들은 오랜 역사적 기간 동안 이슬람을 멸시했으며 광신적인 전사들을 정신박약(half-witted), 원시인들로 간주하였다. 그들은 모든 체첸인을 반군, 도적, 테러리스트로 간주한 측면이 있었다. 체첸의 저항에 대처할 수 있는 유일한 방법은 단일하고 무자비하게 억압 정책을 펼치는 일이었다. 실제로 수많은 재판에서 체첸인은 '강도'(banditry)와 '살인'(manslaughter) 혐의를 받았다. 2차 전쟁이 2002년에 종식되었는데, 2025년 현재까지 체첸 내에는 친러시아 정부가 구성되어 있다. 소위 '체첸화'가 진행되면서 러시아연방은 실제적으로, 실효적으로 체첸에 대한 지배권을 가지고 있다. 이 와중에서 많은 이들이 살상 당했으며 앞으로도 그런 일들이 일어날 가능성이 높다.

10장의 주제는 "지하드인가? 테러인가? 체첸전쟁에 대한 해석학"으로, 1, 2차 체첸전쟁을 전체적으로 조망하면서 체첸전쟁의 지하드와 테러 측면을 체첸과 러시아의 입장에서 규명하였다. 1차 전쟁은 7장에서, 2차 전쟁은 8장과 9장에서 분석하였다. 10장에서는 1, 2차 전쟁의 전체적 함의를 조망하였는데, 주로 지하드와 테러의 관점에서 전쟁의 양태를 다루었다.

전쟁의 당사자가 전쟁을 어떻게 수용하고 해석하느냐에 따라서 전쟁의 형태는 테러 혹은 지하드로 양분되는데, 이러한 가능성이 항상 존재하는 공간이 러시아연방이다. 러시아 통치자들은 1차 전쟁을 테러로는 규정하지 않았다. 왜냐하면 그만큼 러시아 내 여론이 정부에 매우 부정적이었기 때문이었다. 정부로서는 체첸전쟁을 규정하기가 매우 어려웠다. 그러나 옐친 대통령은 체첸에서의 분리 독립운동을 폭도들의 반란으로 규정하면서, 이에 강력히 대처하고 무자비한 진압을 시도했다. 2차 전쟁에서는 전쟁의 성격이 매우 판이하게 나타났다. 당시 해외에서 수입된 와하비주의를 체첸의 이슬람 군사주의자들이 적극적으로 수용하면서, 매우 강력한 이슬람 지하드 이념이 체첸공화국 내에 출현하였다.

1차와 달리 푸틴 총리는 2차 전쟁에서의 체첸인을 테러리스트라고 명확히 규정하였다. 2차 전쟁의 승리자는 러시아다. 전쟁의 승리자는 바로 푸틴을 비롯한 연방의 지도자들이었다. 19세기 전반 캅카스전쟁에서도 러시아가 승리하였는데, 거의 2세기가 지난 20세기 말, 21세기 초의 역사적 사건에서 전쟁의 승리자도 캅카스 무슬림이 아니라 러시아라는 강대국이었다. 10장에서는 북캅카스를 중심으로 체첸전쟁 등을 통해 선포된 지하드와 테러의 의미를 어떻게 해석해야 할지가 서술되었다.

체첸전쟁에 대한 해석은 다양하게 도출될 수 있다. 체첸인은 1, 2차 체첸전쟁을 거치면서 민족, 이슬람, 전통 혹은 역사와 같은 문화적 공통점을 모색하고자 노력했다. 독립이라는 공통의 목표를 가졌으며 슬로건도 동원되었다. 그것은 코란에 대한 충성 맹세와 지하드 수용이었다. 민족주의, 이슬람 가치 그리고 체첸의 군대 역사도 이에 포함된다. 이슬람 슬로건은 무기와 중무장한 군대 설비와 연결되어 있다. 지하드는 매우 광범위하다. 이는 이슬람 가치를 반대하는 비무슬림 민족을 적대시하는 모든 행동 양식이며 전쟁도 포함되어 있다.

역사적 시간이 흘러갔다. 체첸전쟁이 있었고, 아직도 체첸 지역은 분쟁이 끝나지 않았다. 그리고 그 전통과 기원에는 이슬람 이념이 존재한다. 앞으로 이 지역의 분쟁이 어떤 방식으로 다시 등장할지 예측하기는 쉽지 않을 것이다. 다만, 현재 체첸에는 강력한 친러시아 정부가 통치하고 있어 당분간 정치적 안정이 이루어질 것이지만, 2022년 벌어진 우크라이나 전쟁의 방향성에 따라 어떤 형태라도 분쟁이 일어날 가능성이 상존한다고 하겠다.

필자는 지하드는 이슬람 국가에서 성전 그 자체로 보고 있다는 점에 대해 동의하며, 이러한 관점에서 분리 독립을 성취하기 원하는 민족이 가지고 있는 지하드에 대한 이념을 고찰하였다. 이러한 과정이 특정 민족의 역사, 운명 그리고 미래의 방향성에 대한 최소한의 정답을 찾을 수 있지 않을까 사료된다. 지하드는 러시아에서 역사적, 정치적 군사력에서 열세에 있던 이들이 채택한 거룩한 전쟁 개념이며 투쟁의 아이콘이었다.

참고문헌

고상두. "러시아연방주의 현실과 체첸분쟁."「국제정치논총」 37-2 (1997).
김관영. "이슬람 신비주의 사상에 관한 연구 ― 수피즘(sufism)의 본질을 중심으로."「동서철학연구」 20 (2000).
김인성. "러시아연방에서의 '주권의 불가분성'에 대한 고찰: 타타르스탄과 체첸 사례를 중심으로."「슬라브학보」 22-2 (2007).
랴자노프스키, N./김현택 옮김.『러시아의 역사 1801-1976』. 서울: 까치, 1982.
루이스, 버나드/이희수 옮김.『중동의 역사』. 서울: 까치, 2003.
박태성. "러시아의 북카프카즈 병합과정과 의미."「슬라브연구」 21-1 (2005).
손영훈. "체첸-러시아 전쟁의 전개 과정과 국가테러."「한국중동학회논총」 31-3 (2011).
신양섭. "중앙아시아의 러-체첸 분쟁 연구."「중동연구」 18-2 (1999).
유의정. "체첸-러시아 분쟁에 관한 연구 ― 체첸의 문화와 사회적 특징을 중심으로."「슬라브연구」 16-2 (2001).
_____. "체첸-러시아 분쟁에 관한 연구(1) ― 제1차 전쟁(1991-1994)의 원인과 성격에 관하여."「슬라브학보」 15-1 (2000).
윤상원. "러시아 민족정책과 한인": 소련의 민족정책 변화와 1937년 한인 강제이주."「성대사림」 46 (2013).
윤영미. "탈냉전기 러시아-체첸 분쟁의 양상: 테러와 반테러 갈등."「평화연구」 13-1 (2005).
이복규. "중앙아시아 고려인의 강제이주담에 대하여."「한민족문화연구」 38 (2011).
이원용. "1937년 고려인 강제이주의 원인 및 과정."「유럽사회문화」 7 (2011).
이재혁. "러시아 사할린 한인이주의 특성과 인구발달."「국토지리학회지」 44-2 (2010).
장병옥. "체첸-러시아 분쟁의 원인과 전개과정."「중동연구」 29-1 (2010).
정세진. "러시아 북카프카스 지역의 독립운동과 지하드 이념: 체첸전쟁에 대한 해석학."「슬라브학보」 29-2 (2014).
_____. "러시아정교의 민족주의에 관한 소고 ― 모스크바 제3로마이론, 러시아정

교와 이슬람의 관계를 중심으로."「노어노문학」 21-4 (2009).

_____. "러시아제국의 확장과 북카프카스: 이념, 정복 그리고 저항."「동유럽발칸연구」 36 (2013).

_____. "북카프카즈 수피즘 연구 — 신비주의 관념과 반러시아적 경향을 중심으로."「한국이슬람학회논총」 19-1 (2009).

_____. "북카프카즈의 민족 정체성에 대한 연구 — 전통적 아다트 관습법과 이슬람의 샤리아 관계를 중심으로."「한국중동학회논총」 28-1 (2007).

_____. "19세기 카프카즈 전쟁과 이슬람 요소."「슬라브연구」 21-1 (2005).

_____. "제정 러시아의 정교 이데올로기와 무슬림과의 관계."「동유럽연구」 30 (2012).

_____. "체첸 민족의 정체성 형성에 관한 소고."「러시아어문학연구논집」 44 (2013).

_____. "체첸전쟁의 역사적 기원 — 러시아와 체첸의 역사적 갈등 관계를 중심으로."「슬라브학보」 20-2 (2005).

정은숙. 『21세기 인권의 국제화와 유엔, 러시아의 체첸 군사작전 사례연구』. 서울: 세종연구소, 2002.

현승수. "체첸 독립운동의 형성과 전개: 두다예프 집권기(1991-1996년)의 정치과정과 이슬람의 역할."「국제지역연구」 13-2 (2009).

홍완석. "험난한 여정, 러시아의 체첸 분쟁: 원인과 경과 그리고 전망."「한국정치학회보」 39-3 (2005).

황성우. "北카프카즈 지역갈등의 사회문화적 요인 — 체첸공화국을 중심으로."「슬라브연구」 22-1 (2006).

Allen, W. E. D. Ed. *Russian Embassies to the Georgian Kings(1589-1605)*, vol. 2. The Hakluyt Society, Cambridge, 1970.

Allen, W. E. D., P. Muratoff. *Speculate in their Caucasian Battlefields that Sheikh Mansur was either a renegade Italian monk or a Turkish agent*. Cambridge: Cambridge University Press. 1953.

Al-Mashta, Jala. "Ma'arik Dariya Fi Daghestan Wa Firka Islamiya Li 'Mu'aqabat' Putin (Heavy Battles in Daghestan and An Islamic Brigade to 'Punish' Putin)." *AlHayat*. 15 September 1999.

Al-Rahman, Abd. *Mahmoud. Tarikh Al-Quqaz. The History of the Caucasus*. Beirut: Dar AlNafaas, 1999.

Anonymous. "What life is like in Chechnya under the Russian occupation — the realities of today's Chechnya." *Central Asian Survey* Vol. 22, No. 4 (2003).

Anonymous interview. village Krasnaia Poliana, Akmola region. July 22 2000. Tape 00-15.

Arutuinov, Sergei. "The Cultural Roots of Ethnic Radicalization in the North Caucasus." *Contemporary Caucasus Newsletter* Issue 1. 1995.

Artunov, Sergei. "Ethnicity and Conflict: in the Caucasus." Fred Wehling Ed. *Ethnic Conflict and Russian Intervention in the Caucasus, Policy Paper No. 16*. San Diego: Institute on Global Conflict and Cooperation, Univ of California. 1995.

Arukhov, Zagir. "The Politicization of Ethnic and Religious Identity in Dagestan." Juliet Johnson, Marietta Stepaniants, and Benjamin Forest Eds. *Religion and Identity in Modern Russia*. British Library Cataloguing in Publication Data, Ashgate Publishing Limited, 2005.

Ashour, Omar. "Security, Oil, and Internal Politics: The Causes of the Russo-Chechen Conflicts." *Studies in Conflict & Terrorism* Vol. 27 (2004).

Bakke, M. Kristin. "Help Wanted? The Mixed Record of Foreign Fighters in Domestic Insurgencies." *International Security* Vol. 38, No. 4 (2014).

Banner, Francine. "Uncivil Wars: 'Suicide Bomber Identity' as a Product of Russo-Chechen Conflict." *Religion, State & Society* Vol. 34, No. 3 (2006).

Barrett, M. Thomas. *At the Edge of the Empire: The Terek Cossacks and the North Caucasus Frontiers, 1700-1860*. Boulder: Westview 243, 1999.

_____. "Lines of Uncertainty: The Frontiers of the North Caucasus." *Slavic Review* Vol. 54, No. 3 (1995).

Belkin, Aleksander. "War in Chechnya: The Impact on Civil-Military Relations in Russia." 1998. http://www.amina.com/article/chapter2.html.

Bennigsen, Alexandre, Wimbush S. Enders. *Mystics and Commissars: Sufism in the Soviet Union*. London: C. Hurst, 1985.

Bennigsen, Marie. "Chechnia: political developments and strategic implications for the North Caucasus." *Central Asian Survey* Vol. 18, No. 4 (1999).

Beran, Harry. "More theory of secession: a response to Birch." *Political Studies* Vol. 36, No. 2 (1988).

Berkok, I. *Tarihte Kafkasya*. 1958.

Birch, H. Anthony. *Nationalism and National Integration*. London: Unwin Hyman, 1989.

Blanch, Lesley. *The Sabres of Paradise*. London: VIking Press, 1960.

_____. *The Sabres of Paradise: Conquest and Vengeance in the Caucasus*. London: TPP, 2009.

Bobrovnikov, Vladimir. "Bandits and the State: Designing a 'Traditional' Culture of Violence in the Russian Caucasus." Jane Burbank, Mark Von Hagen, and Anatolyi Remnev Eds. *Russian Empire: Space, People, Power, 1700-1930*. Bloomington: Indiana University Press. 2007.

Bowker, Mike. "Russia and Chechnya: the issue of secession." *Nations and Nationalism* Vol. 10, No. 4 (2004).

Bruce, Robert, Enver Kisriev. *Dagestan. Russian Hegomony and Islamic Resistance in the North Caucasus*. Armonk, New York, London: M. E. Sharpe, 2010.

Burds, Jeffrey. "The Soviet War against 'Fifth Columnists': The Case of Chechnya, 1942-4." *Journal of Contemporary History* Vol. 42, No. 2 (2007).

Cain, Aine. "Vladimir Putin quotes that offer terrifying insights into his mind." *Businessnsider*. 18 June 2017.

Campana, Aurelie. "The Effects of War on the Chechen National Identity Construction." *National Identities* Vol. 8, No. 2 (2006).

Cohen, Ariel. *Russia's Counterinsurgency in North Caucasus: Performance and Consequences. The Strategic Threat of Religious Extremism and Moscow's Response*. U.S. Army War College Press, 2014.

Colarusso, John. "Chechnya: the War without Winners." *Current History* Vol. 94, No. 594 (1995).

Conquest, Robert. *The Nation Killers*. London: Macmillan, 1970.

_____. *The Soviet Deportation of Nationalities*. London: Macmillan, 1960.
Cornell, S. "Russia's gridlock in Chechniya: normalization or deterioration." *OSCE yearbook 2004*. Hamburg, Institute for peace research and security, 2005.
Cornell, S. A. "Chechen State?." *Central Asian Survey* Vol. 16, No. 2 (1997).
"Cossack Lullaby" by Mikhail Lermontov, trans. in L Kelly, *Tragedy in the Caucasus*. London: Constable, 1977.
Curanovic, Alicja. *The Religious Factor in Russia's Foreign Policy*. London, New York: Routledge Taylor & Francis Group, 2012.
Degoev, Vladimir. "The Diplomacy of the Caucasus War as a History Lesson." *Russian Social Science Review* Vol. 45, No. 3 (2004).
Draganov, Diana. "Peace or Perpetual War in Chechnya?." *A Journal of Social Justice* Vol. 17 (2005).
Dunlop, B. John. *Russia Confronts Chechnya: Roots of a Separatist Conflict*. United Kingdom: Cambridge University Press, 1998.
Dunlop, B. John, Rajan Menon. "Chaos in the North Caucasus and Russia's future." *Survival* Vol. 48, No. 2 (2006).
Eichler, Maya. "Russia's Post-Communist Transformation." *International feminist journal of politics* Vol. 8, No. 4 (2006).
Erickson, John. "Russia Will not be Trifled With Geopolitical Facts and Fantasies." *The Journal of Strategic Studies* Vol. 22, No. 2/3 (1999).
Evangelista, Matthew. *The Chechen Wars will Russia go the way of the Soviet Union?*. Washington, D.C.: Brooking Institution Press, 2002.
Fereshteh, Lewin Ahmadi. "Development Towards Wisdom and Maturity: Sufi Conception of Self." *Journal of Aging and Identity* Vol. 5, No. 3 (2000).
Flemming, William. "The deportation of the Chechen and Ingush Peoples: A Critical Examination." Ben Fowkes Ed. *Russia and Chechnia: The Permanent Crisis Essays on Russo-Chechen Relations*. London: Palgrave Macmillan, 1998.
Fowkes, Ben. "Introduction." Ben Fowkers Ed. *Russia and Chechnia: The Permant crisis. Essays on Russo-Chechen relations*. New York: St. Matin's Press, 1998.

Fredholm, Michael. "The prospects for genocide in Chechnya and extremist retaliation against the West." *Central Asian Survey* vol. 19, No. 3/4 (2000).

Gall, C., T. DeWaal. *Chechnya: Calamity in the Caucasus.* New York: New York University Press, 1999.

Gammer, Moshe. *Muslim Resistance to the tsar: Shamil and the conquest of Chechnia and Daghestan.* London: Frank Cass, 2005.

_____. "Unity, diversity and conflict in the Northern Caucasus." Ro'i, Yaacov Ed. *Muslim Eurasia: Conflicting Legacies.* London: Frank Cass, 1995.

Gellman, Barton. "Arrest Shifts Focus to U.S. Sources of Atomic Isotopes." *The Washington Post.* 11 June 2002.

Genoside in the USSR, Studies in Group Destruction, Institute for the Study of the USSR. Munich, Series I, No. 40. July 1958.

German, C. Tracey. *Russia's Chechen War.* New York: Routledge Curzon, 2003.

Giuliano, Elise. "Islamic Identity and Political Mobilization in Russia: Chechnya and Dagestan Compared." *Nationalism and Ethnic Politics* Vol. 11, 2005.

Gökay, Bülent. "Russia and Chechnia: A Long History of Conflict, Resistance and Oppression." *Alternatives* Vol. 3, No. 2&3 (2004).

Gune-Yadcy, Zubeyde. "A Chechen national hero of the Caucasus in the 18th century: Sheikh Mansur." *Central Asian Survey* Vol. 2, No. 1 (2003).

Hamburg, Gary. "A commentary on the two texts in their historical text." Thomas Sanders, Ernest Tucker, and Gary Hamburg Eds. *Russian-Muslim Confrontation in the Caucasus.* London, New York: Routledge Curzon, 2005.

Hartley, M. Janet. *A Social History of the Russian Empire 1650-1825.* London, New York: Longman, 1999.

Henkin, Yagil. "From tactical terrorism to Holy War: the evolution of Chechen terrorism, 1995-2004." *Central Asian Survey* Vol. 25, No. 1-2 (2006).

Henze, P. B. *Islam in the North Caucasus: The Example of Chechnya*. Santa Monica, Calif: Rand, 1995.

Hertog, Katrien. "A Self-fulfilling Prophecy: The Seeds of Islamic Radicalisation in Chechnya." *Religion, State & Society* Vol. 33, No. 3 (2005).

Holland, C. Edward. "'To Think and Imagine and See Differently': Popular Geopolitics, Graphic Narrative, and Joe Sacco's 'Chechen War, Chechen Women'." *Geopolitics* 17, Issue 1 (2012).

Hunter, T. Shreen. *Islam in Russia. The Politics of Identity and Security*. Armonk, New York, London: M. E. Sharpe, 2004.

Hughes, James. "Chechnya: The Causes of a Protracted Post-Soviet Conflict." *Civil wars* Vol. 4, No. 4 (2001).

Isaenko, V. Anatoly, W. Peter Petschauer. "A Failure that Transformed Russia: The 1991-1994. Democratic State Building Experiment in Chechnya." *International Social Science Review* Vol. 75, No. 1/2 (2000).

Ismailova, Eldar, Vladimer Papava. "A new concept for the Caucasus." *Southeast European and Black Sea Studies* Vol. 8, No. 3 (2008).

Jersild, Austin. "Faith, Custom, and Ritual in the Borderlands: Orthodoxy, Islam, and the 'Small Peoples' of the Middle Volga and the North Caucasus." *Russian Review* Vol. 59, No. 4 (2000).

_____. "Who was Shamil?: Russian colonial rule and Sufi Islam in the North Caucasus, 1859-1917." *Central Asian Survey* Vol 14. No 2 (1995).

Kagarlitskii, Boris. "Chechnya - Preliminary Results. The Chechen War and Public Opinion." *Russian Social Science Review* Vol. 40, No. 4 (1999).

Kappeler, Andreas. *The Russian empire: A multiethnic history*. London, New York: Pearson Education, 2001.

Katz, ST. "Mass death under Communist rule and the limits of 'Otherness'." Robert S. Wistrich Ed. *Demonizing the Other: Antisemitism, Racism and Xenophobia*. Amsterdam: Harwood Academic, 1999.

Keddie, R. Nikki. "The Revolt of Islam, 1700 to 1993: Comparative

Considerations and Relations to Imperialism." *Comparative Studies in Society and History* Vol. 36, No. 3 (1994).

Khodarkovsky, Michael. "Of Christianity, Enlightenment, and Colonialism: Russia in the North Caucasus, 1550-1800." *The Journal of Modern History* Vol. 71, No. 2 (1999).

Kipp, W. Jacob. "Putin and Russia' Wars in Chechnya." R. Dale. Herspring Ed. *Putin's Russia. Past Imperfect, Future Uncertain.* New York, Oxford: Rowman & Littlefield Publishers, 2003.

Kisriev, Enver, Bruce Robert Ware. "Conflict and Catharsis: A report on Development in Daghestan Following the Incursions of August and September 1999." Nationalities Papers Vol. 28, No. 3. 2000.

_____. *Dagestan. Russian Hegemony and Islamic Resistance in the North Caucasus.* Armonk, New York, London: M. E. Sharpe, 2010.

Kipp, W. Jacob. "Putin and Russia' wars in Chechnya." R. Dale Herspring Ed. *Putin's Russia. Past Imperfect, Future uncertain.* New York, Oxford: Rowman & Littlefield Publishers, 2003.

Kreindler, Isabelle. "The Soviet Deported Nationalities: A Summary and an Update." *Soviet Studies* Vol. 38, No. 3 (1986).

Kulikov, Anatoliy. "Troubles in the Northern Caucasus." *Military Review*. July-August 1999.

Lantzeff, V. Pierce, Richard A. George. *Eastward to Empire: Exploration and Conquest on the Russian Open Frontier to 1750.* Montreal: McGill-Queen's University Press. 1973.

Lapidus, G. W. "Contested Sovereignty: The Tragedy of Chechnya." *International Security* vol. 23, No. 1 (1998).

_____. "Ethnonationalism and political stability: the Soviet case." *World Politics* Vol. 36, No. 4 (1984).

Lazarev, Egor. "Laws in Conflict: Legacies of war, Gender, and Legal Pluralism in Chechnya." *World Politics* Vol. 71, No. 4 (2019).

Lieven, Anatoli. *Chechnya. Tombstone of Russian Power.* New Haven, London: Yale University Press. 1999.

Lieven, Dominic. *Empire. The Russian Empire and Its Rivals.* New Haven, London: Yale University Press. 2000.

Lucas, R. Michael. "The War in Chechnya and the OSCE Code of Conduct." *Helsinki Monitor* 2 (1995).

Makinen, Sirke. "Russia's Integrity: Russian Parties of Power and the Yabloko Association on Russo-Chechen Relations, 1999-2001." *Europe-Asia Studies* Vol. 56, No. 8 (2004).

Malashenko, Alexei. "Does Islamic Fundamentalism Exist in Russia?." Yaacov Ro'i Ed. *Muslim Eurasia: Conflicting Legacies*. London: Frank Cass, 1995.

Marshall, Alex. *The Caucasus Under Soviet Rule*. London, New York: Routledge Taylor & Francis Group, 2010.

Masaryk, Garrigue Thomas. *The spirit of Russia. Studies in history, literature, and philosophy*. London, New York: The Macmillan Company. 1919.

Matsuzato, Kimitaka, Magomed-Rasu Ibragimovl. "Islamic Politics at the Sub-Regional Level in Dagestan: Tariqa Brotherhoods, Ethnicities, Localism and the Spiritual Board." *Europe-Asia Studies* Vol. 57, No. 5 (2005).

Meier, A. Black. *Earth: a Journey through Russia after the Fall*. New York, W. W. Norton & Company, 2003.

Meskhidze, Julietta. "Shaykh Batal Hajji from Surkhokhi: towards the history of Islam in Ingushetia." *Central Asian Survey* Vol. 25, No. 1-2 (2006).

Metcalf, Barbara. *Islamic Revival in British India, 1860-1900*. Islamabad: Royal Book Company, 1982.

Moore, Cerwyn, Paul Tumelty. "Foreign Fighters and the Case of Chechnya: A Critical Assessment." *Studies in Conflict & Terrorism* Vol. 31 (2008).

Mostashari, Firouzen. *On the Religious Frontier. Tsarist Russia and Islam in the Caucasus*. London, New York: I. B. Tauris, 2006.

Mukhina, Irina. "Islamic Terrorism and the Question of National Liberation, or Problems of Contemporary Chechen Terrorism." *Studies in Conflict & Terrorism* Vol. 28, No. 6 (2005).

Naimark, M. Norman. *Fires of Hatred: Ethnic Cleansing in Twentieth-Century Europe*. Cambridge: Harvard University Press, 2001.

Nekrich, Aleksandr. *Nakazannye narody*. New York: Khronika, 1978.

_____. *The Punished Peoples: The Deportation and Fate of Soviet Minorities at the end of the Second World War*. New York: W. W. Norton, 1978.

Phlip, J. Mercer, D. "Politicised pagodas and veiled resistance: contested urban space in Burma." *Urban Studies* Vol. 39, No. 9 (2002).

Pohl, J. J. Otto. "Stalin's genocide against the 'repressed peoples'." *Journal of Genocide Research* Vol. 2, No. 2 (2000).

Pohl, M. "'It cannot be that our graves will be here': the survival of Chechen and Ingush deportees in Kazakhstan, 1944-1957." *Journal of Genocide Research* Vol. 4, No. 4 (2002).

"Putin, CIS Security Chiefs in Town To Talk Terrorism." *The St. Petersburg Times*. 28 October 1999.

Qamha, Ahmad. "Al-Sira' Fi Shamal Al-Quqaz (The Conflict in North Caucasus)." *Al-Siyasa Al-Dawliya* Vol. 139 (2000).

Radnitz, Scott. "Look Who's Talking! Islamic Discourse in the Chechen Wars." *Nationalities Papers* Vol. 34, No. 2 (2006).

Rashid, Ahmed. *Jihad. The Rise of Militant Islam in Central Asia*. New Haven, London: Yale University Press, 2002.

Rasizade, Alec. "Chechnya: The Achilles heel of Russia — Part Two." *Contemporary Review* Vol. 286, Issue 1672 (2005).

Rechkalov, Vadim. "Why the Special Services Cannot Catch Shamil Basayev. Reason No 5: Basayev's Ideology." *Izvestiya*. 10 December 2004.

Reynolds, Michael. "Myths and mysticism: a longitudinal perspective on Islam and conflict in the North Caucasus." *Middle eastern Studies* Vol. 41, No. 1 (2005).

Robert, W. Schaefer. *The Insurgency in Chechnya and the North Caucasus from Gazabat to Jihad*. Santa Barbara, Denver, Oxford: Praeger, 2011.

Russell, John. "Mujahedeen, Mafia, Madmen: Russian Perceptions of Chechens During the Wars in Chechnya, 1994-96 and 1999-2001." *Communist Studies and Transition Politics*. Special Issue: Russia After Communism Vol. 18, No. 1 (2002).

_____. "Terrorists, bandits, spooks and thieves: Russian demonisation of the Chechens before and since 9/11." *Third World Quarterly* Vol.

26, No. 1 (2005).

Schaefer, W. Roberert. *The Insurgency in Chechnya and the North Caucasus. From Gazabat to Jihad.* Santa Barbara, Oxford: Praeger, 2011.

Seely, Robert. *Russo-Chechen Conflict 1800-2000. A Deadly Embrace.* London, Portland: Frank Cass, 2001.

Sharafutdinova, Gulnaz Sharafutdinova. "Chechnya Versus Tatarstan. Understanding Ethno politics in Post-Communist Russia." *Problems of Post-Communism* Vol. 40, No. 2 (2000).

Sivertseva, Tamara. "For us, Religious is Life." Mandelstam Marjorie Balzer Ed. *Religion and Politics in Russia. A reader.* Armonk, New York, London: M. E. Sharpe, 2010.

Snetkov, Aglaya. "The image of the terrorist threat in the official Russian press: the Moscow theatre crisis (2002) and the Beslan hostage crisis (2004)." *Europe-Asia studies* Vol. 59, No. 8 (2007).

Souleimanov, Emil. "Momentous shifts in the ideology of the Chechen resistance." *Contemporary Review* Vol. 288, No. 1682 (2006).

_____. "The Caucasus Emirate: Genealogy of an Islamist Insurgency." *Middle east Policy* Vol. 18, No. 4 (2011).

Souleimanov, Emil, Ondrej Ditrych. "The Internationalisation of the Russian-Chechen Conflict: Myths and Reality." *Europe-Asia Studies* Vol. 60, No. 7 (2008).

Speckhard, Anne, Khapta Akhmedova. "The New Chechen Jihad: Militant Wahhabism as a Radical Movement and a Source of Suicide Terrorism in Post-War Chechen Society." *Democracy and Security* Vol. 2 (2006).

_____. "Wahhabism as a Radical Movement and a Source of Suicide Terrorism in Post-War Chechen Society." *Democracy and Security* Vol. 2 (2006).

Taylor, D. Brian. *State Building in Putin's Russia. Policing and Coercion after Communism.* Cambridge: Cambridge University Press, 2011.

The Ministry of Foreign Affairs of the Chechen Republic of Ichkeria. "The Russian-Chechen tragedy: the way to peace and democracy. Conditional independence under an international administration."

Central Asian Survey Vol. 22, Issue 4 (2003).
Thomas, L. Timothy. "Russian Tactical Lessons Learned Fighting Chechen Separatists." *Journal of Slavic Military Studies* Vol. 18 (2005).
Tillett, R. Lowell. "Shamil and Muridism in Recent Soviet Historiography." *American Slavic and East European Review* Vol. 20, No. 2 (1961).
Timoviev, Igor. "Nar Al-Ussuliya Tahriq Al-Itihad Al-Russi (The Fire of Fundamentalism is Burning the Russian Federation)." *AlWasa* 394. 22 August 1999.
Tolmachev, E. P. "Russia's Annexation of the Caucasus." *Russian Studies in History* Vol. 41, No. 2 (2002).
Tolz, Vera. "New Information about the Deportation of Ethnic Groups in the USSR during World War Two." J. and C. Garrard Ed. *World War 2 and the Soviet People*. London: Macmillan, 1993.
_____. "New Information about the Deportation of Ethnic Groups under Stalin." *Report on the USSR*. 16 April 1991.
Treadgold, W. Donald. "Russian Expansion in the Light of Turner's Study of the American Frontier." *Agricultural History* Vol. 26, No. 4 (1952).
Tsygankov, A. P. "Mastering Space in Eurasia: Russia's Geopolitical Thinking After the Soviet Break-up." *Communist and Post-Communist Studies* Vol. 36 (2003).
Ustinov, Vladimir. *Obviniaetsia terrorism*. Moscow: Alma-Press, 2002.
Vries, De H., S. Weber. *Violence, Identity and Self-Determination*. Stanford: Stanford University Press. 1998.
Wieczynski, L. Joseph. *The Russian Frontier*. Charlottesville: University Press of Virginia. 1976.
Williams, Glyn Brian. "Commemorating 'the Deportation' in post-Soviet chechnya: the role of memorialization and collective memory in the 1994- 1996 and 1999-2000 Russo-Chechen wars." *History and Memory* Vol. 12, No. 1 (2000).
_____. "The Russo-Chechen War: A threat to Stability in the Middle East and Eurasia?." *Middle East Policy* Vol. 8, No. 1 (2001).
Yemelianova, M. Galina. "Ethnic Nationalism, Islam and Russian Politics in the North Caucasus." C. Williams and T. Sfikas Eds. *Ethnicity and*

Nationalism in Russia, the CIS and the Baltic States. London: Ashgate, 1999.

_____. "Islam and Nation Building in Tatarstan and Dagestan of the Russian Federation." *Nationalities Papers* Vol. 27, No. 4 (1999).

_____. "Sufism and Politics in the North Caucasus." *Nationalities Papers* Vol. 29, No. 4 (2001).

_____. *Russia and Islam. A Historical Survey*. New York: Palgrave, 2002.

Zelkina, Anna. "Islam and politics in the North Caucasus." *Religion, State and Society* Vol. 21, No. 1 (1993).

_____. "Jihad in the name of God: Shaykh Shamil as the religious leader of the Caucasus." *Central Asian Survey* Vol. 21, No. 3 (2002).

Zubeyde, Gune-Yadcy. "A Chechen national hero of the Caucasus in the 18th century: Sheikh Mansur." *Central Asian Survey* Vol. 22, No. 1 (2003).

러시아어(露文)

Абдулатипов, Р. Г. *Судьбы ислама в России*. Москва: Мысль, 2002.

Авксентьев, А. *Ислам на Севреном Кавказе*. Ставропол, 1984.

Агларов, М. *Андийцы*. Махачкала, 2002.

Адабуль-Марзия. *Правила достодолжных приличий. сочинение шейха Джамал утдина казимумухского Сборник сведений о кавказских гор цах (ССКГ)*. Вып. 2. Тифлис, 1869.

Адат. *Традиции и современность*. Тбилиси, Москва, 2003.

Акаев, Вахит. *Шейх Кунта Наджи. жизнь и учение*. Грозный, 1994.

Ал-Газали А. Х. *Воскрешение наук о вере*. Москва: Наука, 1990.

Аликберов, А. К. *Эпоха класическсого ислама на Кавказе*. Москва: восточная литература РАН, 2003.

Ахмадов, Ш. Б. *Имам Мансур*. Грозный, Книга, 1991.

Багиров, М. Д. "К вопросу о характере движения мюридизма и Шамиля." *Большевик* No. 13 (1950).

Баширов, Л. А. *Мюридизм история и современность. Вопросы научног* о а теизма. Выпуск 39. Москва, 1989.

Блиев, М. М, Дегоев, В. В. *Кавказская война*. Москва: Росет, 1994.

Бобронников, В. О. *Северный Кавказ в составе Российской империи*. Москва: Новое литературное обозрение, 2007.

―――. *Мусульмане Северного Кавказа. Обычай, право, насилие*. Москва: Восточная литература РАН, 2003.

Бондаревский, Г. Л. Ответ. ред. *Документальная история образования многонационального государства Российского. в четырех книгах*. Москва: Норма, 1998.

Бугай, Н. Ф. "Правда о депортации чеченского и ингушеского народов." *Вопросы Истории 7 (1990)*.

―――. *Иосиф Сталин - Лаврентию Берии: Их надо депортировать*. Москва: Дружба народов, 1992.

―――. "Погружены в ешелоны и отправлены к местам поселений... Л. Берия - И. Сталину." *История СССР. 1 (1991)*.

―――. *Л. Верия - И. Сталину: Согласно вашему указнию*. Москва: АИРО-XX, 1995.

Бутков, П. *Материалы для новой истории Кавказа. Ч. 1.* СПБ, 1869.

Бушуев, С. К. *Борьба горцев за независимость под руководством Шамиля*. Москва: Издательство Академии Наук СССР, 1939.

Военный вестник №. 42 (1859).

Вранкен, А. К. *Политический обзор Дагестана.* ЦВИА ВУА Д. 6514. Л. 47.

Гаджиев, М. Г. *История Дагестана с древнейших времен до наших времен. том 1.* Москва: Наука, 2004.

ГАРФ. Ф. 7523, Оп. 4, Д. 208, Л. 51-4.

ГАРФ. Ф. Р. - 9401, Оп. 2, Д. 37. Л. 65-66.

ГАРФ. Ф. Р. - 9401, Оп. 2, Д. 64. Л. 156.

ГАРФ. Ф. Р. - 9401, Оп. 2, Д. 64. Л. 160.

ГАРФ. Ф. Р. - 9401, Оп. 2, Д. 64. Л. 164.

ГАРФ. Ф. Р. - 9401, Оп. 2, Д. 64. Л. 166.

ГАРФ. Ф. Р. - 9401, Оп. 2, Д. 64. Л. 167.

Джахиев, Г. А. "Северный Кавказ во внешней политике России, Ирана и Турции в начальный период движения горцев." *Народно-освободительель* ное движение горцев Дагестана и Чечни в 20-50-х годах XIX в. Материалы всесоюзной научной конференции 20-22 июня 1989 г. Махачкала, 1994.

Донесение П. С. Потемкину, доставленное 1/III-1795г. через старшину де р. Кулл ар Кайтуку Бакова ГАФКЭ, гос. архив. Ф. 23. Д. 13. Ч. 10. Л. 138-138 об.

Дубровин Н. История войны и владычества русских на Кавказе. Т. 2. 1905.

Джургаев, М. Круги ада. Грозный: Книга, 1989.

Ибрагимов, М. М. "История Чечни с древнейших времен до наших дней." История Чечни XX и начала XXI веков. Том. 2. Грозный: ГУП, 2008.

Известия, 24 ноябрь 1989.

Ипполитов, А. П. Учение зикр и его последователи в Чечне и Аргунском округе ССКГ. Вып. 11. Раздел 2. Тифлис, 1869.

Ислам. Краткий словарь. 2-е издание дополненное. Москва: Наука, 1986.

История Дагестана. Том. 1. Махачкала: АН, 1967.

История России XIX - начала XX вв. Учебник для вузов. Москва: Зерцало, 1995.

История России с древнейших времен до наших дней. учебник т. 2 (ред. А.Н.Сахарова). Москва: Проспект, 2010.

Ляховский, Александр. Зачарованные свободой тайны Кавказских войн. Информация. Анализ. Выводы. Москва: Детектив пресс, 2006.

Милова, О. Л. Депортации Народов СССР (1930-е - 1950-е году). Москва: РАН, 1992.

Кавказский Сбрерник. Т. 9. 1885.

Кавказская война: истоки и начало 1770-1820 годы (ed.) Гордин, Я.А. Миловидов, Б.П. Санкт-Петербург: Звезда, 2002.

Казиев, Шали. Имам Шамиль. Москва: Молодая Гвардия, 2001.

Казиев, Ш. М. Карпеев and И. В. Повседневная жизнь. Горцев Северного Кавказа в XIX веке. Москва: Молодая Гвардия, 2003.

Кемпер, М. "К вопросу о суфийской основе джихада в Дагестане." Подвижник и ислама. Культ святых и суфизм в Средней Азии и на Кавказе. Москва: восточная литература РАН, 2003.

Кепель, Жили. Джихад Экспансия и закат исламизма. Москва: Ладомир, 2000.

Керимов, Г. М. Шариат. *Закон жизни мусульман. Ответы Шариата на проблемы современности*. Москва: Диля, 2007.

Керимов, Махмуд Магомедович. *Ислам в системе национальной культуры вайнахов*, дис. кан. наук. Грозный, 1999.

Ляховский, Александр. *Зачарованные свободой. Тайны кавказских войн. Информация. Анализ. Выводы*. Москва: Детективпресс, 2006.

Малашенко, Алексей. *Исламские ориентиры Северного Кавказа*. Москва: Гендальф, 2001.

Мамлеев, Х. Б. *Как подготовить и провести занятие по теме мюридизм в Чечено-Ингушетия и его реакционная роль*. Гроный, 1974.

Меликишвили, Лия. Открытые и закрытые типы культур этнических систем//

Миллер, А. И. Ответ. ред. *Северный Кавказ в составе Российской империи*. Москва: Новое литературное обозрение, 2007.

Музаев, Т. *Чеченская республика, органи и политические сили*. Москва: Понорама, 1995.

Орлов, А. С. Георгиев, В. А. Георгиева, Н. Г. Сивохина, Т. А. Реды. *История России. Учебник*. Москва: Проспект, 2008.

Ошаев, Халид. Мюридизм в Чечне. *Революция и горец*, № 9-10, 1930.

Осли, Эрик. *Покорение Кавказа. Геополитическая эпопея и войны за влияние*. Москва: Плюс-Минус, 2008.

Показания грузина Абрама Иванова 18 сентября 1785 г.//Кизлярский коменданский архив. Св. 284. Между закладками 29 и 30.

Покровский, Н. И. *Кавказские войны и имамат Шамиля*. Москва: Росспэн, 2009.

Приставкин, Анатоли. *Ночевала тучка золотая*. Москва: Рипол-Классик, 1987.

Прозоров, С. *Ислам на территории бывшей Российской Империи*. Москва: Восточная Литература, 1998.

Рапорт генерал-поручику П. С. Потемкину от астраханского Жукова от 26 Ш -1785г.// ААН. СССР. Ф. 100. Оп. 1. Д. 195 Л. 59 об.

Рапорт генерал-поручику П. С. Потемкину от астраханского Жукова от 2/IX-1785 г.//ААН. СССР. Ф. 100. Оп. 1. Д. 66, 66. об.

Романовский, Д. И. *Кавказ и Кавказская война*. Санкт Петербург, 1860.

Руновский, А. *Записки о Шамиле*. Санкт Петербург, Ч. *1. 1864*.

Саламов, А. А. *Правда о святых местах в Чечено-Ингушетии. Сб. статей Чечено-Ингушеского НИИ при Совете Министров ЧИ АССР*. Грозный, *1964*.

Северный Кавказ в составе Российской империи. Москва: Новое Литературное Обозрение, *2007*.

Толстой, Л. *Хаджи-Мурат*. Москва: Художественная Литература, *1965*.

Фадеев, Р. А. *Имперское мышление. Кавказская война*. Москва: Алгоритм, *2003*.

Федорова, Н. А. Ответ. ред., *История России XIX - начала XX вв*. Москва: Зерцало, *1995*.

Хожаев, Д. *Живая память. О жертвах сталиских репреси*. Грозный: Книга, *1991*.

"Чеченская Республика Современная социально-политическая ситуация." *Этнографическое Обозрение 1, 1994*.

Черномырдин, Виктор. "Мы разберемся с Чечней без помощи НАТО." *Аргумент и факты. 8* декабря, *1999*.

Яндаров, А. Д. *Суфизм и идеология национально-освободительного движения*. Алма-Ата, *1975*.

_____. "О Времени, условиях и причинах распространения ислама в Чечено-Ингушетии." *Истории ислама в Чечено-Ингушетии*. Грозный: НИИГН ЧР, *1992*.

기타 자료

AFP. 18 January 1996.

Izvestiia. 12 October 1955.

Nezavisimaya gazeta. 8 January 2000.

Nezavisimaya gazeta. 8 July 2000.

The Guardian. 9 July 2004.

PrimaNews. 1 November 2004.

두피디아 백과사전. https://www.doopedia.co.kr/doopedia/master/master.do?_method=view&MAS_IDX=101013000862859.

daum 백과사전. https://ko.wikipedia.org/wiki/%ED%83%80%EB%A6%AC%EC%B9%B4.

https://en.wikipedia.org/wiki/Dzhokhar_Dudayev.

https://ko.wikipedia.org/wiki/%EC%B2%B4%EC%B2%B8_%EA%B3%B5%ED%99%94%EA%B5%AD.

http://www.abrek.vov.ru/.

http://www.kremlin.ru/text/appears/2000/07/28782.shtml.

https://www.rt.com/russia/putin-honesty-president-magnitogorsk/.

"Putin on 'wasting terrorists in the outhouse': wrong rhetoric, right idea." RT, 15 July 2011. https://www.businessinsider.in/9-vladimir-putin-quotes-that-offer-terrifying-insights-into-his-mind/articleshow/59195352.cms.

색인

ㄱ

가자바트 16, 110, 116, 126, 299, 300, 327
가지 무하마드 74, 109-111, 113-120, 148
군사 민주주의 30
굴리스탄 조약 41, 45
그라초프 230, 251, 285
그로즈니 48, 49, 56, 98, 182, 185, 210, 218, 220, 222, 229-236, 250, 251, 274, 283-287, 289, 290, 303, 304, 306, 309
관습법 43, 58, 70, 72, 73, 89, 91, 126, 134, 256, 270, 280, 305
공격시스템 43, 46, 48, 94, 96, 105, 118, 128, 129

ㄴ

나이브 103, 120, 135
나흐 206
나흐치 206
낙쉬반디야 49, 56, 70, 71, 99, 116, 117, 122, 123, 130, 133-137, 146, 155, 159, 163, 309, 325, 329
남오세티아 257

ㄷ

동방정책 14, 85, 86
두다예프 102, 203, 215, 218-220, 223, 226-230, 233, 234, 236-239, 246, 268, 273, 274, 280, 284, 294, 305, 306, 312, 318
두브로프카 극장 274

ㄹ

레르몬토프 51, 94, 96, 208, 225
레베드 235, 261
러시아국립문서고 171, 185

ㅁ

모스크바국 28, 35, 37, 66, 211
모즈독 39, 55, 58, 64, 65
무리드 71, 109, 110, 113, 120, 122, 123, 127, 135-138, 140-143, 155, 158, 161, 162, 329
무리디즘 52, 71, 79, 100, 105, 107, 109, 112, 113, 117, 119, 123, 125, 126, 128, 131, 153-155
무자헤딘 238, 271

색인 | **357**

ㅂ

보스포러스 87
부가이 172
부됴노프스크 232, 274
바랴틴스키 106, 107, 128
바사예프 16, 22, 52, 232, 238, 245, 246, 250, 262, 267, 274-283, 313, 316, 326, 334
베데노 50, 106, 130, 161
베리야 169, 185-189, 191, 193-196
베슬란 274, 282, 288, 291
변경사 27, 28, 34, 36

ㅅ

사우디아라비아 16, 52, 243, 252, 253, 255, 278
산악공화국 212
세르게이 우바로프 36
스탈린 6, 20, 50, 51, 167-169, 171-174, 176, 178, 183, 185, 187, 189, 191, 195, 197, 199, 213, 214, 217, 291, 330, 332

ㅇ

아브레크 51, 225
아브하지아 257
아바르 칸국 102, 115, 119
아스트라한 칸국 28, 30, 35, 37
아나파 64, 65, 67-69

아다트 43, 70, 72, 73, 89, 91-94, 119, 126, 131, 134, 158, 256, 270, 305
아자리야 87
아미르 하탑 316
아흐메드 카디로프 287
알 가잘리 145, 146
오사마 빈 라덴 272
오세티야 13, 64, 129, 156, 177
와하비주의 16, 21, 22, 238, 243, 245, 252-256, 258, 260, 271, 276, 279, 280, 300, 313-315, 317-320, 333, 334, 336
요르단 272, 278, 280, 314
예르몰로프 45-47, 97-99, 112, 115, 117, 128, 224
예카테리나 여제 31, 39, 54, 55, 69, 135, 215
옐친 15, 169, 203, 218, 220-222, 227-230, 232-235, 246, 248, 273, 281, 284, 298, 300, 308, 332, 336
잉구세티아 29, 72, 74, 102, 120, 123, 148, 149, 213, 219, 226, 228, 230, 231, 273, 277, 286, 287, 303
잉구쉬 6, 20, 30, 48-50, 55, 57, 58, 72, 98, 148, 150, 151, 157-159, 167-170, 174-177, 179-187, 189-192, 198-200, 205, 207-209, 212-214, 218, 228, 277, 328, 330

이슬람 부흥당 270
이마마트 19, 52, 53, 111
이반 뇌제 28, 30, 37
이치케리아 64, 102, 227, 274, 309
인텔리겐차 94

ㅈ

쟈말 에딘 141, 148
자유 공동체 42-44, 48, 60, 92-94, 98, 118
지크르 125, 139, 140, 146, 156, 157, 159, 160, 236

ㅊ

체르노미르딘 262, 263
체르케스 13, 47, 65-68, 100, 178, 302

ㅋ

크림전쟁 88, 104, 106, 128, 130, 303
크림 칸국 31, 32, 135
카바르딘 13, 32, 41, 177, 302
카잔 칸국 28
카자키 28, 37-40, 48, 49, 55, 58, 61, 65, 68, 75-77, 94, 96, 178, 250, 301, 302
카디리야 20, 122, 132, 136-139, 146, 148, 149, 155, 157, 159, 162, 329

쿠반 39, 64, 65, 67, 69, 77, 87
쿠믹 30, 32, 41, 55, 57, 58, 63, 65, 69, 149, 208
키예프 루시 28, 265
키즐야르 33, 39, 63, 64, 68, 118, 232

ㅌ

타리카 125, 137-140, 144-146, 148-150, 155, 159-161, 163
타소프-하지 102, 103
타이프 43, 60, 78, 215, 304, 310, 329
테러리즘 220, 260, 262, 263, 266, 282, 287, 313, 316
테렉 37, 39, 49, 63, 64, 75-77, 96, 98, 205, 250, 278
톨스토이 94, 102, 104, 130
투르크만차이 조약 41, 86
티플리스 103, 104, 303

ㅍ

표트르 대제 31, 37
포템킨 39, 57, 58, 66, 76
페레슬라브 조약 36
페르보마이스코예 276
푸시킨 94, 96
푸틴 15, 18, 21, 22, 202, 203, 248, 250, 258, 263, 266, 267, 281, 285-287, 290, 291, 313, 316, 317, 334, 336

ㅎ

하사 유르트 15
하지 무라트 102, 130
함자트 벡 109, 111, 115, 118, 119
흐루쇼프 170, 173, 183, 192, 215